问向实验室 WX Labs  中国教育三十人论坛  联合出品

2024
家庭教育蓝皮书
BLUE BOOK ON FAMILY EDUCATION

# 中国家庭养育环境报告

CHINA NATIONAL PARENTING INDEX REPORT

马国川  张蓝心  主编

中国出版集团
中译出版社

图书在版编目（CIP）数据

家庭教育蓝皮书. 2024：中国家庭养育环境报告 /
马国川, 张蓝心主编. -- 北京：中译出版社，2024.3
　ISBN 978-7-5001-7802-6

Ⅰ.①家… Ⅱ.①马… ②张… Ⅲ.①家庭教育–研
究报告–中国–2024　Ⅳ.①G78

中国国家版本馆CIP数据核字（2024）第048552号

## 家庭教育蓝皮书. 2024：中国家庭养育环境报告
JIATING JIAOYU LANPISHU. 2024:
ZHONGGUO JIATING YANGYU HUANJING BAOGAO

出版发行：中译出版社
地　　址：北京市西城区新街口外大街 28 号普天德胜大厦主楼 4 层
电　　话：010-68002876
邮　　编：100088

责任编辑：张　旭
营销编辑：李珊珊
文字编辑：陈　润　张昊宇
装帧设计：问向实验室
排　　版：北京竹页文化传媒有限公司

印　　刷：山东临沂新华印刷物流集团有限责任公司
规　　格：710毫米×1000毫米 1/16
印　　张：19.5
字　　数：240 千字
版　　次：2024 年 3 月第 1 版
印　　次：2024 年 3 月第 1 次

ISBN 978-7-5001-7802-6　定价：98.00 元

版权所有　侵权必究
中　译　出　版　社

## 学术委员会

**主　任**

顾明远　著名教育学家、新中国比较教育学科创始人之一、中国教育学会名誉会长、北京师范大学资深教授、博士生导师

**委　员**（按姓氏笔画排序）

王旭明　中国陶行知研究会副会长、教育部首任新闻发言人

尹后庆　中国教育学会第八届理事会副会长、上海市教育学会会长

冯恩洪　上海市建平中学原校长

刘长铭　第十二届全国政协常委、北京金融街润泽学校校长、北京四中原校长

孙云晓　中国青少年研究中心研究员、中国家庭教育学会副会长、教育部家庭教育指导专委会副主任委员

李一诺　一土教育联合创始人

李镇西　新教育研究院院长、成都市武侯实验中学原校长

李希贵　北京第一实验学校校长、北京市十一学校原校长、教育部基础教育教学指导委员会副主任委员

杨　雄　上海社会科学院社会学研究所原所长、上海市儿童发展研究中心主任、上海市家庭教育研究中心主任

张志勇　北京师范大学国家高端智库教育国情调查中心主任、教授，教育部基础教育家庭教育指导专委会主任委员

周国平　　著名作家、中国社会科学院哲学研究所研究员

周洪宇　　第十三届全国人大常委、中国教育学会副会长、华中师范大学国家教育治理研究院院长、长江教育研究院院长、国务院学位委员会第七届教育学科评议组成员

詹大年　　昆明丑小鸭中学校长、全国爱心与教育研究会会长

# 编辑委员会

主　　编　　马国川　　张蓝心

副 主 编　　张峻源　　王信逸

编　　委　　张　燕　　程秋丽　　王　格　　陈　晨

数据分析　　王信逸　　陈利达　　毛文杰

数据支持　　问向实验室

电子邮箱　　bluebook@wenxiangcn.com

# 推 荐 语

当今，越来越多的人认识到了家庭教育的重要性。不过，对家庭养育环境以及家长和孩子的心理健康的学术研究仍有待深入。本报告迈出了一大步，具有重要的学术价值和现实意义。期待本报告能助力家庭养育环境的建设，从而提高家长和孩子的心理健康水平。

——顾明远
著名教育学家、新中国比较教育学科创始人之一
中国教育学会名誉会长

《中华人民共和国家庭教育促进法（2021）》明确规定，改善中国家庭的养育环境，需要家庭负责、国家支持、社会协同。本书在对中国家庭养育环境现状进行全面调研和实证研究的基础上，提出了一系列改进建议，有助于加强家庭养育环境评估机制建设，开展数据化驱动的家庭教育，促进"家校社"合作。作为一位积极倡导和推动制定实施家庭教育促进法的四届全国人大代表与老教育工作者，我很欣喜地看到本报告的编写出版，期待报告在促进孩子健康成长方面发挥积极作用。

——周洪宇
第十三届全国人大常委、中国教育学会副会长
国务院学位委员会第七届教育学科评议组成员

育儿是一件大事，家庭养育环境对孩子的成长有巨大的影响。家庭教育是人生最早的教育，也是儿童最日常的教育，良好的家庭养育环境能够给人生打上温暖而明亮的底色，促进孩子人格健全、心智发育。为了科学地评估中国家庭养育环境，本报告设计了六类养育指数，据此对中国家庭养育环境进行调研，为教育工作者和广大家长提供了有益的参照。

——周国平

著名作家、中国社会科学院哲学研究所研究员

家庭是社会的基本细胞，同国家和民族的前途命运、同人民的幸福生活紧密相连。今天，家庭在整个社会变革体系中的关键地位日益显现。"注重家庭、注重家教、注重家风"建设已经成为新时代家庭建设和家庭教育的现实任务。本书基于大量数据深度分析了家庭养育环境对孩子的心理健康、心理品质以及日常生活行为的影响，并从当代家长、孩子及教师视角，深刻探讨了家庭养育环境对孩子心理健康的不同影响。在家庭教育历史性地成为新时代教育体系建构的重要命题之时，本书的及时发布，将会助推家庭积极养育环境的建设，促进家长和孩子心理健康水平的提高。

——尹后庆

中国教育学会第八届理事会副会长、上海市教育学会会长

人的生命、生存能力和生命价值，是在这个被称为"家"的地方孕育、生长的。家庭教育是人的教育的根和魂。本书基于国内外家庭教育理论研究和大样本实证调查，首次建构了中国家庭养育环境指数，从家长、学生和教师视角深刻分析了家庭教育风格、家庭教育与学生成长、家校共育等热点、难点问题，相信会让校长、教师和家长朋友开卷有益。

——张志勇

北京师范大学国家高端智库教育国情调查中心主任、教授

教育部基础教育家庭教育指导专委会主任委员

希望这份报告可以帮助父母们懂得高温暖、高支持、高理性养育风格的重要性，这是培育孩子健康心理和健康人格最重要的条件。高温暖，就是给予孩子一个"有温暖的家"，确保孩子受到优先保护和特殊保护，身心健康地幸福成长；高支持，就是让孩子拥有丰富多彩的生活实践，从而发现自己的潜能优势，激发强大的内动力，探索适合自己的人生道路；高理性，就是尊重和维护儿童或未成年人的四大权利，即生存权、发展权、受保护权和参与权，做真正有益于孩子发展的好父母。

——孙云晓

中国青少年研究中心研究员、中国家庭教育学会副会长

教育部家庭教育指导专委会副主任委员

家庭是影响人一生的最重要的环境因素。必须承认，很多家庭中存在着诸多教育问题，家长为此感到十分困惑和焦虑。为了解决问题、缓解焦虑，本书用大量而详实的研究数据为我们提供了重要参考，并依此为我们改善家庭教育现状提供了宝贵的建议。

——刘长铭

第十二届全国政协常委、北京金融街润泽学校校长、北京四中原校长

《家庭教育蓝皮书.2024：中国家庭养育环境报告》是一份呼唤教育良知、教育价值的报告。把自然的人培养成社会需要的人是教育的出发点，也是教育的最终归宿。分数、质量是教育价值，快乐、幸福同样是教育价值。没有分数和质量，今天走不到明天；只有分数和质量，明天走不到未来。未成年人是人，人有情感，有差异，有潜能。尊重情感、接纳差异、释放潜能，才能成就学生。成就学生才能让祖国更伟大。

——冯恩洪

教育名家、上海市建平中学原校长

家庭教育的重要性已经越来越显而易见，并多有政策支撑，当下的问题是缺乏实证研究以及据此进行的分析研究，尤为重要的是相应策略的提出。本书弥补了这方面的不足。我们需要态度，但更需要方法；我们需要政策，但更需要策略。而在实证基础上给出的方法与策略，特别是六个具体方面的指导，更具参考价值。教育研究需仰望星空，也要接地气，郑重推荐本书，为家庭教育的开展与推进，打开了一扇窗，提供了一个遵循。

——王旭明

中国陶行知研究会副会长、教育部首任新闻发言人

家庭环境是家庭教育的场景。有好的关系，才能有好的教育。好的关系是在适合的场景中发生的。家长是家庭环境的建设者。读《家庭教育蓝皮书.2024：中国家庭养育环境报告》可以定位自我，发现教育。

——詹大年

昆明丑小鸭中学校长、全国爱心与教育研究会会长

教育是心灵的艺术。只有在听到儿童的心跳、感受到他们的脉搏时，好的教育才能真正发生。对父母而言，最大的悲剧莫过于以"爱"之名把"教育"强加给孩子，却不知道孩子在想什么。本书为我们走进孩子心灵提供了帮助，特向所有家长郑重推荐！

——李镇西

新教育研究院院长、成都市武侯实验中学原校长

# 摘　　要

家庭是塑造孩子的性格和价值观最重要的环境，家庭氛围更是直接影响着孩子的身心健康、学习成绩以及未来的发展方向。近年来，家庭教育越来越受到社会各界的关注。2022年1月1日开始实施《中华人民共和国家庭教育促进法》，以提升中国家庭养育环境的质量，而这需要家庭负责、国家支持、社会协同。

在此背景下，本书不仅调查了2023年各类中国家庭的养育环境，而且对家庭中家长和孩子的心理健康进行了相对全面的数据收集，并基于深度的数据分析了解了家庭养育环境对孩子的心理健康、心理品质以及日常生活行为的影响。全书分为总报告、分报告和专题报告三个部分。总报告基于全国各地34万家长的调查数据，对中国家庭的养育环境进行分析比较。结果显示，中国家长为孩子提供了相对良好的养育环境，尤其是在提供成长支持和创造温暖的情感环境等方面表现突出。但是，也有部分家长在育儿时存在过于焦虑的现象。分析结果同样显示，积极的养育环境对孩子的心理健康和日常行为都起到了正面作用，再次印证了家庭环境的重要性。

六篇分报告就家庭养育环境对孩子心理健康的不同影响进行了深度探讨。基于家长视角，部分报告探究了夫妻养育风格一致性和家庭结构对养育环境以及孩子心理健康的影响。基于孩子视角，部分报告对养育环境如何影响孩子的日常生活行为（作业完成、睡眠、体育锻炼和手机使用情况等）

开展了深入研究，并对不同学段孩子间的差异进行了比较分析。最后，基于教师视角，一篇报告通过教师对学生日常行为的观察，对学生的异常行为、心理健康问题以及家庭中存在的潜在风险，进行了验证研究。

专题报告中包含了多位心理学和教育学等领域的专家对如何改善家庭养育环境给出的具体建议。这些报告为深度了解中国家庭的养育环境提供了参考，并为加强积极养育环境的建设、促进家长和孩子的心理健康提出了切实可行的方法。

**关键词**：养育环境　养育风格　心理健康　青少年　社会心理服务体系

# Abstract

The family is the most important environment for shaping a child's character, and the family atmosphere directly affects a child's physical health, mental health, academic performance. *The Law of the People's Republic of China on Family Education Promotion* promulgated in 2022 also proposes that improving the nurturing environment of Chinese families requires family responsibility, state support, and society-wide collaboration.

This book not only investigates the family environment of various Chinese families in 2023, but also conducts comprehensive data collection on the mental health of parents and children in the families investigated. Based on the aforementioned data, in-depth analyses were performed to study the impact of family environment on children's mental health, psychological qualities, and daily behaviors. The book is divided into three parts: general report, topical reports, and special reports. The general report is built on the basis of survey data collected from more than 340,000 Chinese parents. Based on the analysis and comparison of various families across the country, this report found that generally speaking, Chinese parents have provided relative good family environments for their children, especially in providing various types of support for children's growth and creating a warm emotional environment. However, there are some parents who are overly anxious and controlling. The results of our analysis also demonstrate that a positive family environment has a positive impact on children's mental health and daily behavior, once again conforming the importance of the family environment.

There are six topical reports which conduct an in-depth analysis on how family environment affects children's mental health in different ways. Based on the perspective of parents, some of the reports explore the impact of family structure and parenting consistency among spouses on the family environment, as well as children's mental health. Based on the children's perspective, some of the reports conduct in-depth research on how family environment affects children's daily behaviors (e.g., homework completion, sleep, physical exercise, and mobile phone usage), and conduct a comparative analysis of the differences among children at different school stages. Finally, based on the teacher's perspective, one topical report conducts a validation study based on the teachers' observation of students' abnormal behaviors, mental health-related problems, and potential risks in their families.

The special reports contain specific suggestions from various experts in the field of psychology and education on how to improve the family environment. These reports provide a reference for an in-depth understanding of the family environment in China and specific suggestions for strengthening positive family environment and improving the mental health of parents and children.

**Keywords**: Family Environment; Parenting Style; Mental Health; Adolescent; Social Psychological Service System

# 目 录

## Ⅰ 总报告
中国家庭养育环境调查报告 ………………………………………… 问向实验室 3

## Ⅱ 分报告
中国学生学业压力、体育锻炼、睡眠质量与家长养育风格及其相互关系
………………………………… 蔡 丹 李天睿 于欣华 王姮蕴 53

中国学生人际关系调查报告：手机使用和家长养育风格的影响
……………………………………………………… 陈启山 潘天和 99

中国学生心理健康变化趋势：小学、初中和高中学生现状报告
……………………………………………………………… 童 连 131

中国学生心理健康和家庭环境：基于教师观察的调查报告
………………………………………………………… 朱廷劭 韩 诺 173

中国家庭中夫妻养育风格一致性研究 ……………… 管延军 李子芊 203

中国家长养育风格比较：一孩和多孩家庭的对比研究 ……… 陈斌斌 223

## Ⅲ 专题报告
孩子最需要"有温暖的家"：父母养育风格与中小学生心理健康
……………………………………………………………… 孙云晓 257

社会与情感能力和当代青少年心理健康及成长发展 ………… 杨 雄 267

笑不出来的教育，不可能是好教育 …………………………… 李一诺 285

# CONTENTS

## I. General Report

Research on family environments in China　　　　　　　　　　　　　　　*WX Labs / 3*

## II. Topical Reports

Associations amongst Chinese students' academic pressure,
　exercise, sleep quality and parenting style
　　　　　　　　　　　　　*Cai Dan　Li Tianrui　Yu Xinhua　Wang Hengyun / 53*

Chinese students' interpersonal relations:
　the role of smartphone use and parenting style　　*Chen Qishan　Pan Tianhe / 99*

Time trends in Chinese students' mental health:
　A cross grade analysis　　　　　　　　　　　　　　　　　　　　*Tong Lian / 131*

Chinese students' mental health and family environment:
　A validation study based on teacher observation　　*Zhu Tingshao　Han Nuo / 173*

Parenting style congruence in Chinese families　　*Guan Yanjun　Li Ziqian / 203*

Parenting styles amongst Chinese parents:
　A comparative study between one-child and multi-child families
　　　　　　　　　　　　　　　　　　　　　　　　　　　　　　　*Chen Binbin / 223*

## III. Special Reports

Children need a "warm home" most: parenting styles and
　the mental health of primary and secondary school students　　*Sun Yunxiao / 257*

Social-emotional abilities and contemporary adolescents' mental health,
　growth and development　　　　　　　　　　　　　　　　　　　*Yang Xiong / 267*

An education without happiness cannot be a good education　　　*Li Yinuo / 285*

# I 总报告

# 中国家庭养育环境调查报告

问向实验室*

---

\* 本项目由问向实验室（WX Labs）提供技术支持。
项目中使用的测评工具由问向实验室专家团队领衔研发，并已在实践中得到验证。
项目报告中所有数据均来自于本次项目，数据来源及报告结果真实可信。

【摘　要】　加强对家庭养育环境的评估，特别是对家庭养育核心需求与极端问题的识别，是保障孩子健康成长的重要一环。基于过往大量研究的成果，本报告提出了"中国家庭环境养育指数"这一评估工具，并根据其中包含的六类养育指数（温暖指数、支持指数、理性指数、安心指数、信任指数、期望指数），对中国家庭的养育环境现状，进行了一次相对全面的调研。本次调查采集了近四十五万份有效样本，包括三十四万家长和十一万学生的相关数据。分析结果显示，中国家长为孩子的成长提供了相对良好的养育环境，尤其是在提供成长支持、创造温暖的养育环境等方面表现较为突出。但也有不少家长在养育孩子时存在过分焦虑或干涉的现象，需要进一步的关注。同时，分析结果也表明了积极的家庭养育环境会对孩子的心理品质与日常行为都产生正面影响，进一步展示了营造良好环境的重要性。基于本次调查的分析结果，本报告提出以下建议：加强家庭养育环境评估机制建设，以科学化方式加深大众对养育环境的理解；基于中国家庭的特点，开展数据化驱动的家庭教育；构建科普体系，填补家庭教育的科普缺口；促进家校社合作，全面支持家长育儿；将对家庭养育环境的观察，纳入学生心理健康的预警体系中。

【关键词】　养育风格　养育环境　家庭教育　心理健康　亲子关系

# 一、引　言

《中华人民共和国家庭教育促进法》明确规定，改善中国家庭的养育环境，需要家庭负责、国家支持、社会协同。家庭是塑造一个人性格、价值观和行为模式的最重要场所。父母的教导、关爱和家庭氛围直接影响着孩子的身心健康、学习成绩以及未来的发展方向。教育部等十三部门于 2023 年发布《关于健全学校家庭社会协同育人机制的意见》，强调了家长在家庭教育中的主体责任，要树立科学育儿观念，切实履行家庭教育职责。国家和社会也为家庭教育提供了相应的指导、支持和服务，并在《关于指导推进家庭教育的五年规划（2021—2025 年）》中把构建覆盖城乡的家庭教育指导服务体系、健全学校家庭社会协同育人机制、促进儿童健康成长确立为今后一个时期家庭教育发展的根本目标，推动"十四五"时期家庭教育高质量发展。教育部等印发的《全面加强和改进新时代学生心理健康工作专项行动计划（2023—2025 年）》要求，相关部门应加强家庭教育指导服务，组织办好家庭教育指导平台，推动社区家庭教育指导服务站点建设，引导家长关注孩子心理健康，树立科学养育观念。这些政策致力于激励家长参与、增进家庭与学校的合作、协同国家与社会，从而全面改善中国家庭的养育环境，助力孩子健康成长。

## 1. 家庭养育环境对孩子的影响

人的一生中会接触到许多潜在的环境（如学校、工作场所），然而最具有影响力的还是家庭养育环境（Biglan, 2015; Sanders, 2012）。家庭养育环境是孩子成长过程中亲子关系、家庭环境、教育方式等因素的综合体现。

它对孩子的身心健康、性格形成和价值观塑造具有深远的影响（Sarsour et al., 2011）。大量研究结果显示，家庭养育环境对孩子的认知发展、社交能力、行为发展和心理发展有重大影响。首先，家庭养育环境对孩子的认知能力发展有较强的影响。通过鼓励孩子探索、提供学习资源、创建学习环境等方式，家长可以高效地培养孩子的好奇心和学习动力，从而促进其认知能力的发展。同时，父母过度放纵的养育风格（例如前后矛盾、低参与度或懒散的养育风格），也会阻碍孩子理解自己及他人的心理状态，并对孩子的认知能力发展带来负面影响（Guajardo, Snyder & Petersen, 2009）。基于孩子认知能力和学业成绩的高相关性，家长对孩子表现出的情绪关怀越多，孩子在学龄时的学业成绩就越好；相反，当家长表现出的消极情感越高，孩子的成绩就越差（Treyvaud et al., 2016）。

家庭中的社交经历，与兄弟姐妹，尤其是和父母的互动，对孩子的社交能力和人际关系建立同样具有重要意义。父母是孩子在人际关系方面的主要学习榜样，家长和孩子的沟通、表达情感和处理冲突的方式，都会为孩子的社会性发展提供重要的基础（DiTommaso et al., 2003）。积极的养育风格更有助于父母与孩子之间依恋纽带的形成，为孩子提供安全感和情感保障（de Minzi, 2007），并增强孩子探索社交世界和建立人际关系的信心。研究发现，父母的积极养育风格不但可以帮助孩子提高社交能力、社交意愿和同伴关系的质量（Gorrese & Ruggieri, 2012），更可以减少青春期孩子的孤独感（Lim & Smith, 2008）。

研究同样表明，家长的积极养育风格和良好的家庭环境，可以减少孩子的行为问题（Alizadeh et al., 2011）。即使在贫困或困难家庭中，温暖和高支持性的养育环境也可以显著减少孩子反社会行为的出现（Anton et al., 2015）。需要注意的是，除了提供温暖积极的环境，适度的限制和规范对孩子的健康成长也是必要的。如果父母过分宽容，孩子在青春期更容易受到社交压力的影响，出现异常的行为问题（Lorenz et al., 2020）。同时，家长的过度干涉也会导致孩子缺乏自我控制能力和沟通能力，进而增加出现行为问题的概率。因此，父母需要在养育风格中找到适当的平衡点，既要提供足够的温暖和支持，也要设定适当的限制和规范。这样才能帮助孩子培养良好的自我控制能力，减少行为问题的出现。

最后，温馨、和谐的家庭环境有助于孩子建立积极的情绪管理机制，促进心理健康的发展。积极的养育风格，例如高温暖、高支持和高理性的育儿方式，可以在成长过程中为孩子提供充实的情绪安全感（Cummings & Schatz, 2012）。这种安全感可以促进孩子的自尊和情绪恢复能力的发展，让孩子可以更好地应对压力和逆境（Pinquart & Gerke, 2019）。同时，家长的养育风格也会影响孩子面对压力和困难时的应对机制。积极的养育风格普遍强调理性解决问题、坦诚沟通和健康的情绪调节方式，这些思维方式为孩子提供了应对挑战和压力的有效工具。相反，消极的养育风格可能会导致不健康的应对策略，并加剧心理健康问题的严重性。研究表明，家长的情绪关怀和接纳，对孩子的心理健康、情绪调节能力和社交能力都有积极的影响（Eisenberg et al., 1999; Morris et al., 2017），而过度控制和严厉的教养方式反而有可能会加深孩子的心理健康问题（Pinquart, 2017）。

总体而言，父母采用积极、支持性的养育风格，构建良好的家庭养育环境，对于孩子的心理、认知、社交和行为发展都具有积极的影响，有助于孩子培养积极的心理品质、树立正确的价值观，并降低心理和行为问题的出现概率。因此，过往研究无不强调营造良好的家庭养育环境对孩子成长的重要性。

## 2. 中国家长养育现状

虽然养育风格的相关研究主要以海外家长为研究对象，但也有不少关注国内家长的研究，揭示了中国家长养育风格的独特性。具体而言，中国家长在一些养育风格方面表现出积极的特点，但同时也存在改进的空间。在家庭教育理念维度，中国父母具备中华优秀传统文化的思想底色，对儿童的"思想品德"非常重视；另一方面，父母对儿童心理健康的关注度也逐渐上升。从儿童观和发展观来看，父母具备较为良好的现代育儿理念和知识（霍雨佳等，2023），并在健康育儿任务情境中经常具有信心（校欣玮，2022）。但是，焦虑育儿、对子女严格管教、重视学习的传统教育观念仍是被大部分父母认可的教育观念（霍雨佳等，2023）。另外，随着时代的发展，越来越多人呼吁对儿童加强性教育以及社会志愿活动、生活实践等方面的教育，但这些内容在当今的家庭教育中仍被忽视（霍雨佳等，2023）。

在家庭教育行为方面，2022年发布的《中国家庭科学育儿洞察白皮书》指出，家庭共育、隔代育儿、分工育儿、科学育儿的方式被越来越多家庭采用。家长养育照护能力整体较好，并且给予尊重与肯定、沟通与陪伴的行为呈上升趋势，但陪伴体验方面仍然有较大的进步空间（孔文瑞等，2023）。另外，虽然科学育儿等养育方式被越来越多家长知晓，但控制式育儿方式仍占一定比例。而且家长作为孩子的榜样，其自我行为约束力也显得不足（霍雨佳等，2023）。

## 3. 现有研究的局限性

积极的养育环境可以增强孩子对环境的适应能力，并保护他们远离各种身心问题（董书阳等，2017）。但是关于家庭养育环境影响孩子的研究变量众多，养育环境的维度除了积极和消极的分类，还有权威、专制、放纵等分类方式，以及情感支持、学习环境、社交技能培养等，而目前的研究或报道往往只关注某一方面，导致公众对整体家庭养育环境的认识相对片面，缺乏一个可以全面了解家庭养育环境的角度。其次，过往的家庭养育环境研究中数据量相对较少或不够全面（Guajardo, Snyder & Petersen, 2009; Bureau & Mageau, 2014; Buckholdt, Kitzmann & Cohen, 2016），无法充分反映家庭养育环境的全貌。

## 4. 如何评估家庭养育环境

考虑到现有研究的潜在缺陷，本调查提出了一个全面评估中国家庭养育环境的工具：中国家庭养育环境指数。中国家庭养育环境指数中包含了六类核心养育指数，用于评估家长在育儿时的各种特征，包括：温暖指数、支持指数、理性指数、安心指数、信任指数、期望指数。中国家庭养育环境指数不仅包含传统的养育风格测量工具，更包含了家长对孩子的期望、在育儿时的焦虑、是否给予了孩子足够的信任，力求从一个相对全面的理论基础，去评估家庭成长环境中的各种相关因素。

### (1) 温暖指数

温暖指数主要评估亲子之间的情感联系，以及家长是否为孩子创造了一个安全和充满爱的环境。例如家长是否会通过肢体动作、口头肯定和情绪支持表达自己对孩子的爱意、关怀和同理心。在温暖指数上得分较高的家长对孩子的情感需求更加敏感，反应性也更高，在孩子有需要时可以及时提供安慰和支持。同时，这一类型的家长也更能够理解和尊重孩子的不同意见，对他们的爱好和兴趣也会更加支持（Rohner, Khaleque & Cournoyer, 2005）。这种情感联系建立了坚实的亲子信任基础，也对情绪适应能力（Chen, Liu & Li, 2000）、学业表现（Kim & Rohner, 2002）、亲子间的安全依恋（Cummings & Davies, 1996）均产生了积极的促进作用。

（2）支持指数

支持指数的测量方向为父母对子女提供的肯定、陪伴、情感、实际帮助等多方面的支持，同时也侧面反映了父母对子女生活的参与度（任萍等，2023）。根据支持的性质，可以将父母支持分成帮助性支持、自主性支持和情感性支持。帮助性支持是指父母会在孩子受挫时提供实质性的帮助，是孩子安全感的来源，也是身体健康的基本保障（任萍等，2023）。如果父母常常忽视或拒绝提供帮助，孩子更有可能罹患心理健康相关病症（Whitbeck et al., 1992）。自主性支持是指父母以鼓励的方式与子女交流，鼓励子女自主决定和自主选择，倾听子女的思想和情感表达，避免使用给子女造成压力的语言或行为（Ryan & Deci, 2000）。家长的自主性支持为孩子的独立成长提供了重要的外在环境，进而也促进了亲子间自由、平等、真诚的沟通（Wuyts et al., 2018）。同时，孩子也更愿意主动与父母分享生活细节和遵守家庭规则（Smetana et al., 2006）。这种亲子间的平等互动和沟通有助于孩子更好地理解和遵守社会规范，促进其社会适应能力的发展（Bureau & Mageau, 2014）。最后，情感性支持是指在教养过程中，父母对子女的想法和行为给予理解和支持，这能够有效促进自主、能力和关系三种基本心理需求的满足（邓林园，辛翔宇，徐洁，2019），使他们更积极主动地应对外部的挑战，并不断整合外部经验和自我，从而促进自我成长和发展。

（3）理性指数

理性指数的评估内容为家长采用的管教方式。在孩子犯错后，有的父母表现为指责、打骂（Durbrow, 1999; Roopnarine & Jin, 2016），而有的父母会与孩子一同分析原因，专注于问题的解决（Gottman & Declaire, 1997）。在理性指数上得分较高的家长更倾向于采用类似后者的理性管教方式。理性管教侧重于解释规则和背后的原则，鼓励孩子参与建设性对话，帮助他们理解自己行为的后果。这种管教方式强调理解和解决问题，而不是单纯通过惩罚来强制孩子服从规则（Nelsen, 1996）。理性的管教方式不仅能促进孩子的批判性思维和责任感的发展，更能鼓励孩子理解自己作为独立的个体，需要为行为负责，从而培养互相尊重的亲子关系。在理性管教环境中成长的孩子，往往会有更好的身心健康，也能更好地调节情绪，更快地从压力中恢复（Gottman & Declaire, 1997）。而类似于斥责、打骂等非理性管教方式，往往会导致孩子出现行为问题、情绪问题和心理问题的概率提高（Gámez et al., 2010; Gershoff, 2002; Gershoff & Grogan-Kaylor, 2016; 任萍等，2023）。

（4）安心指数

安心指数的核心评估内容为家长在育儿时是否会出现对孩子过度焦虑或担心的倾向，类似的倾向可能会表现为高频率监控孩子的日常行为，或过度保护孩子免受危险等行为。虽然关心孩子的身心安全是家长的本能和责任，但过度焦虑的养育方式如果走向极端，可能会增加孩子的压力和焦虑感（Muris, 2003; Zhou et al., 2022），进而对孩子的心理健康造成负面影响（Weitkamp & Seiffge-Krenke, 2019）。因此，在安心指数上得分较高的家长更擅于在父母的保护本能和培养孩子的自主性之间取得平衡点，让孩子有空间去探索、学习和培养面对生活挑战的适应力。

（5）信任指数

信任指数的主要评估方向为家长是否倾向于以严格规则过度控制和干涉孩子的日常行为。在信任指数上得分较高的家长更倾向于维持适度的干涉，为孩子在具体问题上起到指引方向的作用。在信任指数上得分较低、表现出高干涉倾向的父母更强调服从和顺从，试图根据预定的期望来塑造孩子的行为，使其符合父母本人的价值观。但是过分控制、过度保护或过分干预孩子的行为可能会限制孩子的自主性、独立性和自我发展能力，导致孩子缺乏解决问题和自我管理的能力，甚至导致情感上的紧张和不安（Hill & Tyson, 2009）。一系列研究也表明家长对孩子学业的适度干涉可以显著提升学生的在校成绩，但高强度的干涉反而会对学业成绩存在消极影响，且这类结果多见于中国文化背景中（Treyvaud et al., 2016）。

（6）期望指数

期望指数的评估内容为家长对孩子保持的期望。父母期望是反映父母价值取向的一项主观变量，也是家长对子女未来的设想和预期，主要包括对学业、能力和个人品质等方面的期望，在孩子的发展、行为和自我价值感的形成等方面起到重要作用（宋保忠等, 2007）。父母期望可以激励孩子追求卓越，多项研究均表明，父母对孩子适度的学业期望与学生学习成绩呈显著的正相关（水远璇, 刘舒艳, 2006; 刘保中, 张月云, 李建新, 2014），但过高的学业期望也会产生反作用（Murayama et al., 2016），对学生身心健康发展造成负面影响（任萍等, 2023）。同时，学业并不是孩子发展的全部，孩子的个性发展是必要的（Susanto et al., 2020），父母注重孩子的品格发展、社会价值和意义感，也能够帮助孩子培养自信心和自尊心，促进其潜能的发掘与全面发展（蔺秀云, 王硕, 张曼云, 周冀, 2009）。因此，在期望指数上得分较高的家长需要对自己的期望设置合理的标准，并有效地传达自己的期许，让期望成为指导而不是严格的要求。

### （7）中国家庭养育环境指数

最后，依据先前概述的六类养育指数，本研究计算出总体的中国家庭养育环境指数，旨在以更全面的评估方式，去了解中国家庭养育环境的现状。基于中国家庭养育环境指数，本报告旨在探讨三个研究问题：1）中国家庭的整体养育环境现状如何？2）不同群体的家长在养育指数上是否有显著的不同？3）家庭养育环境对孩子的心理健康有何影响？本研究希望在探究以上三个问题的过程中，可以由数据驱动，建立一个可供研究者和社会大众参考的家庭养育环境的整体画面，一方面填补过往研究的空白，为更深入、全面地了解家庭养育环境提供参考；另一方面将指导家长更有效地培养孩子，促进孩子全面健康的成长。

## 二、研究过程

本研究的数据收集时间为 2023 年 1 月份到 10 月份，研究团队在全国 7 个地区的 135 所中小学进行调查。研究参与者为全国地区的中小学生（小学四年级到高中三年级）和学生家长。本研究经由线上问卷形式总共采集 458,735 份有效数据，由家长填写的数据为 343,289 份，由学生填写的数据为 115,446 份。其中 115,446 份学生的数据都有对应的家长数据可供分析使用。

## 1. 样本信息

本研究的完整家长样本中，男性比例为 32.7%，女性比例为 67.3%。孩子的学段分布为：61.0% 小学，25.7% 初中，13.3% 高中。90.2% 的家长目前有工作，9.8% 的家长目前没有工作。家长群体中的学历分布为：59.0% 是高中及以下学历，22.5% 是大专学历，17.0% 是本科学历，1.3% 是硕士研究生学历，0.2% 是博士研究生学历。接近 46.3% 的家庭中是父母双方共同育儿，39.1% 的家庭是母亲主要负责育儿，13.2% 的家庭是父亲主要负责育儿，1.4% 的家庭是由其他家庭成员主要负责育儿。

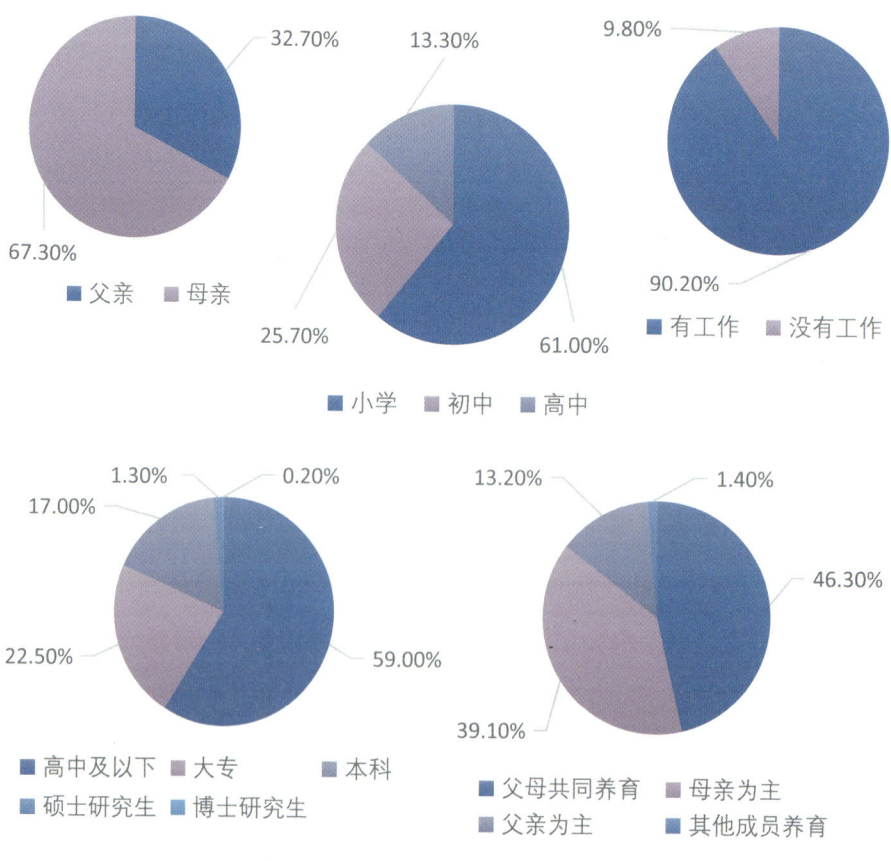

图 1 家长样本信息

本研究的学生样本中，男生比例为 54.2%，女生比例为 45.8%。学段分布为：小学 37.6%，初中 41.4%，高中 21.0%。年级分布为：小学四年级 4.1%，小学五年级 18.5%，小学六年级 18.7%，初中一年级 13.4%，初中二年级 12.5%，初中三年级 11.7%，高中一年级 8.5%，高中二年级 6.4%，高中三年级 6.1%。

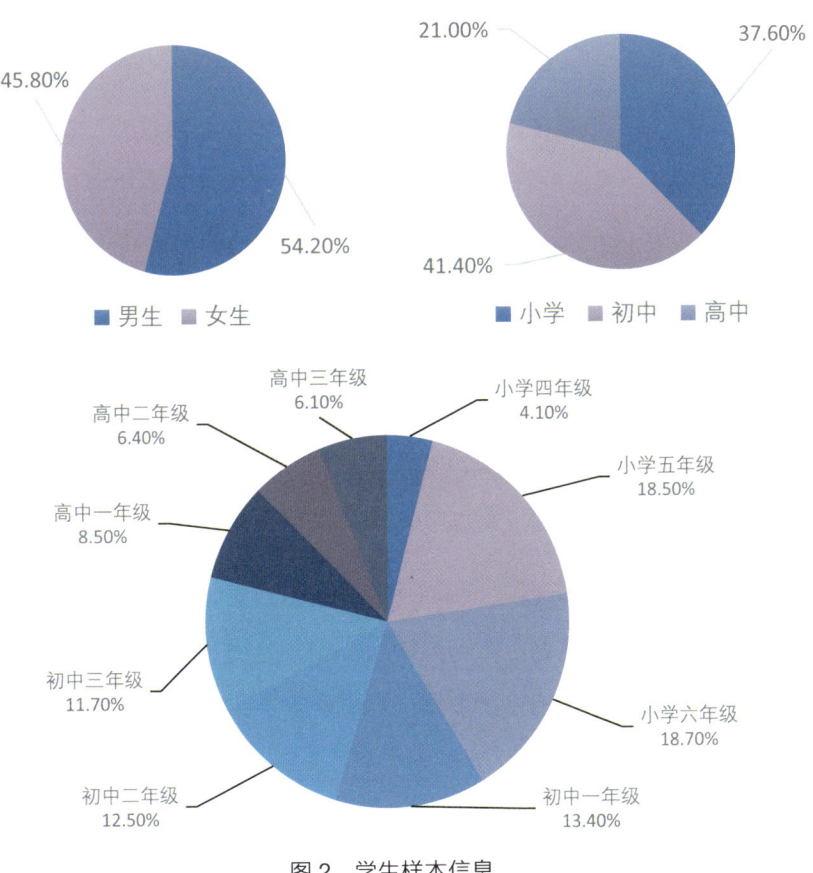

图 2　学生样本信息

## 2. 研究工具

### （1）家庭环境适宜度评估（PI）

家庭环境适宜度评估为问向实验室于 2023 年编制的多维家庭环境评估

工具，适用于7—18岁学龄孩童家长的养育风格评估。本研究根据评估中五个分量表下的不同维度计算出六类养育指数。

其中，"温暖指数"采用了"教育方式"分量表中的"温暖鼓励"和"严厉冷漠"维度。这两类维度的主要测量方向都是家长养育孩子时在情感和关爱表达层面上的特质。在"温暖鼓励"维度上得分较高的家长更倾向于主动对孩子表达自己的情感与关爱，并为孩子创造一个安全和积极的情感环境（如孩子能感受到我无条件的接纳）。在"严厉冷漠"维度得分较高的家长更倾向于制定严格的规则和施加惩罚性措施（如愤怒时，我可能会对孩子恶语相向）。在实际计算中，"严厉冷漠"维度的得分已经被反向记分处理，即家长在"严厉冷漠"上得分越低，在"温暖指数"上得分越高。

"支持指数"采用了"家庭支持"分量表中的"情感性支持""帮助性支持"和"自主性支持"维度。"情感性支持"维度主要测量的是家长是否会在孩子有情感需求时提供支持、理解和安慰，同时也侧面反映了家长为孩子营造开放的沟通环境的能力（如我会尽力理解孩子对各种事情的想法、感受和观点）。"帮助性支持"维度的评估内容为家长是否会在孩子有实际生活困难时提供支持和帮助，侧面反映了孩子对家长的信任程度（如每次孩子遇到困难都能从我这里得到帮助）。"自主性支持"则是侧重于评估家长在培养孩子独立性上提供的支持（如哪怕孩子表现得不自信，我也会鼓励TA独立做决定）。

"理性指数"采用了"管教方式"分量表中的"理性管教"和"非理性管教"维度。两者的评估内容都是家长在管教孩子时的具体方式。在"理性管教"维度得分较高的家长更倾向于用透明的沟通方式和孩子解释规则背后的原因，鼓励孩子理解自己行为的后果而不是强制遵守规则（如让孩子遵守规则时，我会解释原因）。在"非理性管教"维度得分较高的家长更倾向于用强硬的方式逼迫孩子顺从规则（如我会大声斥责孩子）。在实际计算中，"非理性管教"维度的得分已经被反向记分处理，即家长在"非理性管教"上得分越低，在"理性指数"上得分越高。

"安心指数"在计算时直接使用了"焦虑指数"分量表，并将其得分进行了反向记分处理。"焦虑指数"分量表主要评估了家长在育儿时是否会对孩子的日常行为感到过分紧张或焦虑（如我总是过分担忧孩子发生意外），在"焦虑指数"分量表中得分越低，代表在"安心指数"上得分越高。

"信任指数"分量表则是主要参考了"干涉指数"分量表进行计算，并同样进行了反向记分处理。该分量表测量的是家长是否过度参与孩子的日常生活和决定。高干涉倾向的父母更有可能会过度控制和微观管理孩子生活的各个方面（如我经常会插手孩子的事）。在"干涉指数"分量表中得分越低，代表在"信任指数"上得分越高。

"期望指数"采用了"父母期望"分量表中的"个性期望"和"学业期望"维度。"个性期望"维度的评估内容为家长是否重视孩子的积极心理品格发展（如我希望我的孩子要比同龄人更积极乐观）。"学业期望"维度主要测量家长是否对孩子的学业表现有过度期望，并对孩子造成过大的压力（如我接受不了我的孩子成绩中等）。"学业期望"维度的得分已经被反向记分处理，在"学业期望"上得分越高，在"期望指数"中得分则越低。

最后，在使用最小最大值归一化（Min-Max Normalization）将六类养育指数的原始得分都转化为百分制后，家庭养育环境指数的分值即为六类养育指数的平均分。同时，本研究将家长在各类养育指数上的得分都划分为三个区间：得分高于 80 分为优秀，得分在 60 分到 80 分之间为良好，得分低于 60 分为待提升。

根据过往大量中国家长的研究数据，各类养育指数整体信效度表现良好：温暖指数（Cronbach's $\alpha$ = .76, CFI = .99, TLI = .98, SRMR = .03）、支持指数（Cronbach's $\alpha$ = .86, CFI = .98, TLI = .96, SRMR = .02）、理性指数（Cronbach's $\alpha$ = .72, CFI = .96, TLI = .94, SRMR = .06）、信任指数（Cronbach's $\alpha$ = .76, CFI = .95, TLI = .93, SRMR = .03）、期望指数（Cronbach's $\alpha$ = .69, CFI = .99, TLI = .98, SRMR = .01）。

### （2）学生身心发展指数评估（WISE）

学生身心发展指数评估为问向实验室于 2023 年编制的多维学生心理健康评估工具，适用于 7—18 岁的中国学生。本研究采用了评估中的两个分量表："积极心理品质"和"日常生活行为"分量表。

"积极心理品质"分量表主要测量学生在应对压力和困难时表现出的积极情感、认知和行为特征，包含五个子级维度：自我效能、乐观、情绪调节、韧性和坚毅。其中，"自我效能"维度主要评估学生对自我能力的信念，更具体地说，是学生对自己是否有能力完成特定目标所进行的判断，例如"我相信自己总能找到解决问题的方法"。"乐观"维度主要测量学生对现在和未来保持积极态度的倾向，例如"即使发生一些不愉快的事情，我也总是能看到好的方面"。"情绪调节"维度的主要评估方向为学生通过各种方法来管理、调整个人情绪状态的能力，例如"我有一套好的方法调整自己的负面情绪"。"韧性"主要测量学生从挫折和失败中快速恢复和成长的能力，例如"无论结果怎样，我都会尽自己最大的努力"。最后，"坚毅"维度主要评估学生在追求目标时表现出的意志力和决心，例如"困难不会让我泄气"。

"日常生活行为"分量表的评估内容为学生日常生活中的五类重要行为指标，包含五个子级维度：人际关系、电子设备使用、睡眠情况、作业情况和体育锻炼情况。"人际关系"维度主要评估了学生的同伴关系（如我有很多关系很好的朋友或同学）和师生关系（如我能感受到老师对我的关心和理解）。"电子设备使用"维度测量了学生日常的手机使用时间和潜在的手机成瘾问题（如我会因为玩手机或其他电子设备忘了时间，一直玩到被大人叫停为止）。"睡眠情况"维度主要测量了学生日常睡眠时长（如我在学习日的平均睡眠时长大约为）和睡眠质量（如我觉得睡眠时间很充足，能够得到充分休息，恢复精力）。"作业情况"维度的评估内容为学生完成作业的时间（如我在学习日放学后写课后作业的平均时长大约为）和压力（学习日的课后作业对我来说毫无压力）。"体育锻炼情况"维度主要测量了学生日常运动的时间（如我每天校外体育锻炼的平均时长大约为）和对体育锻炼的态度（我能从日常锻炼中获得益处）。

过往大量中国学生的研究数据显示两个分量表的整体信效度都表现良好：积极心理品质（Cronbach's $\alpha$ = .89, CFI = .95, TLI = .94, SRMR= .03）、日常生活行为（Cronbach's $\alpha$ = .89, CFI = .93, TLI = .91, SRMR= .04）。

## 3. 分析方式

因为部分数据有较为明显的偏态分布趋势，本研究使用 Welch's T- 检验（Welch's T-test）来分析两组独立样本间的差异，例如父亲和母亲在各类养育指数上的差异。单因素方差分析（ANOVA）被用于分析三组以上的独立样本，例如不同学段家长在各类养育指数上的差异。Cohen's $d$ 被用于量化 T-检验的效应量，本研究参考广泛使用的区分临界点：Cohen's $d$ = 0.2（效应量小），Cohen's $d$ = 0.5（效应量中等），Cohen's $d$ = 0.8（效应量大）。为了控制家庭背景等相关因素的潜在影响，本研究使用线性回归分析来探究各类家长养育指标与孩子心理健康指标的关联性。

整体数据分析过程严格遵循统计学原理，采用 R 语言和 Jamovi 软件进行数据处理和分析。整体分析中显著性水平被设置为 $p < 0.05$ 和 $p < 0.001$。

## 三、分析结果

### 1. 中国家庭养育环境现状

本研究的结果显示，基于 34 万中国家长的调研结果，整体家庭养育环境指数为 68.6 分（理论得分区间为 0 到 100 分），标准差为 12.6 分。其中有 20.7% 的家长表现优秀，54.7% 的家长表现良好，24.6% 的家长表现待提升。

同时，如图 3 所示，调查结果表明家长在六类养育指数上的得分有着明显的差异。其中，家长在温暖指数上的得分较高，整体平均分为 76.6 分，标准差为 17.9 分。其中，47.3% 的家长在温暖指数上表现优秀，34.1% 的家长表现良好，18.6% 的家长表现待提升。具体到温暖指数中比较具有代表性的评估题：有 71.4% 的家长表示"我常通过肢体语言（如拥抱）表达对孩子的爱和接纳"（题 1 有 16.7% 的家长表示认同，54.7% 的家长表示非常认同）。有 72.7% 的家长表示"孩子能感受到我无条件的接纳"（题 2 有 24.6% 的家长表示认同，48.1% 的家长表示非常认同）。评估题相关数据请见图 4。

中国家长在支持指数上的得分是六类养育指数中最高的：具体得分为 83.0 分，标准差为 16.9 分。有 62.3% 的家长在支持指数上表现优秀，27.7% 的家长表现良好，只有 10.0% 的家长表现待提升。以支持指数中的两道评估题为例：有 82.6% 的家长表示"孩子在遭遇挫折时会向我寻求帮助"（题

| | 平均分 | | | | | | 比例% | |
|---|---|---|---|---|---|---|---|---|
| 100 | 75 | 50 | 25 | 0 | 25 | 50 | 75 | 100 |

**温暖指数**
76.6分
- 47.3% 优秀
- 34.1% 良好
- 18.6% 待提升

**支持指数**
83.0分
- 62.3% 优秀
- 27.7% 良好
- 10.0% 待提升

**理性指数**
69.0分
- 19.2% 优秀
- 58.3% 良好
- 22.4% 待提升

**安心指数**
51.8分
- 20.3% 优秀
- 19.7% 良好
- 60.1% 待提升

**信任指数**
59.0分
- 22.9% 优秀
- 31.1% 良好
- 46.0% 待提升

**期望指数**
71.8分
- 35.6% 优秀
- 53.3% 良好
- 11.1% 待提升

**家庭养育环境指数**
68.6分
- 20.7% 优秀
- 54.7% 良好
- 24.6% 待提升

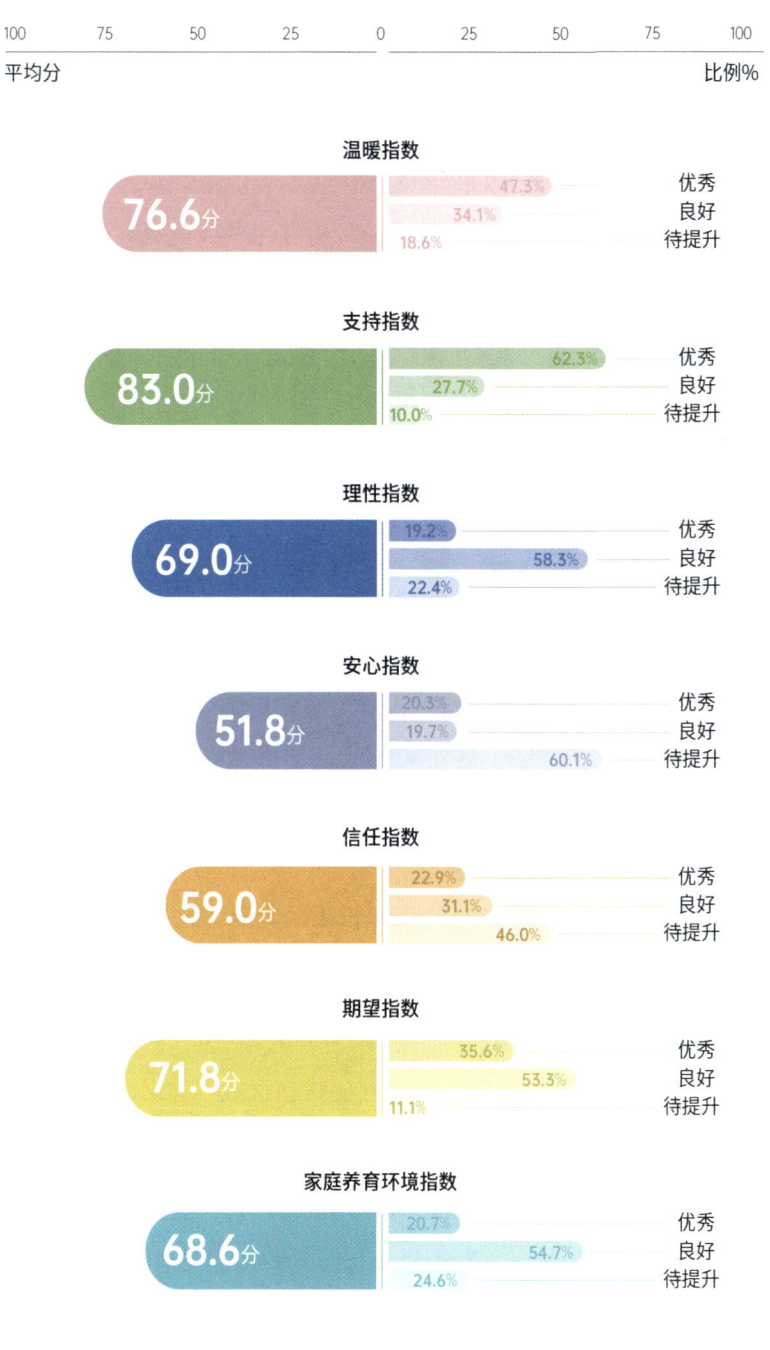

图3 中国家长养育环境指数和分布比例数据

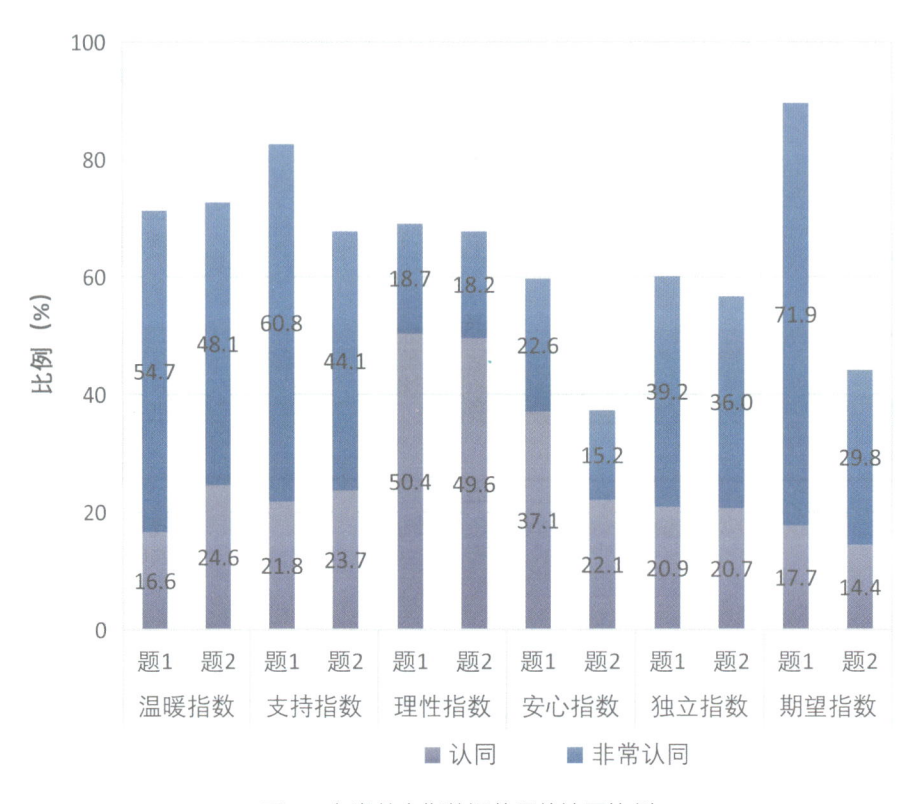

图 4 六类养育指数评估题的认同比例

1 有 21.8% 的家长表示认同，60.8% 的家长表示非常认同）。有 67.8% 的家长表示"我会尽力理解孩子对各种事情的想法、感受和观点"（题 2 有 23.7% 的家长表示认同，44.1% 的家长表示非常认同）。

家长在理性指数上的得分比较接近整体的家庭养育环境指数，得分为 69.0 分，标准差为 13.3 分。相比温暖和支持指数，在理性指数上表现优秀的家长相对较少（19.2%），但大部分家长表现良好（58.3%），同时有 22.4% 的家长表现待提升。以理性指数中比较具有代表性的评估题为例：有 69.1% 的家长表示"孩子有不良行为或犯错后，我会与 TA 一起分析如何应对"（题 1 有 50.4% 的家长表示认同，18.7% 的家长表示非常认同）。有 67.8% 的家长表示"孩子犯错后，我会让孩子承担适当的后果"（题 2 有 49.6% 的家长表示认同，18.2% 的家长表示非常认同）。

家长在安心指数和信任指数上的得分相对有更大的提升空间。为保证图 3 中不同养育指数分值的直观比较性，安心指数和信任指数展示的分值为对焦虑和过分干涉评估题的不认同比例。其中家长在安心指数上的得分为 51.8 分，标准差为 31.8 分。表现优秀（20.3%）的家长和表现良好（19.6%）的家长比例都相对较低，有 60.1% 的家长表现为待提升。以安心指数中比较具有代表性的评估题为例：有 59.7% 的家长不认同"我总是过分担忧孩子发生意外"（题 1 有 37.1% 的家长表示不认同，22.6% 的家长表示非常不认同）。有 37.3% 的家长不认同"我总是过于担心孩子不能处理好生活琐事"（题 2 有 22.1% 的家长表示不认同，15.2% 的家长表示非常不认同）。

家长在信任指数上的得分则为 59.0 分，标准差为 22.7 分。其中 22.9% 的家长在信任指数上表现优秀，31.1% 的家长表现良好，46.0% 的家长表现待提升。以信任指数中比较具有代表性的评估题为例：有 60.1% 的家长不认同"孩子犯错时，我总是表现出很难过、失落、或受伤的样子，使 TA 觉得内疚"（题 1 有 20.9% 的家长表示不认同，39.2% 的家长表示非常不认同）。有 56.7% 的家长不认同"我总对孩子说类似的话——如果你这样做我会很难过"（题 2 有 20.7% 的家长表示不认同，36.0% 的家长表示非常不认同）。

最后，家长的期望指数为 71.8 分，标准差为 13.2 分。其中 35.6% 的家长在期望指数上的表现优秀，53.3% 的家长表现良好，11.1% 的家长表现待提升。以期望指数中比较具有代表性的评估题为例：有 89.6% 的中国家长表示"我比其他家长更希望孩子有良好的个性品质"（题 1 有 17.7% 的家长表示认同，71.9% 的家长表示非常认同）。有 44.2% 的家长不认可"我接受不了我的孩子成绩中等"（题 2 有 14.4% 的家长表示认同，29.8% 的家长表示非常认同）。数据结果显示家长们对孩子的积极品质发展有较高的期许，但同时也有部分家长对孩子的学业表现有过高的期望。

总体来说，中国家长为孩子的成长提供了一个良好的养育环境，但具体到细节的分析，则显示家长们在特定方向还有待提升。其中，家长在温暖指数和支持指数上的得分相对更高，表明大部分家长在养育孩子时都做到了提供足够的情绪关怀、支持和理解。但是，家长在安心指数和信任指数上的得分相对还有更大提升空间，显示部分家长在照顾孩子时可能还是会出现过分焦虑，或是过度干涉孩子日常生活的情况。

## 2. 养育指数在不同家长群体中的差异

基于家长群体人口分类的复杂性，本研究旨在进一步分析各类家长群体在养育指数上的得分是否会有显著的差异，是否会有部分家长在养育孩子时待提升的空间更大。因为本研究有较大的样本基础，此类分析可以更好地为具体政策的规划方向提供思路。

### （1）养育指数的性别差异

如图 5 所示，本次调查在各类养育指数上都发现有较弱的性别差异。其中，父亲在温暖指数上的得分为 75.2 分，标准差为 18.3 分；母亲在温暖指数上的得分为 77.3 分，标准差为 17.7 分。Welch's T 检测显示母亲在温暖指数上的得分显著高于父亲，效应量相对较小（$t = 30.0, p < 0.001$, Cohen's $d = 0.114$）。类似的差异也在支持指数（父亲得分 81.7 分，标准差为 14.3 分；

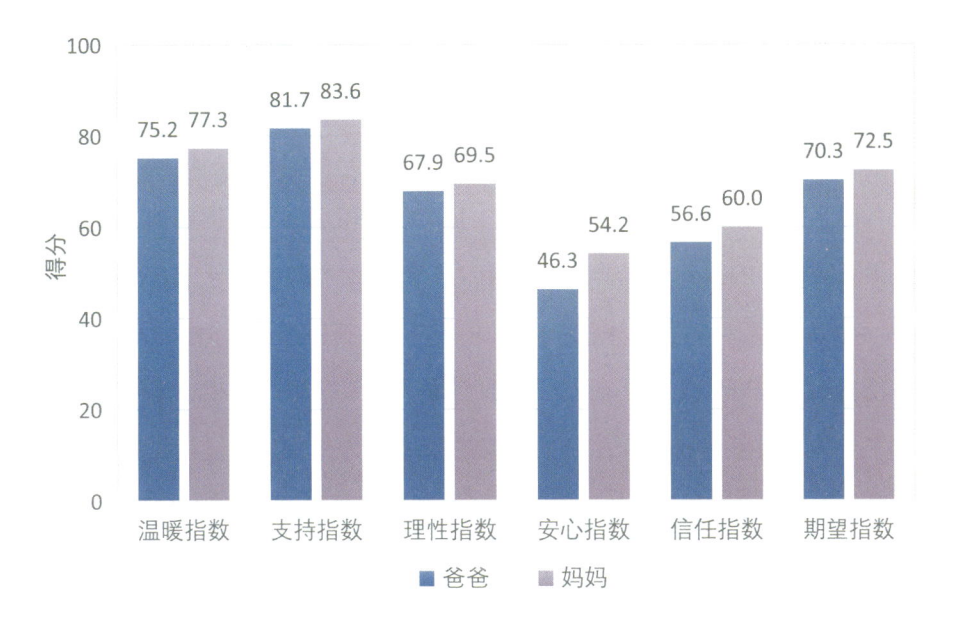

图 5　养育指数的性别差异

母亲得分 83.6 分，标准差为 14.9 分）和理性指数（父亲得分 67.9 分，标准差为 13.0 分；母亲得分 69.5 分，标准差为 12.7 分）上体现。分析结果显示母亲在两类指数上的得分都要显著高于父亲，效应量同样较小（$t = 29.9, p < 0.001$, Cohen's $d = 0.114$）。

在安心指数方面，母亲的得分（54.2 分，标准差为 31.8 分）同样要显著高于父亲（46.3 分，标准差为 31.2 分），且效应量较前三类对比要来得更强（$t = 67.1, p < 0.001$, Cohen's $d = 0.252$），显示父亲在育儿时的焦虑程度要显著高于母亲。在信任指数和期望指数上同样发现类似趋势，父亲在信任指数上的得分为 56.6 分，标准差为 23.3 分；母亲在信任指数上的得分为 60.0 分，标准差为 22.5 分。分析显示母亲在信任指数上的得分显著高于父亲，效应量较小（$t = 39.0, p < 0.001$, Cohen's $d = 0.148$）。父亲在期望指数上的得分为 70.3 分，标准差为 12.8 分；母亲在期望指数上的得分为 72.5 分，

标准差为 13.3 分。Welch's T 检测显示母亲在期望指数上的得分显著高于父亲，效应量同样较小（$t = 46.1, p < 0.001$, Cohen's $d = 0.173$）。

在整体家庭养育环境指数上，父亲的得分为 69.7 分，标准差为 11.4 分；母亲的得分为 72.3 分，标准差为 11.3 分。和六类养育指数相同，分析结果表明母亲的得分要显著高于父亲，效应量相对较小（$t = 58.6, p < 0.001$, Cohen's $d = 0.221$）。整体来说，中国家庭中母亲在各类养育指数上都比父亲表现得相对更好，尤其是在安心指数方面，父亲在育儿时相较母亲，表现出了更强的过度焦虑倾向。分析结果的整体趋势比较符合过往研究中对两性育儿差异的普遍结论（Yaffe, 2023）。这种性别差异可以被部分归因为我国的历史和文化规范：传统文化中，母亲被赋予了更多养育和情感支持的责任，也被期望要更主动地参与日常育儿，和孩子建立情感联系。但在当今社会，随着整体社会氛围和性别期望的变化，父亲在教养孩子中的积极作用也越来越受到人们的重视。因此，父亲和母亲在整体养育风格的选择上虽有差异，但差异的效应量并不是非常大。

（2）养育指数在不同育儿帮助情况下的差异

如图 6 展示的，本研究发现伴侣提供的育儿帮助对家长在各类养育指数上的得分有着较强的影响。高帮助家长（伴侣提供的育儿帮助较大）在温暖指数上的得分为 79.8 分，标准差为 17.3 分；低帮助家长（伴侣提供的育儿帮助较小）在温暖指数上的得分为 72.0 分，标准差为 17.9 分。Welch's T 检测显示高帮助家长在温暖指数上的得分显著高于低帮助家长，效应量中等偏大（$t = 127.0, p < 0.001$, Cohen's $d = 0.442$）。本调查在支持指数和理性指数上也发现了类似程度的差异。高帮助家长在支持指数上的得分为 86.4 分（标准差为 14.7 分）；低帮助家长在支持指数上的得分为 78.0 分，（标准

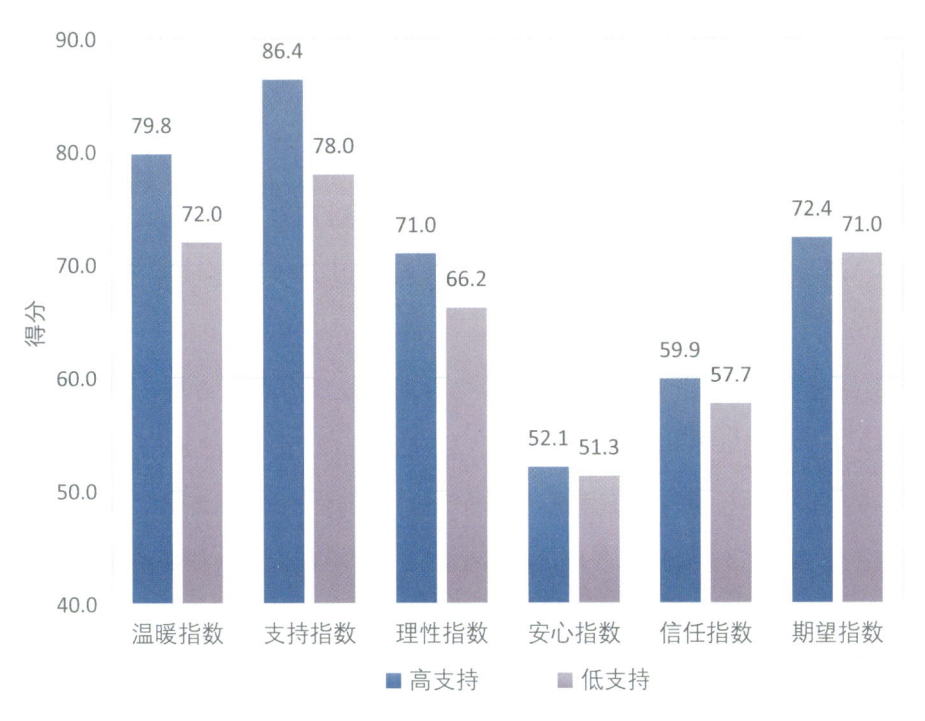

图 6　基于伴侣育儿支持程度的养育指数比较

差为 18.6 分）。高帮助家长在理性指数上的得分为 71.0 分（标准差为 13.1 分）；低帮助家长在理性指数上的得分为 66.2 分（标准差为 13.2 分）。分析结果显示高帮助家长在支持指数上（$t = 146.9, p < 0.001$, Cohen's $d = 0.511$）和理性指数上（$t = 104.7, p < 0.001$, Cohen's $d = 0.364$）的得分显著高于低帮助家长，效应强度中等。

同时，数据分析结果表明伴侣育儿帮助对家长的安心指数、信任指数和期待指数并没有较大的影响。在安心指数上，高帮助家长的得分为 52.1 分，标准差为 32.8 分；低帮助家长得分为 51.3 分，标准差为 30.3 分。Welch's T 检测显示高帮助家长的得分显著高于低帮助家长，效应量非常小（$t = 6.7, p < 0.001$, Cohen's $d = 0.023$）。在信任指数上，高帮助家长的得分为

59.9 分，标准差为 23.6 分；低帮助家长的得分为 57.7 分，标准差为 21.4 分。分析指出高帮助家长得分显著高于低帮助家长，效应量较小（$t = 27.5, p < 0.001$, Cohen's $d = 0.096$）。在期望指数上，高帮助家长的得分为 72.4 分，标准差为 12.9 分；低帮助家长的得分为 71.0 分，标准差为 13.5 分。分析结果显示高帮助家长的得分显著高于低帮助家长，但同样效应量较小（$t = 31.5, p < 0.001$, Cohen's $d = 0.109$）。

在整体家庭养育环境指数上，高帮助家长得分为 67.3 分，标准差为 13.0 分。低帮助家长得分为 69.3 分，标准差为 12.3 分。Welch's T 检测显示高帮助家长在家庭养育环境指数上的得分显著高于低帮助家长，效应量中等（$t = 124.3, p < 0.001$, Cohen's $d = 0.433$）。总体而言，数据分析的结果显示伴侣提供的育儿帮助能对家长育儿时的情感关怀、对孩子的各类型支持以及管教时的理性程度都提供较大的正面帮助。同时，伴侣提供的育儿帮助对家长的焦虑程度、过度干涉倾向以及对孩子的具体期望影响都较小。整体发现比较吻合过往研究的结论，高支持性的配偶关系是积极养育方式的重要预测因素。伴侣之间提供的育儿支持不但可以减少家长的育儿压力，更可以促进形成高效的育儿协作、培养高凝聚力的养育方式，增强伴侣之间对抚养孩子的共同责任感。这种积极的情感环境可以提高家长对自己养育能力的信心和安全感，进而让家长更倾向于采用积极的养育风格。

### （3）养育指数的工作情况差异

本研究发现，工作情况对家长在各类养育指数上表现的影响非常小。职场家长（有工作的家长）在温暖指数上的得分为 76.8 分，标准差为 17.8 分；全职家长（没有工作的家长）为 75.8 分，标准差为 18.4 分。Welch's T 检测显示职场家长在温暖指数上的得分显著高于全职家长，效应量非常小

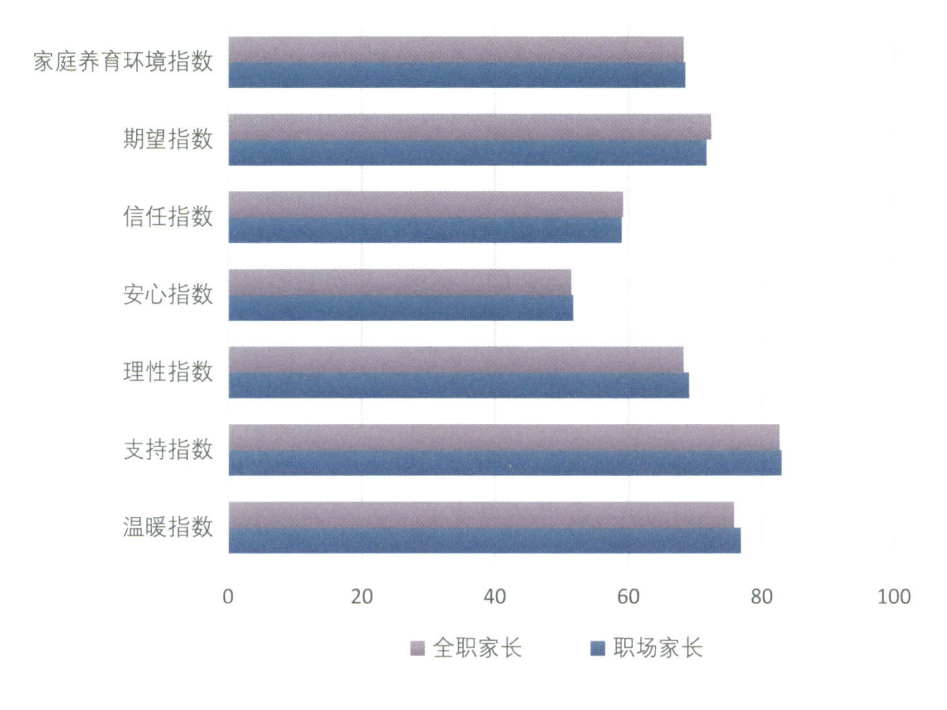

图 7 基于工作情况的养育指数比较

($t = 10.3, p < 0.001$, Cohen's $d = 0.055$)。

类似的差异也在支持指数和理性指数上体现。职场家长在支持指数上的得分为 83.0 分，标准差为 16.8 分；全职家长为 82.7 分，标准差为 17.6 分。职场家长在理性指数上的得分为 69.1 分，标准差为 13.3 分；全职家长为 68.3 分，标准差为 13.5 分。分析结果显示职场家长在支持指数（$t = 3.9, p < 0.001$, Cohen's $d = 0.021$）和理性指数（$t = 11.4, p < 0.001$, Cohen's $d = 0.061$）上的得分都要显著高于全职家长，但同样效应量非常小。

在安心指数和信任指数方面，工作情况的影响尤其微弱。职场家长在安心指数上的得分为 51.8 分，标准差为 31.7 分；全职家长为 51.5 分，标准差为 32.7 分。职场家长虽然得分显著高于全职家长，但效应量几乎可以忽略不计（$t = 2.12, p < 0.05$, Cohen's $d = 0.012$）。职场家长在信任指数上的得分为 59.0 分，标准差为 22.7 分；全职家长为 59.2 分，标准差为 23.2 分。两类家长在信任指数上的得分并没有显著的差异（$t = -1.4, p = 0.137$, Cohen's $d = -0.001$）。最后，和先前几类对比不同，全职家长在期望指数上的得分（72.4 分，标准差为 13.8 分）要显著高于职场家长（71.7，标准差为 13.1 分），但效应量非常小（$t = -9.6, p < 0.001$, Cohen's $d = -0.052$）。

在整体家庭养育环境指数上，职场家长得分为 68.6 分，标准差为 12.6 分。全职家长得分为 68.3 分，标准差为 12.8 分。Welch's T 检测显示职场家长的得分显著高于全职家长，效应量非常小（$t = 4.03, p < 0.001$, Cohen's $d = 0.022$）。总体而言，本调查的结果符合部分过去研究的发现（Agarwal & Alex, 2017; Tong et al., 2009），即职场家长和全职家长在养育风格上并不存在较大的差异。与传统假设相反，研究结果表明父母的就业状况对他们的养育风格并没有非常大的影响，因为影响养育方式的关键因素是亲子互动的质量和参与程度，而非单纯取决于家长投入的时间。职场家长只要能在职业责任和养育责任间取得平衡，依然可以给孩子提供高质量的养育和关怀，以及安全、温暖的成长环境。

（4）养育指数的学段差异

本研究发现孩子的学段对家长在各类养育指数上的得分有着明显的影响（图 8）。

在温暖指数方面，小学生家长得分为 77.6 分，标准差为 17.5 分。初中生家长的得分为 74.9 分，标准差为 18.5 分。高中生家长的得分为 75.9 分，

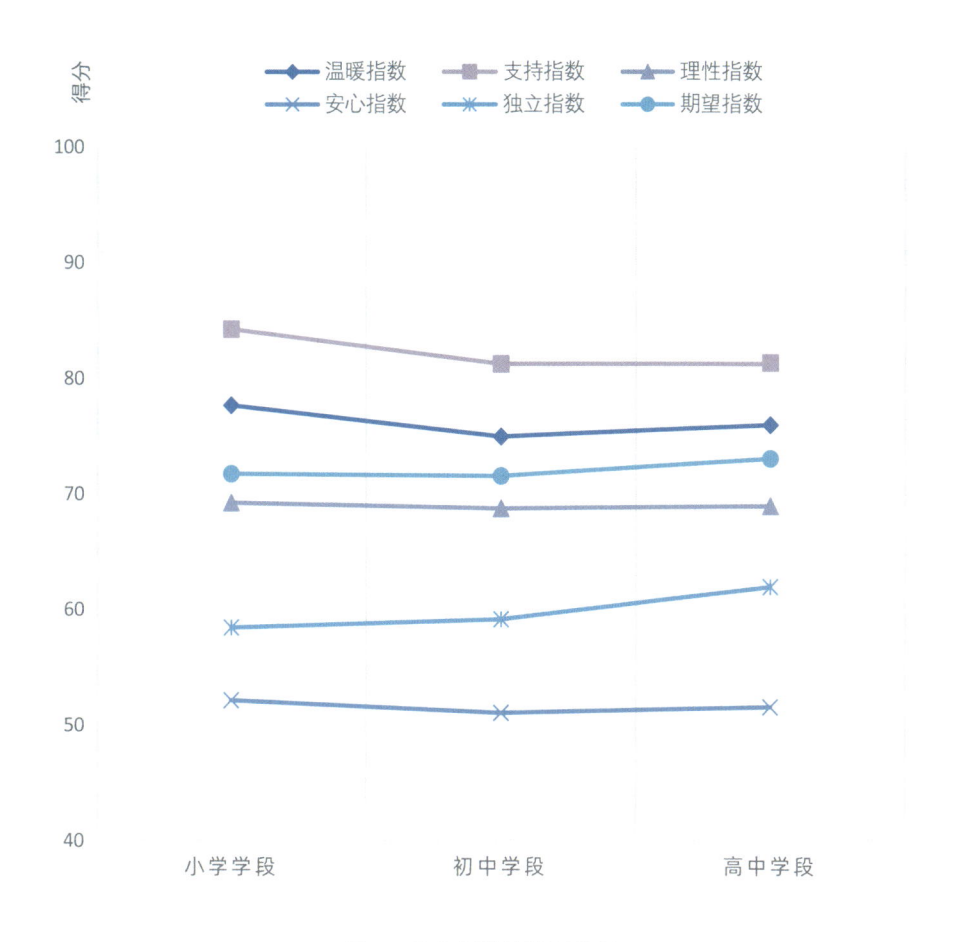

图 8　养育指数的学段差异

标准差为 18.5 分。ANOVA 检测显示三类家长在温暖指数上的得分有显著的差距（$F = 681.8, p < 0.001$）。Welch's T 检测显示小学生家长的得分要显著高于初中生家长（$t = 35.5, p < 0.001, Cohen's\ d = 0.146$）和高中生家长（$t = 17.4, p < 0.001, Cohen's\ d = 0.093$），整体效应量较小。高中生家长得分高于初中生家长（$t = 8.72, p < 0.001, Cohen's\ d = 0.051$），整体效应量非常小。

小学生家长在支持指数上的得分为 84.2 分，标准差为 16.0 分。初中生家长在支持指数上的得分为81.2分，标准差为17.9分。高中生家长在支持指数上的得分为81.3分，标准差为18.2分。ANOVA检测显示三个学段的家长在支持指数上的得分有显著的差距（$F = 1159.2, p < 0.001$）。Welch's T检测显示小学生家长的得分要显著高于初中生家长（$t = 42.5, p < 0.001$, Cohen's $d = 0.176$）和高中生家长（$t = 30.4, p < 0.001$, Cohen's $d = 0.165$），整体效应量较小。高中和初中生家长的得分并没有显著的差距（$t = 1.47, p < 0.141$, Cohen's $d = 0.008$）。

小学生家长在理性指数上的得分为69.2分，标准差为13.1分。初中生家长在理性指数上的得分为68.7分，标准差为13.7分。高中生家长在理性指数上的得分为68.9分，标准差为13.5分。ANOVA检测显示三个学段的家长在理性指数上的得分有显著的差距（$F = 32.2, p < 0.001$）。Welch's T检测显示小学生家长的得分要显著高于初中生家长（$t = 7.6, p < 0.001$, Cohen's $d = 0.031$）和高中生家长（$t = 4.1, p < 0.001$, Cohen's $d = 0.021$），整体效应量较弱。高中和初中生家长的得分并没有显著的差距（$t = 1.69, p < 0.091$, Cohen's $d = 0.009$）。

小学生家长在安心指数上的得分为52.1分，标准差为31.6分。初中生家长在安心指数上的得分为51.0分，标准差为32.0分。高中生家长在安心指数上的得分为51.5分，标准差为32.6分。ANOVA检测显示三个学段的家长在安心指数上的得分有显著的差距（$F = 40.2, p < 0.001$）。Welch's T检测显示小学生家长的得分要显著高于初中生家长（$t = 8.82, p < 0.001$, Cohen's $d = 0.035$）和高中生家长（$t = 3.54, p < 0.001$, Cohen's $d = 0.018$），整体效应量较弱。高中生家长得分高于初中生家长（$t = 2.85, p < 0.05$, Cohen's $d = 0.017$），整体效应量非常小。

小学生家长在信任指数上的得分为58.4分，标准差为22.4分。初中生家长在信任指数上的得分为 59.1 分，标准差为 23.1 分。高中生家长在信任指数上的得分为 61.9 分，标准差为 23.6 分。ANOVA 检测显示三个学段的家长在信任指数上的得分有显著的差距（$F = 404.2, p < 0.001$）。Welch's T 检测显示小学生家长的得分要显著低于初中生家长（$t = -7.15, p < 0.001$, Cohen's $d = -0.029$）和高中生家长（$t = -28.4, p < 0.001$, Cohen's $d = -0.151$），整体效应量较弱。高中生家长得分高于初中生家长（$t = 20.5, p < 0.001$, Cohen's $d = 0.120$），整体效应量较弱。

小学生家长在期望指数上的得分为 71.7 分，标准差为 13.0 分。初中生家长在期望指数上的得分为 71.5 分，标准差为 13.3 分。高中生家长在期望指数上的得分为 73.0 分，标准差为 13.7 分。ANOVA 检测显示三个学段的家长在期望指数上的得分有显著的差距（$F = 200.3, p < 0.001$）。Welch's T 检测显示小学生家长的得分要显著高于初中生家长（$t = 5.19, p < 0.001$, Cohen's $d = 0.021$），但显著低于高中生家长（$t = -17.75, p < 0.001$, Cohen's $d = -0.094$），整体效应量较弱。高中生家长得分高于初中生家长（$t = 19.4, p < 0.001$, Cohen's $d = 0.114$），整体效应量较弱。

在整体家庭养育环境指数上，小学生家长的得分为 68.9 分，标准差为 12.3 分。初中生家长的得分为 67.7 分，标准差为 12.9 分。高中生家长的得分为 68.8 分，标准差为 13.1 分。ANOVA 检测显示三个学段的家长在整体家庭养育环境指数上的得分有显著的差距（$F = 245.6, p < 0.001$）。Welch's T 检测显示小学生家长的得分要显著高于初中生家长（$t = 21.9, p < 0.001$, Cohen's $d = 0.090$）和高中生家长（$t = 1.61, p = 0.107$, Cohen's $d = 0.008$），整体效应量较小。高中生家长得分高于初中生家长（$t = 13.4, p < 0.001$, Cohen's $d = 0.078$），整体效应量同样较小。本次调查的分析结果显示不同学段的家长在各类养育指数上的差异较小，总体而言，小学生家长在沟通的温暖程度、管教的理

性程度和对孩子提供的支持方面都做得相对更好，同时小学生家长也表现出了更强的过度干涉倾向。研究结果的整体趋势相对符合过去针对不同学段家长的相关调查。尽管学生在小学、初中和高中三个阶段有不同的发展需求，面临着不同的发展挑战，但家长通常不会过度地调整养育方式，而是更倾向于采用稳定的养育风格来面对孩子不断变化的需求。同时，虽然家长可能需要根据孩子的年龄变化来调整具体的养育方式，例如亲子沟通的方法、亲子边界的设置和独立性的培养，但积极养育风格的基本要素，例如温暖、理性和支持，对各个学段的孩子都是同样适用的。

## 3. 家庭养育环境对孩子心理健康的影响

表 1　养育指数和孩子心理健康的相关性

| | | 1 | 2 | 3 | 4 | 5 | 6 | 7 | 8 |
|---|---|---|---|---|---|---|---|---|---|
| 1 | 温暖指数 | - | | | | | | | |
| 2 | 支持指数 | 0.468 | - | | | | | | |
| 3 | 理性指数 | 0.527 | 0.443 | - | | | | | |
| 4 | 安心指数 | 0.267 | 0.027 | 0.241 | - | | | | |
| 5 | 信任指数 | 0.432 | 0.081 | 0.328 | 0.523 | - | | | |
| 6 | 期望指数 | 0.267 | 0.287 | 0.250 | 0.178 | 0.247 | - | | |
| 7 | 孩子积极心理品质 | 0.101 | 0.120 | 0.108 | 0.046 | 0.032 | 0.013 | - | |
| 8 | 孩子日常生活行为 | 0.112 | 0.123 | 0.117 | 0.053 | 0.040 | 0.012 | 0.771 | - |

*$p < 0.001$

如表 1 呈现，六类家长养育指数和孩子的积极心理品质及日常生活行为之间同样存在着显著的正相关性。家长的温暖指数、支持指数、理性指数（$r$ 系数从 0.101 到 0.117）和孩子的两类心理健康指标之间存在着较弱的正相关，表明当家长的养育风格更温暖，支持度更高，或是在管教孩子时采用更理性的方式，孩子的心理健康也会相对应地提高。值得关注的是家长的安心指数、信任指数、期望指数和孩子的两类心理健康指标之间的关联性相对更小（$r$ 系数从 0.012 到 0.053）。

为了控制家庭背景因素和养育指数之间的互相影响，本研究使用分层线性回归分析探究六类养育指数对孩子心理健康的影响。模型 1 中的因变量为孩子的积极心理品质，自变量分层加入模型。在模型的第一层中加入家长和孩子的人口学变量（家长性别、家长教育背景、家长工作情况、家庭主要育儿成员、学生性别）。基于相关性分析的结果，在模型的第二层中首先加入相关性较弱的三类养育指数：安心指数、信任指数和期望指数。在模型的第二层中再加入剩余三类养育指数：温暖指数、支持指数和理性指数。

回归分析的结果如表 2 所示。学生性别、家庭主要育儿成员、温暖指数、支持指数、理性指数、安心指数和期望指数都是孩子积极心理品质的影响因素。分析结果显示相比温暖指数，支持指数和理性指数对孩子积极心理品质带来的积极影响较其他三类养育指数更强（模型第二层和第三层之间的 $\Delta R^2 = 0.017, F = 743, p < 0.001$），而安心指数、信任指数和期望指数对孩子积极心理品质带来的影响非常小（模型第一层和第二层之间的 $\Delta R^2 = 0.003, F = 128, p < 0.001$），其中信任指数对孩子积极心理品质的影响并不显著。

模型 2 中的因变量为孩子的日常生活行为，自变量和模型 1 一致。回归分析的结果如表 3 所示，整体分析结果和模型 1 类似。学生性别、家庭主要育儿成员和家长的六类养育指数都是孩子日常生活行为的影响因素。分析结果显示相比温暖指数，支持指数和理性指数对孩子日常生活行为带来

表2 学生积极心理品质线性回归模型结果

|  |  | 标准回归系数 | t 值 | 显著性 p |
|---|---|---|---|---|
| 第一层 | 家长性别 | 0.013 | 2.23 | 0.026 |
|  | 家长工作情况 | 0.028 | 3.04 | 0.022 |
|  | 学生性别 | -0.226 | -40.15 | < 0.001 |
|  | 学生学段 小学—初中 | -0.387 | -61.29 | < 0.001 |
|  | 小学—高中 | -0.759 | -100.9 | < 0.001 |
| 第二层 | 安心指数 | 0.022 | 6.54 | < 0.001 |
|  | 信任指数 | 0.004 | 1.2 | 0.23 |
|  | 期望指数 | -0.028 | -9.46 | < 0.001 |
| 第三层 | 温暖指数 | 0.037 | 10.04 | < 0.001 |
|  | 支持指数 | 0.081 | 23.7 | < 0.001 |
|  | 理性指数 | 0.058 | 16.87 | < 0.001 |

的积极影响较其他三类养育指数更强（模型第二层和第三层之间的 $\Delta R^2$ = 0.018, $F$ = 839, $p$ < 0.001），而安心指数、信任指数和期望指数对孩子日常生活行为带来的影响非常小（模型第一层和第二层之间的 $\Delta R^2$ = 0.004, $F$ = 194, $p$ < 0.001）。

本调查的分析结果同样表明家长不论是为孩子提供更温暖的情绪关怀、更多的家庭支持或是采用更理性的管教方式，都可以对孩子的积极品质发展和日常生活表现起到正面作用，整体数据趋势比较符合过往研究的发现。首先，家长的温暖和理解可以让孩子感到被接纳和被珍视，这种成长过程中的情感连接是孩子建立自我认同和自尊心的关键，也是他们在逆境中寻求安慰和力量的源泉。其次，高支持的养育风格也能帮助培养孩子的自主性和探索精神，进而增强孩子的自信心、韧性和应对挑战的能力。最后，高支持的养育风格也能加深亲子之间的互相信任感，让孩子在面临生活中的各种困难时更愿意向家长寻求帮助。这也让家长有机会教导孩子如何有效地管理和调节情绪，帮助孩子们学会识别、表达和控制情绪，从而增强他们的情绪稳定性和心理健康。同时，温暖和理性的沟通方式不仅能加深亲子关系，更可以鼓励孩子建立正确的社交观念和沟通能力，帮助孩子们学会如何与他人建立健康的关系，以及如何有效地沟通和解决冲突。综上所述，家长的积极养育风格为孩子们的心理健康提供了坚实的基石。通过温暖、支持和理性的引导，家长们帮助孩子们建立了自信、乐观和适应性强的心理状态，为他们的未来成长和发展奠定了坚实的基础。

表3 学生日常生活行为线性回归模型结果

|  |  | 标准回归系数 | $t$ 值 | 显著性 $p$ |
| --- | --- | --- | --- | --- |
| 第一层 | 家长性别 | 0.008 | 2.23 | 0.026 |
|  | 家长工作情况 | 0.037 | 3.04 | 0.022 |
|  | 学生性别 | -0.048 | -40.15 | <0.001 |
|  | 学生学段 小学—初中 | -0.387 | -62.76 | <0.001 |
|  | 初中—高中 | -0.663 | -89.73 | <0.001 |
| 第二层 | 安心指数 | 0.022 | 6.89 | <0.001 |
|  | 信任指数 | 0.011 | 3.17 | 0.002 |
|  | 期望指数 | -0.029 | -10.03 | <0.001 |
| 第三层 | 温暖指数 | 0.041 | 11.56 | <0.001 |
|  | 支持指数 | 0.074 | 22.45 | <0.001 |
|  | 理性指数 | 0.068 | 20.17 | <0.001 |

# 四、结论与建议

本次调查的结果显示，从整体上来说，中国家长为孩子的成长提供了相对良好的养育环境，其中，在为孩子提供各种类型的成长支持，创造安全、温暖、积极的情感环境，以及建立合理期待等方面表现相对突出。但也有不少家长在养育孩子时存在过于焦虑或过度干涉的现象，值得进一步关注。同时，研究结果也证实了家长的积极养育风格会对孩子的积极心理品质与日常生活行为产生正面影响，进一步说明了营造良好养育环境，采取积极养育风格对孩子心理健康成长的重要性。

从近年颁布的各项关于家庭教育的政策文件来看，改善中国家庭养育环境，需要家庭负责、国家支持、社会协同。基于国家、各地政府对家庭教育指导落地的倡导建议，结合本次调查的数据结果，本报告给出以下建议，希望能进一步改善中国家庭养育环境，为孩子营造积极、健康的成长环境。

## 1. 建立家庭养育环境评估机制，以科学化、大规模、高效率的方式深入对养育环境的理解

加强对家庭养育环境的评估，特别是对家庭养育核心需求与极端问题的识别，是保障孩子健康成长的重要一环。研究显示，了解家庭的制约因素对教育工作者提高敏感度和响应家庭对子女教育经历的需求和愿望至关重要（Christenson, 2004）。教育者需要对家庭问题，如社会经济

地位、养育方式和家庭中成年人的数量保持敏感（Grolnick et al., 1997; Lareau, 1987），同时也要关心家长的角色观念、教育态度以及对子女的期望（Hoover-Dempsey & Sandler, 1997）。可见，教育工作者是否能及时、全面、准确地评估学生所处的家庭养育环境现状非常重要。

在现有的教育体系中，政策、学校已经在积极倡导加深对学生家庭成长环境的了解，其中最主要的途径之一就是家访。《深化新时代教育评价改革总体方案》（2020）指出要落实中小学教师家访制度，将家校联系情况纳入教师考核，明确了家访在教育改革评价中的地位。教育部等十三部门发布的《关于健全学校家庭社会协同育人机制的意见》（2023）中也提到，学校要充分发挥协同育人主导作用，教师要及时与家长沟通学生情况，积极创新日常沟通途径，通过家庭联系册、电话、微信、网络等方式，保持学校与家庭的常态化密切联系。各地政策也在强调家访工作的重要性，例如2023年上海市教委发布的《上海市中小学生全员导师制工作方案》中提到，导师应根据学生的实际情况，每学年至少进行1次家访，全面了解学生成长的家庭环境，开展个性化的家庭教育指导。

家访的确可以拓宽和加深对学生家庭环境的认知，为教师开展个性化辅导提供重要的家庭背景信息。但从实际执行层面来看，家访同样也面临着负担重、成效低、管理难等现实困境，其核心原因是，在家访或家校沟通过程中，教师缺少及时对家庭养育环境进行评估的意识，缺乏科学、全面、准确地理解家庭养育现状的能力，导致家访或家校沟通工作事倍功半。

因此，政府需要在学校、教师开展家庭教育指导或家校沟通工作时建立更加完善的家庭养育环境识别机制，通过家庭养育环境指数评估的科学方式，帮助学校和教师科学化、大规模、高效率地了解学生的家庭养育环境，更准确地识别、理解和应对学生可能在家庭环境中面对的挑战，以便在开展具体的家校沟通与家庭教育指导时更有的放矢。例如，在家访前，教师可以先通过家庭养育指数评估了解学生的家庭养育环境，明确家长在教育方式、家庭支持、父母期望等方面遇到的具体问题，然后，在具体进行家访时，做好基于问题的沟通与指导，能在一定程度上解决家访成效难的问题，为学生及其家庭提供更个性化的支持与关怀。

因此，未来可以以家庭养育环境评估为基础，建立更加完善的养育环境识别机制，更加全面、深度、立体地了解家庭养育环境，并在实践中不断改进与调整，以适应不断变化的新时代家庭需求。

## 2. 基于中国家庭养育环境特点，开展数据驱动的精细化家庭教育指导

近年来，我国政府对家庭教育指导与育儿知识的重视不断提升。例如，《中华人民共和国家庭教育促进法》（2021）规定，国家和社会要为家庭教育提供指导、支持和服务；《关于指导推进家庭教育的五年规划（2021—2025年）》（2022）将构建覆盖城乡的家庭教育指导服务体系作为"十四五"时期家庭教育发展的根本目标；教育部等印发的《全面加强和改进新时代学生心理健康工作专项行动计划（2023—2025年）》（2023）指出，相关部门应加强家庭教育指导服务，组织办好家庭教育指导平台，推动社区家庭教育指导服务站点建设。

虽然在国家和地区政策的倡导下，区域与学校开展了大量的家庭教育指导讲座、培训、家长课堂等活动，但家长的满意度却始终不高。问向实验室对中国中部地区某市的幼小初阶段30953位家长的调研结果显示，家

长对学校提供的家庭教育指导满意度仅为 69.57 分（满分为 100 分）（问向实验室，2021）。可见，在巨大的家庭教育指导投入下，家长仍然感到支持不足。其本质原因可能是现有的家庭教育指导支持并没有超越专家经验，仍然浮于问题表面，没有真正击中家长的"痛点"。

家庭养育环境是孩子在成长过程中感受到的亲子关系、家庭环境和教育方式等因素的综合体现，家庭养育环境指数能评估家长育儿过程中的底层认知、态度与行为表现，从本质挖掘家长的养育需求，而非"浮于表面"的养育问题。对于政府、学校、教师和社会机构来说，基于家庭养育环境指数的结果，能超越个别专家经验，开展数据驱动的、更为家长真正所需的精细化家庭教育指导。

从本次大规模调研数据来看，针对不同学段、不同群体的家长，政府与学校要开展不同侧重点的家庭教育指导。例如，针对小学阶段，家庭教育指导的重点是家长的干涉行为，应强调家长在孩子由儿童向青少年过渡的阶段，做好合理管教与过于溺爱、过于干涉之间的平衡。再例如，针对父亲在育儿过程中的焦虑与干涉行为，政府和学校可以开展个性化的父亲育儿讲座，帮助面对更大育儿挑战的爸爸们进一步加深对自身育儿行为的洞察，丰富育儿知识，提升育儿方法。又例如，对于全职妈妈和全职爸爸们，家庭教育指导的重点，可能是建立合理的教育期待，把关注的焦点从孩子转到自身的成长与发展上来，以减少育儿焦虑。可见，家庭养育环境评估能细化各地区、各学校、各学段，甚至各个班级的家长育儿需求，让政府、学校有充分的数据支持，开展精细化的育儿指导。

## 3. 基于指数构建家庭教育科普体系，解决中国家庭教育的巨大科普缺口

从本次调研结果来看，中国家长虽然整体育儿表现不错，但仍然表现出过高的焦虑和干涉倾向。这种焦虑和干涉的背后，本质是家长对孩子的毕生发展规律缺乏理解与认知，不知道该如何为孩子的成长提供支持。

近年来，越来越多的家庭教育政策文件都在强调家长了解孩子成长规律的重要性。《中华人民共和国家庭教育促进法》（2021）强调，家庭教育应当尊重未成年人身心发展规律和个体差异；遵循家庭教育特点，贯彻科学的家庭教育理念和方法；对孩子要尊重差异，根据年龄和个性特点进行科学引导。《全国家庭教育指导大纲（修订）》（2019）强调尊重儿童成长规律是家庭教育的前提，儿童期是人生的重要阶段，有其发展规律，家长在实施家庭教育时不能违背儿童成长规律；儿童成长既有共性也有个性，家庭教育要依据儿童成长特点，采取科学的教养方式。

基于政策文件的要求，结合本次调研的数据发现，建议政府、学校以家庭养育环境指数为起点，建立符合孩子成长规律的家庭教育指导体系，帮助家长普及如何基于孩子成长特点，构建科学、积极、合适的教育方式、家庭支持、父母期望等。以问向实验室构建的0—18岁家庭教育关键常识为例，家长从家庭养育环境评估结果出发，进一步从"身心脑"发展的视角，了解主题性的家庭教育指导知识，并采取具体的家庭教育行动，以不断提升家庭教育意识，普及家庭教育常识，和学校达成家校共育的共识，不断夯实自身的家庭教育基础，在孩子成长的正确时间，做正确的事情。

## 4. 促进家校社协同合作，全面支持家长育儿：经济、时间与资源的多维支持

进入新世纪以来，学校教育、家庭教育和社会教育协同育人问题日益受到关注。家校社协同育人意味着家庭、学校、社会多元主体共同承担责任，通过协作促进学生发展（顾理澜等，2022）。有关政策和法律为我国家校社协同育人提供了制度基础。习近平总书记在中共中央政治局第五次集体学习中也强调了学校、家庭、社会要紧密合作、同向发力。《关于实施新时代基础教育扩优提质行动计划的意见》（2023）指出，要全面推进协同育人，形成政府统筹协调、学校主导、家庭尽责、社会支持的协同育人格局，并落实各方责任及沟通机制。类似地，全国妇联、教育部等部门 2022 年印发的《关于指导推进家庭教育的五年规划（2021—2025 年）》也将健全学校家庭社会协同育人机制作为推动"十四五"时期家庭教育高质量发展的根本目标之一。

家校社协作中，除了为家长育儿提供指导性知识（如前文提到的家庭教育关键常识、家庭教育指导课程等）之外，更重要的是要充分发挥协同力量，为家长提供涉及经济、时间、资源等多维的支持。

本研究的部分结果显示，获得更多资源支持（如工作单位和配偶的育儿支持）的家长，家庭养育环境指数会更高，意味着这样的家庭支持性更高，更加温暖与理性，家长对孩子更加安心，不必要的干预更少。已有研究表明，家庭经济状况会影响父母对家庭资源的利用程度以及父母的教养方式（Bradley & Corwyn, 2002）。收入水平较高的家庭倾向于采取更多有利于儿童发展的行为（徐玉英等，2023），而低收入的家庭养育环境通常表现为组织混乱、缺乏结构、面临多重压力以及拥挤和嘈杂的环

境（Evans, 2006）。另外，目前我国家庭养育现状受到多重因素影响，如经济不安全感、不平等以及密集型养育意识形态的扩散等（李恬，2023）。高压职场生活和高昂居住成本挤占了年轻夫妻大量的经济、时间、精力（岳经纶，范昕，2018）。为了缓解经济压力，双薪家庭成为主流，这带来了忙碌型家庭的问题。忙碌型家庭的父母由于工作压力而无暇关心孩子的教育，工作—家庭冲突日益突出（Grzywacz & Butler, 2008）。这种情况下，父母投入到儿童成长中的时间、精力等方面大幅度降低，长此以往，容易引发儿童的行为问题（黄明明，彭香萍，2023）。除了政府社会支持之外，家庭中的配偶若能更多地抚养子女，提供鼓励、财物等各种支持，也有利于缓解幼儿问题行为，增强亲子关系（孟亚男，张璨，2022；黄明明，彭香萍，2023）。

因此，为了促进家庭养育环境的改善，希望未来可以通过家校社协作的方式，为家长提供全面的育儿支持政策，包括政府、企业为家长提供经济补贴、灵活的工作时间安排；学校和社区为家长提供共同养育相关的培训和资源，以满足家长在经济、时间和知识方面的多维需求，进一步为孩子的健康成长创造良好的家庭养育环境。

## 5. 将家庭养育环境指数纳入学生心理健康预警体系，通过家庭教育的"上游治理"促进学生心理积极发展

近年来，国家及各地政策强调了健全学生心理危机预警机制的必要性，且要将潜伏在学生身边的长期（如成长环境）和短期（如突发性危机事件）等危机都纳入预警的考量中。《关于印发健康中国行动——儿童青少年心理健康行动方案（2019—2022年）的通知》（2019）提出，要密切关注儿童青

少年成长环境……营造良好的家庭环境，培养子女健康人格和良好行为习惯。《上海市教育发展"十四五"规划》（2021）则提出，要健全学生心理危机预警体制，研发学生心理危机预警指标和学生关爱系统。

危机理论研究者舒尔伯格与谢尔顿提出了危机预测的函数，即出现心理危机的概率是危机事件、人对危机事件的暴露程度和个体的脆弱性相互作用的函数：$P$（心理危机）$= f$（危机事件，暴露程度，个体脆弱性*）。当学生暴露在带有风险源的学校、家庭环境中，本身容易加剧个体脆弱性，同时也会增加学生的心理危机事件出现的可能性。因此，要从心理危机的源头指标上，从环境、学生个人心理特征上多角度多层次地控制，做到预防与干预并行。其中，家庭养育环境是非常重要的一环，暴露在不良的家庭养育环境中的孩子，更容易出现危机事件；而家长积极、温暖、鼓励、支持的养育风格，则有助于培养孩子的积极心理健康品质，建立良好的日常行为习惯，成为孩子的保护因素，避免孩子过多地暴露在心理健康危机中。这一点，在本次研究结果中得到了进一步证实。

因此，政府和学校在开展学生心理危机干预与学生心理健康教育时，要充分考虑学生面临的家庭养育环境风险，同时，从家庭教育的"上游治理"出发，帮助家长习得科学的家庭教育关键常识与技巧，养成积极的养育风格，减少负面的养育行为，以营造良好的家庭养育环境，减少孩子心理健康危机的出现。

# 参考文献

[1] 邓林园, 辛翔宇, 徐洁. 高一学生焦虑抑郁症状与父母自主支持、基本心理需要满足的关系[J]. 中国心理卫生杂志, 2019, 33(11): 875–880.

[2] 董书阳, 梁熙, 张莹, 王争艳. 母亲积极养育行为对儿童顺从行为的早期预测与双向作用: 从婴儿到学步儿[J]. 心理学报, 2017, 49(04): 460–471.

[3] 顾理澜, 李刚, 张生, 辛涛, 康丽颖. "双减"背景下数字化赋能家校社协同育人研究[J]. 中国远程教育, 2022, (04): 10-17.

[4] 霍雨佳, 李一, 李育倩, 柳铭心, 蔡雪. 2022年中国家长教育素养状况及提升策略[J]. 中华家教, 2023, (03): 10-22.

[5] 黄明明, 彭香萍. 父母工作—家庭冲突与幼儿问题行为的关系——亲子关系的中介与配偶支持的调节[J]. 石家庄学院学报, 2023, 25(06): 120-127.

[6] 孔文瑞, 许梦雪, 贾妮, 穆立娟, 韩颖, 李秋菊…, 关宏岩. 北京市0～3岁婴幼儿家长养育照护能力现状及影响因素分析[J]. 中国儿童保健杂志, 2023, 31(07): 741–745.

[7] 蔺秀云, 王硕, 张曼云, 周冀. 流动儿童学业表现的影响因素——从教育期望、教育投入和学习投入角度分析[J]. 北京师范大学学报（社会科学版）, 2009, (05): 41–47.

[8] 李恬. 知识就是"力量"——中国城镇新手妈妈的育儿知识实践研究[D]. 上海市: 华东师范大学, 2022.

[9] 刘保中, 张月云, 李建新. 社会经济地位、文化观念与家庭教育期望[J]. 青年研究, 2014, (06): 46-55+92.

[10] 孟亚男, 张璨. 父母情感陪伴缺位对留守儿童的影响——基于留守表述的情感社会学分析[J]. 少年儿童研究, 2022, (08): 16-24.

[11] 任萍, 陈嘉慧, 梁意婷, 魏一, 李思蒙, 杨柳, 王泉泉. 中国家庭教育对中小学生心理健康影响状况调查报告[J]. 中华家教, 2023, (03): 23-39.

[12] 水远璇, 刘舒艳. 关于父母期望与小学生课余生活安排关系的调查研究[J]. 中国家庭教育, 2006, (02): 47-53.

[13] 宋保忠, 蔡小明等. 中小学生家长期望水平的个体化指向[J]. 陕西教育学院学报, 2007, (04): 1-3.

[14] 校欣玮. 幼儿家长健康养育效能感现状[J]. 学前教育研究, 2022, (09): 22-34.

［15］徐玉英，张玺，安子芬，余立平．婴幼儿父母元情绪理念与家庭养育环境的相关性[J]．中国儿童保健杂志，2024, 32 (02): 127–132.

［16］岳经纶，范昕．中国儿童照顾政策体系：回顾、反思与重构 [J]．中国社会科学，2018, (09): 92–111+206.

［17］Alizadeh, S., Talib, M. B. A., Abdullah, R., & Mansor, M. Relationship between Parenting Style and Children's Behavior Problems[J]. Asian Social Science, 2011, 7(12): 195-200.

［18］ Anton, M. T., Jones, D. J., & Youngstrom, E. A. Socioeconomic Status, Parenting, and Externalizing Problems in African American Single-mother Homes: A person-oriented approach[J]. Journal of Family Psychology, 2015, 29(03): 405-415.

［19］Biglan, A. The nurture effect: How the Science of Human Behavior can Improve Our Lives and Our World[M]. Oakland, CA: New Harbinger, 2015.

［20］Bradley, R. H., & Corwyn, R. F. Socioeconomic Status and Child Development[J]. Annual Review of Psychology, 2002, 53(01): 371-399.

［21］Buckholdt, K. E., Kitzmann, K. M., & Cohen, R. Parent Emotion Coaching Buffers the Psychological Effects of Poor Peer Relations in the Classroom[J]. Journal of social and personal relationships, 2016, 33 (01): 23-41.

［22］Bureau, J. S., & Mageau, G. A. Parental Autonomy Support and Honesty: The Mediating Role of Identification with the Honesty Value and Perceived Costs and Benefits of Honesty[J]. Journal of Adolescence, 2014, 37(03): 225-236.

［23］Chen, X., Liu, M., & Li, D. Parental Warmth, Control, and Indulgence and Their Relations to Adjustment in Chinese Children: A Longitudinal Study[J]. Journal of Family psychology, 2000, 14 (03): 401-419.

［24］Christenson, S. L. The Family-school Partnership: An Opportunity to Promote the Learning Competence of All Students[J]. School Psychology Review, 2004, 33 (01): 83-104.

［25］Cummings, E. M., & Davies, P. Emotional Security as A Regulatory Process in Normal Development and the Development of Psychopathology[J]. Development and Psychopathology, 1996, 8 (01): 123-139.

［26］Cummings, E. M., & Schatz, J. N. Family Conflict, Emotional Security, and Child Development: Translating Research Findings into A Prevention Program for Community Families[J]. Clinical Child and Family Psychology Review, 2012, 15: 14-27.

［27］de Minzi, M. C. R. La ética en la Investigación Psicológica[J]. Enfoques: Revista de la Universidad Adventista del Plata, 2007, 19(01): 5-18.

[28] DiTommaso, E., Brannen-McNulty, C., Ross, L., & Burgess, M. Attachment Styles, Social Skills and Loneliness in Young Adults[J]. Personality and Individual Differences, 2003, 35(02): 303-312.

[29] Durbrow, E. H. Cultural Processes in Child Competence: How Rural Caribbean Parents Evaluate their Children. In A. S. Masten (Ed.), Cultural Processes in Child Development: The Minnesota Symposia on Child Psychology[M]. (Vol. 29, pp. 97–121). Mahwah, NJ: Erlbaum, 1999.

[30] Eisenberg, N., Fabes, R. A., Shepard, S. A., Guthrie, I. K., Murphy, B. C., & Reiser, M. (1999). Parental Reactions to Children's Negative Emotions: Longitudinal Relations to Quality of Children's Functioning[J]. Child Development, 1999, 70(02): 513-534.

[31] Evans, G.W. Child development and the Physical Environment[J]. Annual Review of Psychology, 2006, 57: 423-451.

[32] Gámez Guadix, M., Carrobles Isabel, J. A., Muñoz Rivas, M. J., Almendros Rodríguez, C., & Straus, M. A. Corporal Punishment and Long-term Behavior Problems: The Moderating Role of Positive Parenting and Psychological Aggression[J]. Psicothema, 2010, 22(04):529-536.

[33] Gershoff, E. T. Corporal Punishment by Parents and Associated Child Behaviors and Experiences: A Meta-analytic and Theoretical Review[J]. Psychological Bulletin, 2002, 128(04): 539-579.

[34] Gershoff, E. T., & Grogan-Kaylor, A. Spanking and Child Outcomes: Old Controversies and new meta-analyses[J]. Journal of Family Psychology, 2016, 30(04): 453-469.

[35] Gorrese, A., & Ruggieri, R. Peer Attachment: A Meta-analytic Review of Gender and age Differences and Associations with Parent Attachment[J]. Journal of Youth and Adolescence, 2012, 41: 650-672.

[36] Gottman, J. M., & Declaire, J. Raising an Emotionally Intelligent Child: The Heart of Parenting[M]. New York, NY: Simon & Schuster, 1998.

[37] Grolnick, W. S., Deci, E. L., & Ryan, R. M. Internalization within the Family: The Self-determination Theory Perspective[J]. Parenting and Children's Internalization of values: A handbook of contemporary theory, 1997, 44: 135-161.

[38] Grzywacz, J. G., Butler, A. B., & Almeida, D. M. Work, Family, and Health: Work–Family Balance as A Protective Factor Against Stresses of Daily Life[J]. The Changing Realities of Work and Family: A Multidisciplinary Approach, 2008: 194-215.

[39] Guajardo, N.R., Snyder, G. and Petersen, R., Relationships Among Parenting Practices, Parental Stress, Child Behaviour, and Children's Social-cognitive Development[J]. Infant and Child Development, 2009, 18 (01): 37-60.

[40] Hill, N. E., & Tyson, D. F. Parental Involvement in Middle School: A Meta-analytic Assess-

ment of the Strategies that Promote Achievement[J]. Developmental Psychology, 2009, 45 (03): 740-763.

[41] Hoover-Dempsey, K. V., & Sandler, H. M. Why do parents become involved in their children's education?[J]. Review of Educational Research, 1997, 67 (01): 3-42.

[42] Kim, K., & Rohner, R. P. Parental Warmth, Control, and Involvement in Schooling: Predicting Academic Achievement Among Korean American Adolescents[J]. Journal of Cross-Cultural Psychology, 2002, 33 (02): 127-140.

[43] Lareau, A. Social Class Differences in Family-school Relationships: The Importance of Cultural Capital. Sociology of Education, 1987: 73-85.

[44] Lim, S., & Smith, J. The Structural Relationships of Parenting Style, Creative Personality, and Loneliness. Creativity Research Journal, 2008, 20 (04): 412-419.

[45] Lorenz, S., Ulrich, S. M., Sann, A., & Liel, C. Self-reported Psychosocial Stress in Parents with Small Children: Results from the Kinder in Deutschland—KiD 0–3 Study[J]. Deutsches Ärzteblatt International, 2020, 117 (42): 709-716.

[46] Morris, A. S., Robinson, L. R., Hays-Grudo, J., Claussen, A. H., Hartwig, S. A., & Treat, A. E.. Targeting Parenting in Early Childhood: A Public Health Approach to Improve Outcomes for Children Living in Poverty[J]. Child development, 2017, 88 (02): 388-397.

[47] Murayama, K., Pekrun, R., Suzuki, M., Marsh, H. W., & Lichtenfeld, S. \Don't Aim too High for Your Kids: Parental Overaspiration Undermines Students' Learning in Mathematics[J]. Journal of Personality and Social Psychology, 2016, 111(05): 766-779.

[48] Muris, P., Meesters, C., & Brakel, A. V. Assessment of Anxious Rearing Behaviors with A Modified Version of "Egna Minnen Beträffande Uppfostran" Questionnaire for Children[J]. Journal of Psychopathology and Behavioral Assessment, 2003, 25: 229-237.

[49] Nelsen, J. Positive Discipline[M]. Ballantine Books, 1996.

[50] Pinquart M. Associations of Parenting Dimensions and Styles with Internalizing Symptoms in Children and Adolescents: A Meta-analysis[J]. Marriage & Family Review, 2017, 53(07): 613-640.

[51] Pinquart, M., & Gerke, D. C. Associations of Parenting Styles with Self-esteem in Children and Adolescents: A Meta-analysis[J]. Journal of Child and Family Studies, 2019, 28: 2017-2035.

[52] Rohner, R. P., Khaleque, A., & Cournoyer, D. E. Patental Acceptance-Rejection Theory, Methods, Evidence, and Implications. In R. P. Rohner, & A. Khaleque (Eds.). Handbook for the Study of Parental Acceptance and Rejection[M]. (pp. 1-35). (4th ed.). Storrs: Center for

the Study of Parental Acceptance and Rejection, University of Connecticut, 2005.

[53] Roopnarine, J. L., & Jin, B. Family Socialization Practices and Childhood Development in Caribbean Cultural Communities. In J. L. Roopnarine & D. Chadee (Eds.), Caribbean Psychology: Indigenous Contributions to A Global Discipline[M]. (pp. 71–96). Washington, DC: American Psychological Association, 2016.

[54] Ryan, R. M., & Deci, E. L. Intrinsic and Extrinsic Motivations: Classic Definitions and New Directions[J]. Contemporary Educational Psychology, 2000, 25 (01): 54-67.

[55] Sanders, M. R. Development, Evaluation, and Multinational Dissemination of the Triple P-Positive Parenting Program[J]. Annual Review of Clinical Psychology, 2012, 8: 345-379.

[56] Sarsour, K., Sheridan, M., Jutte, D., Nuru-Jeter, A., Hinshaw, S., & Boyce, W. T. Family Socioeconomic Status and Child Executive Functions: the Roles of Language, Home Environment, and Single Parenthood[J]. Journal of the International Neuropsychological Society: JINS, 2011, 17 (01): 120-132.

[57] Smetana, J. G., Campione-Barr, N., & Metzger, A. Adolescent Development in Interpersonal and Societal Contexts[J]. Annu. Rev. Psychol., 2006, 57: 255-284.

[58] Susanto, E., & Suyadi, S. The Role of Parents' Attention in the Moral Development of Children in the Amid of COVID-19 Pandemic[J]. Jurnal Ilmiah Sekolah Dasar, 2020, 4 (03): 355-359.

[59] Treyvaud, K., Doyle, L. W., Lee, K. J., Ure, A., Inder, T. E., Hunt, R. W., & Anderson, P. J.. Parenting Behavior at 2 Years Predicts School-age Performance at 7 Years in Very Preterm Children[J]. Journal of Child Psychology and Psychiatry, and Allied Disciplines, 2016, 57 (07): 814-821.

[60] Weitkamp, K., & Seiffge-Krenke, I. The Association Between Parental Rearing Dimensions and Adolescent Psychopathology: A Cross-Cultural Study[J]. Journal of Youth and Adolescence, 2019, 48: 469-483.

[61] Whitbeck, L. B., Hoyt, D. R., Simons, R. L., Conger, R. D., Elder, G. H., Jr., Lorenz, F. O., et al. Intergenerational Continuity of Parental Rejection and Depressed Affect[J]. Journal of Personality and Social Psychology, 1992, 63 (06): 1036-1045.

[62] Wuyts, D., Soenens, B., Vansteenkiste, M., & Van Petegem, S. The Role of Observed Autonomy Support, Reciprocity, and Need Satisfaction in Adolescent Disclosure about Friends[J]. Journal of Adolescence, 2018, 65: 141-154.

[63] Zhou, S., & Li, X. Maternal and Paternal Worry, Anxious Rearing Behaviors, and Child Anxiety During the Preschool Years[J]. Journal of Family Psychology, 2022, 36 (03): 468-478.

# Ⅱ 分报告

# 中国学生学业压力、体育锻炼、睡眠质量与家长养育风格及其相互关系

蔡丹[*] 李天睿[**] 于欣华[**] 王姮蕴[**]

---

[*] 蔡丹,上海师范大学心理学院教授、博士生导师,上海师范大学儿童发展与家庭研究中心执行主任,中国心理学会青年工作委员会副主任,中国心理卫生协会理事,上海市心理卫生学会常务理事,上海市心理学会副秘书长。上海市曙光学者、浦江人才、晨光学者。毕业于华东师范大学心理与认知科学学院,加拿大阿尔伯特大学教育心理系访问学者兼博士后。主持国家自然科学基金、教育部、上海市教委等多项国家级和省部级课题,于国内外核心学术期刊发表论文近50篇。主要研究领域:儿童青少年认知发展评估与学习困难,青少年心理健康与家庭教育等。

[**] 李天睿、于欣华、王姮蕴,上海师范大学心理学院。

【摘　要】中小学生的作业压力、体育锻炼情况以及睡眠情况之间存在高度的相关性。近年来，国家也推出了许多相关政策，旨在降低学生的学业压力，以更好地保障青少年的睡眠和体育锻炼情况。本报告基于十一万份全国各地中小学生和学生家长的问卷调研数据，对学生的作业完成、睡眠以及体育锻炼现状进行了一个相对全面的调研，并对家长养育风格的潜在影响进行了深度探究。本次调查的数据结果显示，随着学段上升，中国学生的作业完成情况、体育锻炼情况以及睡眠情况都出现了阶梯式的下降，其中尤其是睡眠情况的下降最为严重，在高中生群体中，有大量学生睡眠质量有待提升。同时，研究结果也显示作业压力对学生带来的负面影响，主要是通过影响睡眠情况和体育锻炼情况所造成的。最后，家长的积极养育风格对孩子的作业完成情况、体育锻炼情况以及睡眠情况都能起到正面作用。本报告基于数据分析的结果，对如何进一步改善学生的身心健康发展提出以下建议：进一步落实"双减"政策及"五项管理"，让孩子可以在一定程度上自由支配自己的课外活动时间；适量调整课程，增加孩子的体育锻炼时间和机会；优先保证中小学生的睡眠时间与质量等。

【关键词】睡眠　作业压力　体育锻炼　心理健康　养育风格

## 一、背　景

党和国家高度重视学生身心健康发展。2021 年 1 月至 4 月，教育部先后印发五个通知，对中小学生手机、睡眠、读物、作业、体质管理作出规定。"五项管理"是"双减"工作的一项具体抓手，是促进学生身心健康、解决群众急难盼愁问题的重要举措。2021 年 5 月，国务院教育督导委员会办公室印发《关于组织责任督学进行"五项管理"督导的通知》，要求各省（直辖市、自治区）教育督导部门，组织当地中小学校责任督学开展"五项管理"督导工作。

2021 年 7 月，中共中央办公厅、国务院办公厅印发了《关于进一步减轻义务教育阶段学生作业负担和校外培训负担的意见》。其中提出，学校要确保小学一、二年级不布置家庭书面作业，可在校内适当安排巩固练习；小学三至六年级书面作业平均完成时间不超过 60 分钟，初中书面作业平均完成时间不超过 90 分钟。这是进入 21 世纪以来，国家出台的第 14 个直接针对中小学学业负担问题的政策文件。

不难发现，减负政策出台逐渐频繁、联动性逐渐增强与学业负担不断增加形成鲜明对比。中小学生学业负担问题持续引起全社会的广泛关注，对学业负担的概念内涵、成因和对策研究也从未间断。在新形势、新背景下，继续追踪学业负担的来源，尝试用新的视角审视学业负担的原因和本质、问题和偏误，探寻减轻学业负担的新路向、生成学业负担治理的新图像，对基础教育高质量发展有新的价值和意义（陈凡，任涛，2023）。

充足的睡眠是促进中小学生大脑发育、骨骼生长、视力保护，提高学习能力与效率的关键因素。近日，教育部印发《关于进一步加强中小学生睡眠管理工作的通知》（2021），提出了"强重视、保时间、防干扰、提质量"4个方面共7条措施，要求各地各校严格规范学校作息时间，落实3个"中断机制"，要求作业、校外培训、游戏都要为学生睡眠让路，切实保证学生享有充足睡眠时间。当前国家与社会层面已经意识到睡眠对青少年群体健康成长的重要意义。

肥胖、近视、超重……当前学生体质健康水平发展不充分、不平衡，始终是社会关注的热点问题。让孩子们健康成长，关系祖国和民族未来，也是每个家庭最大的愿望和期盼。运动是有效增强孩子体质、预防疾病、主动追求健康的重要手段。2021年印发的《关于进一步加强中小学生体质健康管理工作的通知》对中小学生体育锻炼的时间、强度做了明确规定，以提高学生的综合素质，养成健康的学习方式和生活方式。

## 二、文献综述

### 1. 学生的学业压力情况

在国外文献中，关于压力的相关文献研究，在青少年压力界定、压力影响、压力应对措施方面均比较完善。Lazarus等对压力的界定得到很多国内外学者的肯定，他认为压力的产生与人所处的环境是相关的，当自身的能力难以改变或根本无法改变自身处境时，人就会产生压力，从而引发的不良情绪感受及行为（Lazarus & Folkman, 1984）。各个学者对于学业压力的界定，其本质并没有发生改变，大多都是将压力概念运用到学习方面，进而对学习方面的压力进行研究。Titova 曾在调查中发现,学业打击和创伤会对中小学生睡眠质量产生消极影响,且这种消极影响随着学生年龄的增长而加剧(王亚萍,2023)。

通过对文献的整理和归纳发现,学术界主要围绕以下几个方面对学业压力进行探讨。学业压力作为压力的一部分,许多学者和世界卫生组织(WHO),对其关注度较高,并进行了比较深入的研究。其中,世界卫生组织提出,学业压力是指"学生将学习中的不良情况判定为挑战甚至威胁,同时会导致不良心理反应的产生,诸如焦虑、抑郁或恐惧"(路海东,2008)。根据压力源的不同,徐嘉骏等将小学生学业压力源划分为父母、自我、教师和社交四种类型(徐嘉骏,曹静芳,崔立中,朱鹏,2008)。李田伟等学者将学生的学业压力分为:任务压力、竞争压力、挫折压力和期望压力(李田伟,陈旭,廖明英,2007)。2015 年《中国基础教育白皮书》划分中小学生群体中学业压力的主要来源为学业考试、父母和老师期望、同辈、学生自我期望和升学(俞国良,陈诗芳,2015)。关于学业压力的阶段,学者的研究大多更关注中考学业压力、高考学业压力,并且提出相应的缓解学业压力对策,对于"小升初"升学阶段学业压力的研究相对较少。陶晓祥认为应该从正确对待压力、增强知识储备、合理规划时间、运动减压、及时同家长沟通、坚定信心六个方面出发去缓解高三学生的高考压力(陶晓祥,2019)。马美珍对备受中考压力困扰的个案进行了心理治疗服务,运用归因理论分析服务对象抑郁的主要原因,并采用认知疗法和放松疗法帮助服务对象缓解因中考压力过大产生的不良反应(马美珍,2009)。梁振东针对学生中考学业压力过大,提出了如饮食减压法、转移减压法、睡眠减压法等一系列的解决办法(梁振东,2006)。关于学业压力的其他方面研究,主要有学业压力与家庭、情绪之间的关系,以及学业压力对教育的影响等。付卫东等认为父母的支持对于学生的学业减压是十分重要的，因为父母是家庭教育的主要责任人（付卫东，张钰迪，刘尊贤，2022）。高歌认为过重的学业压力会引起学生产生焦虑、抑郁等不良情绪，不良学业情绪又会反过来增加学生的学业压力感，影响其心理健康情况（高歌，2022）。

1997年到2020年的23年间，中学生学习压力总体呈现缓慢上升的趋势（王琇，2022）。有调查发现，小学生完成作业时间过长，睡眠时间不足。例如，对某市三所小学中的三到五年级384名小学生的调查发现，学生的作业时间过长，学生几乎每天花费较多时间在作业完成上，31.3%的学生认为作业时间在2.5小时到3小时以内，甚至有13.1%的学生认为平均每天的作业时间超过3小时以上。43.4%的学生认为自己睡眠时间在7小时到8小时左右，有96名学生的睡眠时间在8—9小时，占总人数的19.7%。对小学生学习结果感受方面的调查发现，"总是"在学习过程中感到疲劳或者精力不够的学生占16.7%，出现"有时"情况的占35.9%。此外，家长盲目给孩子报过多课外班，增加校外学习负担，将近57%的学生在周六、周日的补习班时间为半天至一天，更值得注意的是有接近24%的学生周六、周日几乎被补习班全部覆盖，这在一定程度上增加了孩子的校外学习负担。总体上，男生认为学习负担重的比例大于女生（刘慧，2019）。在一次包含240多万中小学生参与的调查中，其中认为自己学业负担非常重和比较重的样本共计33.3万份，占全体学生的26.7%。进一步研究发现，小学生认为造成自己学业负担重的三个主要原因，一是家长对自己学业期待高（44.2%），二是学校老师布置的作业多（30.2%），三是学校老师讲课听不懂（23.1%）；中学生认为自己学业负担重的三个主要原因，一是家长对自己学业期待高（42%），二是来自升学考试的压力（38.9%），三是学校老师布置的作业多（33.1%）（陈凡，任涛，2023）。

## 2. 学生的睡眠情况

总体睡眠时间不足、就寝时间晚和睡眠质量差，是儿童和青少年睡眠中存在的普遍问题。有研究数据表明，近十余年来，不论是在发展中国家还是在发达国家，儿童的睡眠时间均呈现下降趋势（Chen et al., 2014; Magee et al., 2014）。2012年一项涵盖全球218项研究和原始资料的综述（Matricciani et al., 2012）显示：过去一个多世纪里（1905—2008），儿童和青少年每晚睡眠时间减少约为1小时，平均每年减少时间为0.75分钟。2022年3月，上海师范大学儿童发展与家庭研究中心和上海市某小学对1—5年级学生开展睡眠现状调查，结果显示，小学生的平均睡眠时长为9.25小时，睡眠时间尽管已有改善，但仍与教育部办公厅印发《关于进一步加强中小学生睡眠管理工作的通知》（2021）中指出的"小学生每日睡眠应达10小时"的要求存在一定的距离。总体睡眠不良学生比例为67%，存在就寝习惯不良、睡眠焦虑、睡眠持续时间不规律、白天嗜睡的学生比例分别为56%、62%、49%、87%。

进入青春期，儿童的昼夜节律向晚睡晚起和不规律的睡眠模式转变，具体表现为就寝时间越来越晚，平均夜间睡眠时间缩短，睡眠障碍增加且更加不规律。从6年级（11—12岁）到12年级（17—18岁），青少年的睡眠时间缩短了约90分钟（Wolfson & Carskadon, 2003）。青少年处于生理快速发育与心理发展相对滞后的不平衡状态中，要承受来自外界的各种压力和挑战，容易产生一系列问题。

从理论角度看，睡眠与学生的心理健康间可能存在着密切关系。睡眠和个体的情感处理以共生的方式相互作用，白天的情感处理会影响夜间的睡眠质量，而夜间的睡眠质量反过来也会影响第二天的情感处理（Walker & Harvey, 2010）。已有的实证研究表明，睡眠问题可能会削弱个体对负面情绪和冲动的认知控制，从而导致青少年学生的内外化问题（Walker & Vanderhelme, 2009）；同时，内外化问题（青少年焦虑、抑郁、注意力不集中等）也可能会扰乱学生的睡眠过程（Williamson et al., 2021）。焦虑和抑郁的三方模型指出，焦虑和抑郁的表现包括生理唤醒、一般性痛苦或负面情绪、快感缺乏或低积极情绪，这将会扰乱青少年的睡眠（McMakin & Alfano, 2015）。另外，研究发现前额叶皮层对睡眠质量和睡眠时间非常敏感，即使短期的睡眠缺乏也会干扰前额叶皮层的功能（Jones & Harrison, 2001）。而前额叶皮层的发展是认知发展的重要生理基础和前提，与执行功能、认知加工过程等认知能力的发展密切相关（Anderson et al., 2009; Lim & Dinges, 2010）。6—12岁的学生正处于认知发展的关键期（Diamond, 2013），揭示睡眠对不同年龄阶段学生的影响，为学生睡眠改善和认知能力提高提供更有针对性的建议，具有重要的研究意义。

### 3. 学生的体育锻炼情况

体育锻炼具有运动本身特有的对抗性、竞争性、群体参与性等特点。青少年在参加体育锻炼时，伴随着相应的情绪体验、意志努力，可感受到收获的快乐和挫折的痛苦，这对于培养青少年心理健康具有积极的作用（王三妹，2022）。心理学对体育锻炼与幸福感关系的关注已有很长的时间，研究结果大致分为两种理论：第一类是身体锻炼的心理效益论，研究成果集中在运动心理学的研究中，代表理论有高峰体验理论和流畅体验理论，持这类理论的学者认为身体锻炼对主观幸福感的影响重点在于情感维度，他们认为身体锻炼对情感调节是一种重要的干预手段（葛小雨，2021），提出的主要观点是身体锻炼本身具有一种心理效益，这种心理效益对改善负面情绪和促进正向情绪具有心理作用；另一类是身体锻炼的认知评价论，研究成果集中在神经学和心理学的交叉学科领域，持这种观点的研究者提出身体锻炼对主观幸福感的影响是一种认知评价过程，即个体通过参与身体锻炼改变了个体原本对生活事件的认知，进而带来了新的评价，这种评价最终影响个体的情感。在一些针对青少年体育锻炼的积极影响的研究中发现，青少年体育锻炼、心理健康与社会适应能力之间存在纵向因果关系，研究结果证明体育锻炼行为是青少年社会适应的原因变量，即体育锻炼可以显著预测社会适应能力的发展（秦国阳等，2023）。体育锻炼为青少年提供了一个与同伴交流的平台，青少年在参与体育锻炼的过程中增加了社会互动、获得积极与愉悦的情绪体验、形成积极的生活态度、培养紧密的人际关系，从而提升社会适应能力。此外，在体育锻炼、体育竞赛等活动中的公平竞争、遵守规则、团结互助等要求，也在一定程度上帮助青少年建立并提升规则意识、努力意识以及合作意识等，有效提升青少年社会适应水平，并在日常学习和社会生活中得到体现。

2021年《教育部办公厅关于进一步加强中小学生体质健康管理工作的通知》中规定：中小学校要严格落实国家规定的体育与健康课程刚性要求，小学一至二年级每周4课时，小学三至六年级和初中每周3课时，高中每周2课时，有条件的学校每天开设1节体育课，确保不以任何理由挤占体育与健康课程和学生校园体育活动。合理安排学生校内、校外体育活动时间，着力保障学生每天校内、校外各 1 小时体育活动时间，全面落实大课间体育活动制度，中小学校每天统一安排 30 分钟的大课间体育活动，每节课间应安排学生走出教室，适量活动和放松；要提高体育教学质量，中小学校要聚焦"教会、勤练、常赛"，逐步完善"健康知识＋基本运动技能＋专项运动技能"学校体育教学模式，让每位学生掌握 1—2 项运动技能；要创建青少年体育俱乐部，鼓励学生利用课余和节假日时间积极参加足球、篮球、排球等项目的训练。

### 4. 家长养育风格与学生学业压力、睡眠、体育锻炼的关系

#### （1）家长养育风格与青少年学业压力的关系

生态系统理论认为，个体的一系列行为表现都和其所处的外部环境密不可分，而家庭作为孩子除学校以外待的最多的环境，同时父母也是跟孩子联系最紧密的人，因此父母对孩子各种状态的影响是显而易见的（Baumrind, 1967）。早期有研究通过调查发现，专制型和放任型教养方式与成绩呈负相关，而权威型教养方式与成绩呈正相关，专制型教养方式与成绩的关系往往强于其他两种教养方式。纯权威型家庭（权威型指数高但其他两种指数不高）的平均成绩最高，而将权威型教养方式与其他教养方式相结合的不一致家庭的成绩最低（Dornbusch et al., 1987）。另外，早期也有结果表明，权威型的父母培养出的青少年在社会心理能力方面得分最高，在心理和行为功能障碍方面得分最低，还认为父母疏于管教的青少年则相反；父母专制的青少年在服从和遵从成人标准的指标上得分较高（Lamborn et al., 1991）。这些研究结果也从侧面说明权威型的父母培养出的青少年在压力承受方面可能更高。

也有来自国内的证据进一步从家庭对孩子学业负担的角度做了研究，

结果显示不同的家庭背景对初中生的客观学业负担有着显著的影响（童星，2016）。来自韩国的证据显示母亲权威型的教养方式有助于孩子的学校适应，这有助于减少学生的学业压力（Korean Association For Learner-Centered Curriculum And Instruction et al., 2022）。

### （2）家长养育风格与青少年睡眠情况的关系

睡眠对立过程理论认为我们的睡眠和警觉行为是一种对手过程，当个体的唤醒和警觉水平降低时，就能获得较高质量的睡眠（Dahl, 1996）。有研究表明，父母拥有高质量养育风格，孩子的睡眠质量也会更高，持续时间也会更久；母亲对于孩子的感知程度、敏感性也会在一定程度上影响孩子的睡眠情况（Bernier et al., 2014; Tétreault et al., 2017）。另外有证据表明，父母与个体之间的肢体冲突，会导致个体的睡眠持续性变差，睡眠持续性变差又会导致适应问题随时间的推移而增加（Kelly et al., 2014）。

### （3）家长养育风格与青少年体育锻炼的关系

有研究表明，父母的要求越高，"食物和体育锻炼监督"与青少年体育锻炼之间的关联就越大，这表明，与要求较低的父母相比，要求较高的父母对青少年体育活动的监督可能更有效，具体来说，权威型的父母会采用以儿童为中心的方法去监督儿童的体育活动（Wen & Hui, 2012）。还有研究通过调查显示，父母使用积极类的强化和监督会对儿童的团体训练产生影响，此外，父母合适的养育风格还与儿童更健康的饮食直接相关，而父母的控制型养育风格与孩子不良的饮食有关，从而间接影响到儿童的体育锻炼行为（Arredondo et al., 2006）。有专家在中国南部招募 2285

个青少年及其家长，收集了青少年体力活动水平、家长养育风格等信息，进行分析后发现，母亲采取忽视型教养方式的孩子，其身体活动不活跃的几率几乎是母亲采取权威型教养方式的孩子的两倍；如果父亲采取专制和忽视型教养方式，其子女身体活动不活跃的几率显著增高；另外，结果还显示，父母教养方式对青少年的体力活动水平有一定的影响，与权威型父母的子女相比，独裁、忽视型父母的孩子更有可能处于身体活动不活跃的状态（Wen & Hui, 2010）。

## 5. 研究问题

具体而言，本报告关注以下几个研究问题。

（1）了解中小学生每日作业完成时间以及作业负担的基本情况，分析中小学生每日作业完成时间和作业压力的学段差异以及性别差异，深入探讨学业负担的原因和本质。

（2）了解中小学生的睡眠基本现状，了解学生睡眠质量情况以及睡眠满意度。分析目前学生的睡眠问题主要集中在哪些方面，分析造成学生睡眠不足的可能原因。

（3）了解中小学生的体育锻炼时长，对体育锻炼的基本态度，探讨不同性别学生的体育锻炼情况的差异，提高学生体育锻炼的积极性。

（4）探究作业压力对学生心理健康的负面影响，是否是由降低睡眠质量和减少体育锻炼机会导致的。

（5）研究家长的积极养育风格和负面养育风格是否会对学生的作业完成情况、睡眠情况以及体育锻炼情况造成影响。

# 三、研究方法

## 1. 研究过程

本研究的数据收集时间为 2023 年 1 月份到 10 月份，研究团队在全国 7 个地区的 135 所中小学进行调查。研究参与者为全国各地区的中小学生（小学四年级到高中三年级）和学生家长。本研究经由线上问卷形式总共采集 230,892 份有效数据，分为学生样本（115,446 份学生填写的数据）和家长样本（115,446 份由对应的学生家长填写的数据）。

## 2. 被试

本研究的学生样本中，男生比例为 54.2%，女生比例为 45.8%。学段分布为：小学 41.4%，初中 37.6%，高中 21.0%。年级分布为：小学四年级 4.2%，小学五年级 18.5%，小学六年级 18.7%，初中一年级 13.4%，初中二年级 12.5%，初中三年级 11.7%，高中一年级 8.5%，高中二年级 6.4%，高中三年级 6.1%。

本研究的家长样本中，男性比例为 32.7%，女性比例为 67.3%。90.2% 的家长目前有工作，9.8% 的家长目前没有工作。家长群体中的学历分布为：59.0% 是高中及以下学历，22.5% 是大专学历，17.0% 是本科学历，1.3% 是硕士研究生学历，0.2% 是博士研究生学历。接近 46.3% 的家庭中是父母双方共同育儿，39.1% 的家庭是母亲主要负责育儿，13.2% 的家庭是父亲主要负责育儿，1.4% 的家庭是由其他家庭成员主要负责育儿。

## 3. 研究工具

### (1) 家庭环境适宜度评估（PI）

家庭环境适宜度评估为问向实验室于 2023 年编制的多维家庭环境评估工具，适用于 7—18 岁学龄孩童家长的养育风格评估。该工具包含五个分量表，本研究中主要采用了"教育方式"分量表中的"温暖鼓励"（如孩子能感受到我无条件的接纳）和"严厉冷漠"维度（如愤怒时，我可能会对孩子恶语相向），"家庭支持"中的"情感性支持"维度（如我常陪孩子参加一些 TA 感兴趣的活动），"干涉指数"分量表（如我经常会插手孩子的事），以及"管教方式"分量表中的"理性管教"维度（如让孩子遵守规则时，我会解释原因）。总计 18 题，采用李克特五点评分（从"1 完全不符合"到"5 完全符合"）。根据以往大量中国家长的研究数据，该量表整体信效度表现良好：教育方式（Cronbach's $\alpha$ = .75, CFI = .99, TLI = .99, RMSEA = .03）、家庭支持（Cronbach's $\alpha$ = .83, CFI = .98, TLI = .97, RMSEA = .06）、干涉指数（Cronbach's $\alpha$ = .81, CFI = .95, TLI = .94, RMSEA = .05）、管教方式（Cronbach's $\alpha$ = .79, CFI = .99, TLI = .98, RMSEA = .06）。

### (2) 学生身心发展指数评估（WISE）

学生身心发展指数评估为问向实验室于 2023 年编制的多维学生心理健康评估工具，适用于 7—18 岁的中国学生。该工具包括两个分量表，本研究中主要使用了"日常生活行为"分量表中的"睡眠情况""作业情况""体育锻炼情况"维度，总计 7 题。"睡眠情况"维度（共 3 题）主要测量了学生日常睡眠时长（如我在学习日的平均睡眠时长大约为）和睡眠质量（如我觉得睡眠时间很充足，能够得到充分休息，恢复精力）。"作业情况"维度（共 2 题）主要测量了学生完成作业的时间（我在学习日放学后写课后作业的平均时长大约为）和压力（学习日的课后作业对我来说毫无压力）。"体育锻炼情况"维度（共 2 题）主要测量了学生日常运动的时间（我每天校外体育锻炼的平均时长大约为）和对体育锻炼的态度（我能从日常锻炼中获得益处）。以往大量中国学生的研究数据显示，"日常生活行为"分量表的整体信效度表现良好（Cronbach's $\alpha$ = .85, CFI = .93, TLI = .91, RMSEA = .06）。

### （3）两条目患者健康问卷抑郁量表（PHQ-2）

两条目患者健康问卷抑郁量表主要用于评估抑郁情绪的相关症状（Löwe et al., 2005）。量表共 2 题，采用四点李克特评分对过去两周内抑郁情绪出现的频率进行评分（从"0 完全没有"到"3 几乎每天"）。量表的总分为 0 到 6 分，得分高于 3 分为抑郁倾向划界分。研究表明该工具在中国青少年人群中有良好的敏感性与特异性（Tsai et al., 2014）。

## 4. 数据分析

因为部分变量有较为明显的偏态分布趋势，本研究使用 Welch's T-检验（Welch's T-test）来分析两组独立样本之间的差异，例如学生日常生活行为上的性别差异。单因素方差分析（ANOVA）被用于分析三组（及以上）独立样本之间的差异，例如学生日常生活行为上的学段差异。调节回归分析被用于检验家长养育风格对学生日常生活行为的直接影响是否会根据学段有所变化。中介分析被用于探究作业压力对学生心理健康的影响是否通过学生的锻炼情况和睡眠情况的中介。

## 四、研究结果

### 1. 中国学生的学业压力现状

表 1  中国学生每日作业完成时间

| | | 每日作业完成时间 (%) | | | | |
|---|---|---|---|---|---|---|
| | | >2 小时 | 1.5—2 小时 | 1—1.5 小时 | <1 小时 | 在学校完成 |
| 整体学生 | | 11.4 | 15.7 | 21.5 | 25.6 | 25.8 |
| | 小学 | 7.4 | 17.8 | 24 | 20.3 | 30.5 |
| | 初中 | 9.2 | 13.6 | 21.8 | 34.5 | 20.9 |
| | 高中 | 23.5 | 15.5 | 16.1 | 19.9 | 25 |
| 男生 | | 12.1 | 15.6 | 21.5 | 24.9 | 25.9 |
| | 小学 | 8.2 | 18.6 | 24.1 | 19.3 | 29.8 |
| | 初中 | 9.6 | 12.8 | 21.7 | 33.9 | 22 |
| | 高中 | 24.2 | 14.9 | 15.9 | 19.5 | 25.5 |
| 女生 | | 10.7 | 15.8 | 21.6 | 26.4 | 25.5 |
| | 小学 | 6.4 | 16.9 | 23.9 | 21.5 | 31.3 |
| | 初中 | 8.7 | 14.4 | 22 | 35.1 | 19.7 |
| | 高中 | 22.7 | 16.2 | 16.3 | 20.4 | 24.5 |

（1）作业完成时间

本研究首先对作业完成时间进行了相关描述性数据的整理。如表 1 中所呈现的整体趋势所示，学生的作业完成时间随着学段上升而增加，在高中群体中有接近 23.5% 的学生每日作业完成时间大于两个小时，而在小学生群体中只有 7.4%。

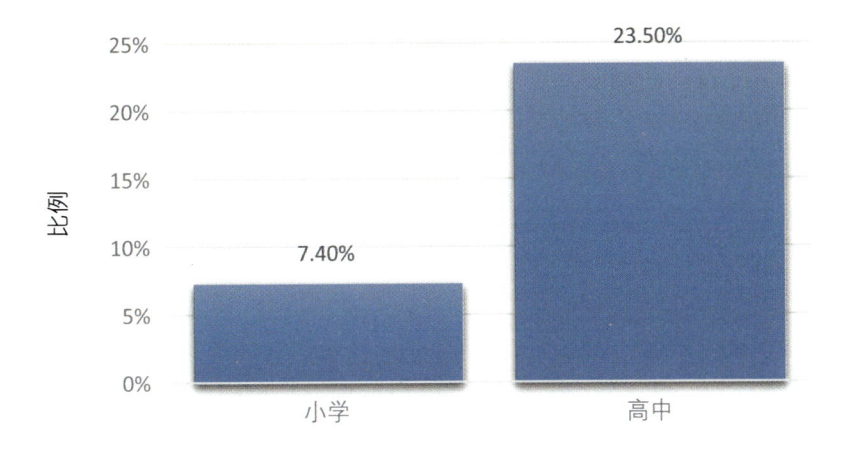

图1 作业完成时间超于2小时比例

(2)作业完成压力

基于学生作业完成压力的调查结果同样显示,高中生群体中有接近32.2%的学生表示作业压力过高,高于小学生(11.1%)和初中生(17.6%),且分析结果显示差异显著($\chi^2 = 3822$,$p < 0.001$)。

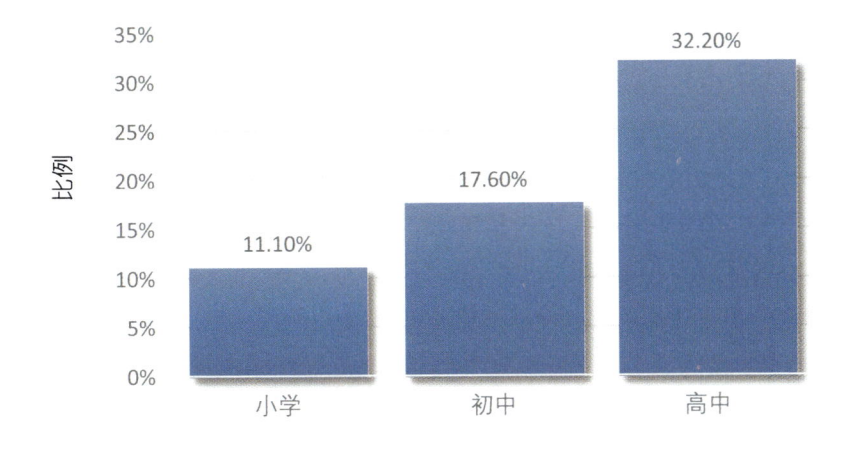

图2 作业压力过高比例

方差分析结果同样显示，中国学生的作业压力存在显著的学段差异（F = 4798, p < 0.001）。如表 2 所示，具体分析显示初中生（2.46 分）的作业压力显著高于小学生（2.07 分），且高中生（2.93 分）的作业压力同样显著高于初中生（2.46 分），两组对比的效应量表明不同学段之间存在较强的作业压力差异。

表 2　作业压力跨学段比较

|  | t 值 | 显著性 p | 效应量 Cohen's d |
| --- | --- | --- | --- |
| 初中小学对比 | 53.4 | < 0.001 | 0.354 |
| 高中初中对比 | 52.0 | < 0.001 | 0.419 |

（3）作业压力的学段差异

最后，如表 3 所示，Welch's T 检测在全体学生样本中发现女生（2.43 分）的作业压力要显著的高于男生（2.38 分）。具体到学段内的分析显示，作业压力上的性别差异在小学（Cohen's d = -0.059）和初中学段（Cohen's d = -0.087）相对较弱。在小学生群体中，男生的作业压力（2.10 分）要略高于女生（2.04 分）。在初中生群体中，女生的作业压力（2.51 分）则要略高于男生（2.42 分）。在高中生群体中，女生的作业压力（2.51 分）也同样高于男生（2.42 分），且效应量相对更大（Cohen's d = 0.186）。整体数据趋势表明在高中生中，作业压力的性别差异更为明显。

表3 作业压力在不同学段的性别差异

|  | t 值 | 显著性 p | 效应量 Cohen's d |
|---|---|---|---|
| 全体学生 | 7.46 | <0.001 | 0.044 |
| 小学 | -6.52 | <0.001 | -0.069 |
| 初中 | 9.1 | <0.001 | 0.087 |
| 高中 | 14.5 | <0.001 | 0.186 |

## 2. 中国学生的睡眠现状

### (1) 睡眠整体情况

本研究首先将睡眠时长、睡眠满意度、睡眠问题三个指标综合计算，形成综合睡眠指标来衡量学生的整体睡眠情况。结果显示整体样本中，只有16%的学生整体睡眠情况优秀，47%的学生睡眠情况良好，但也有37%的学生睡眠情况待提升。细化到学段的数据显示，高中生睡眠问题较突出，63%的高中生睡眠情况待提升，且符合优秀标准的学生只有3%。具体结果见表4和图3。

表4 中国学生整体睡眠情况

|  | 优秀 | 良好 | 待提升 |
|---|---|---|---|
| 整体 | 16% | 47% | 37% |
| 小学 | 25% | 52% | 23% |
| 初中 | 13% | 51% | 36% |
| 高中 | 3% | 34% | 63% |

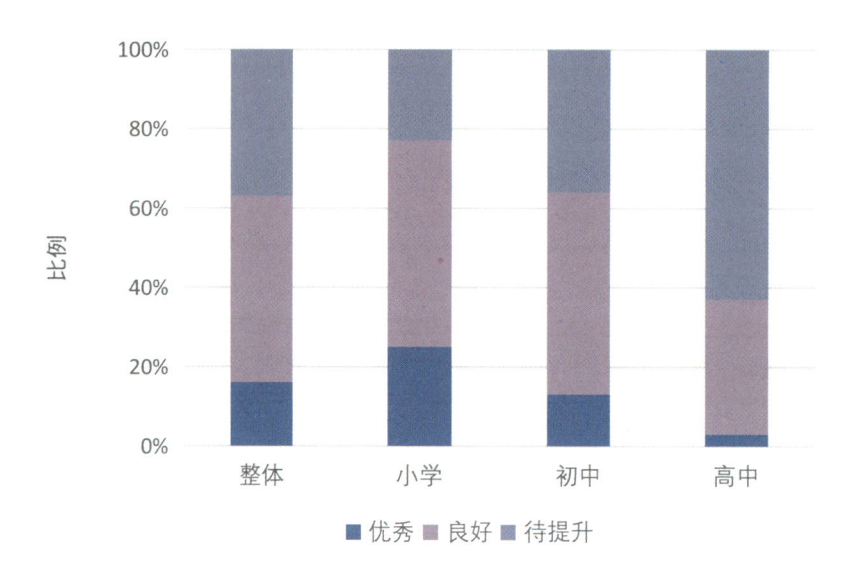

**图 3　整体睡眠情况**

**（2）睡眠时长**

在整体学生样本中，16% 的学生睡眠时间大于 9 小时，26% 的学生睡眠时长为 8 到 9 个小时，29% 的学生睡眠时长为 7 到 8 个小时，20% 的学生睡眠时长 6 到 7 个小时，还有 9% 的学生睡眠不足 6 小时。不同学段（小学、初中、高中）睡眠时长统计结果见图 4，其中值得关注的是高中生睡眠问题较为突出，睡眠达到 8 小时的高中生占比仅为 12%。

**表 5　学生睡眠时长**

|  | <6 小时 | 6—7 小时 | 7—8 小时 | 8—9 小时 | >9 小时 |
| --- | --- | --- | --- | --- | --- |
| 整体 | 9% | 20% | 29% | 26% | 16% |
| 小学 | 6% | 13% | 25% | 32% | 24% |
| 初中 | 6% | 17% | 32% | 30% | 15% |
| 高中 | 18% | 39% | 31% | 9% | 3% |

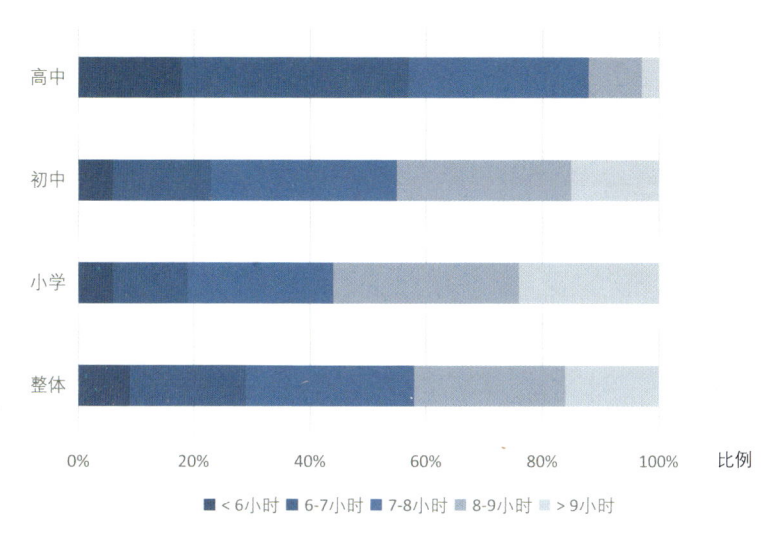

图 4　睡眠时长

教育部办公厅《关于进一步加强中小学生睡眠管理工作的通知》(2021)规定：小学生每天睡眠时间应达到 9—10 小时，初中生为 9 小时，高中生为 8 小时。根据以上标准，如图 5 所示，本次样本中，在小学阶段达到合理睡眠时间的比例为 24%，中学阶段达到合理睡眠时间的比例为 15%，高中阶段达到合理睡眠时间的比例仅为 12%。

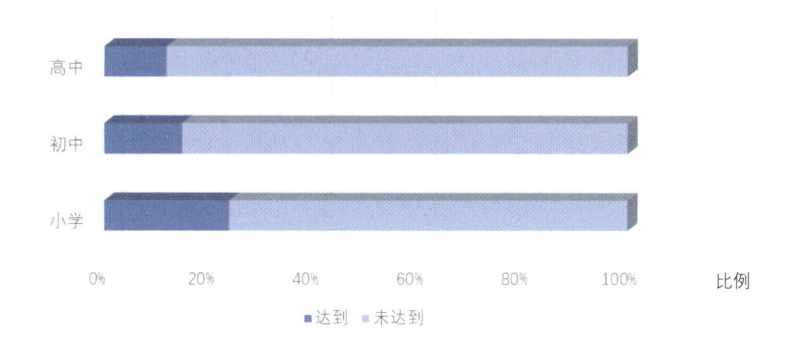

图 5　是否达到合理睡眠时间

（3）睡眠满意度和潜在睡眠问题

在全体学生样本中，有 67% 的学生对睡眠情况感到满意。如图 6 所示，有 80% 的小学生对睡眠情况感到满意，63% 的初中生对睡眠情况感到满意，40% 的高中生对自己的睡眠情况感到满意，学生睡眠满意度随学段的升高逐渐下降，见图 6。

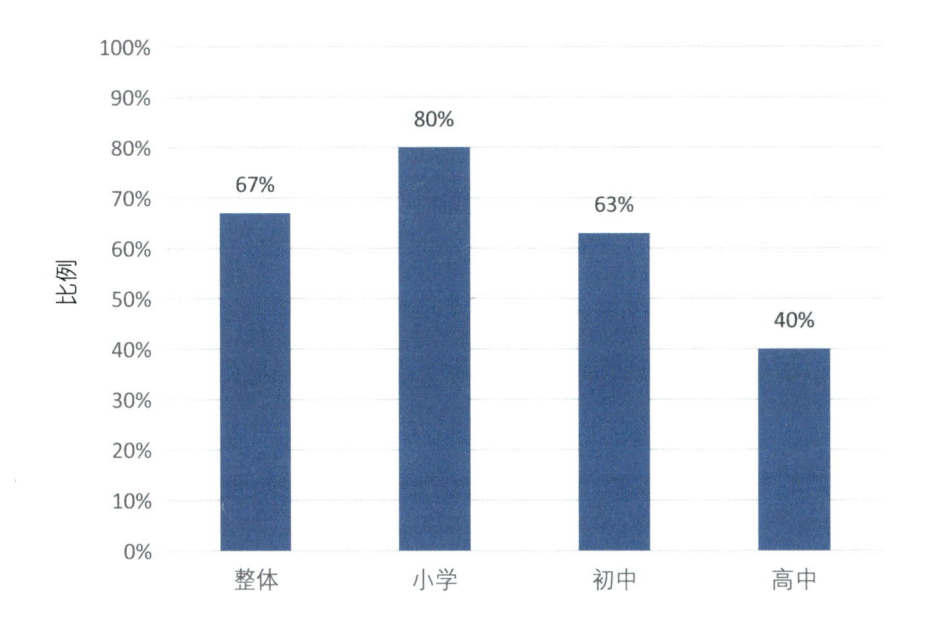

图 6 睡眠满意度学段分布

最后，针对睡眠问题的评估数据显示，在样本中，21% 的小学生有潜在睡眠问题，27% 的初中生有潜在睡眠问题，32% 的高中生有潜在睡眠问题，学生的潜在睡眠问题随着学段上升而增加，但上升幅度较为缓和。

小学　　　　　初中　　　　　高中

**图 7　潜在睡眠问题**

（4）整体睡眠情况、睡眠时长、睡眠满意度、睡眠问题的学段差异

与描述性统计的趋势类似，方差分析显示本样本在四类睡眠相关指标都存在着显著的学段差异：整体睡眠情况（$F = 20081, p < 0.001$）、睡眠时长（$F = 20081, p < 0.001$）、睡眠满意度（$F = 20081, p < 0.001$）、潜在睡眠问题（$F = 20081, p < 0.001$）。

**表 6　睡眠相关指标跨学段比较**

| 变量 | 对比组合 | $t$ 值 | 显著性 $p$ | 效应量 Cohen's $d$ |
| --- | --- | --- | --- | --- |
| 整体睡眠情况 | 小学初中对比 | 57.4 | < 0.001 | 0.381 |
| | 初中高中对比 | 94.6 | < 0.001 | 0.751 |
| 睡眠时长 | 小学初中对比 | 43.2 | < 0.001 | 0.286 |
| | 初中高中对比 | 118 | < 0.001 | 0.93 |
| 睡眠满意度 | 小学初中对比 | 61.6 | < 0.001 | 0.41 |
| | 初中高中对比 | 67.7 | < 0.001 | 0.547 |
| 潜在睡眠问题 | 小学初中对比 | -28.7 | < 0.001 | -0.19 |
| | 初中高中对比 | -32.2 | < 0.001 | -0.256 |

表 6 中整理了四类睡眠相关指标的学段对比分析。在整体睡眠情况上，小学生的得分（11.33 分）要显著高于初中生（10.34 分），而初中生的得分（10.34 分）同样要显著高于高中生（8.62 分）。效应量数据显示，初中生和高中生之间的差异较大（Cohen's $d$ = 0.751），并且明显大于小学和初中的差异（Cohen's $d$ = 0.381），表明高中学段是睡眠质量下降最为急剧的时期。

分析结果显示，睡眠时长上的学段差异和整体睡眠情况上的差异较为接近。小学生的得分（3.56 分）要显著高于初中生（3.28 分），而初中生的得分（3.28 分）同样要显著高于高中生（2.39 分）。效应量数据显示初中生和高中生之间的差异大（Cohen's $d$ = 0.930），并且明显强于小学和初中的差异（Cohen's $d$ = 0.286）。分析结果同样显示，高中学段是睡眠时长下降最为急剧的时期。

在睡眠满意度方面，小学生的得分（4.15 分）要显著高于初中生（3.69 分），而初中生的得分（3.69 分）同样要显著高于高中生（3.12 分）。两组学段对比的效应量比较接近（小学—初中 Cohen's $d$ = 0.410，初中—高中 Cohen's $d$ = 0.547），显示睡眠满意度的下降趋势更为一致。

最后，小学生（2.30 分）的潜在睡眠问题要显著低于初中生（2.55 分），而初中生的得分（2.55 分）同样要显著低于高中生（2.87 分）。两组学段对比的效应量比较接近，也都相对较小（小学—初中 Cohen's $d$ = -0.190，初中—高中 Cohen's $d$ = -0.256）。

## 3. 中国学生的体育锻炼现状

### （1）体育锻炼时长

在本样本中，有 12.3% 的学生体育锻炼时间在每天 2 小时以上，8.2%

的学生每天体育锻炼时间在 1.5 到 2 个小时，17.8% 的学生每天体育锻炼时间在 1 到 1.5 小时，36.7% 的学生每天体育锻炼时间在 0.5 到 1 小时，25% 的学生每天体育锻炼时间小于半小时。其中，高中生体育锻炼时长不足的趋势较为明显，只有 26.7% 的高中生每日锻炼时间长于 2 小时。

表7 学生体育锻炼时长的总体情况

| | | 每天校外体育锻炼时间 (%) | | | | |
|---|---|---|---|---|---|---|
| | | < 0.5 小时 | 0.5—1 小时 | 1—1.5 小时 | 1.5—2 小时 | > 2 小时 |
| 整体学生 | | 25 | 36.7 | 17.8 | 8.2 | 12.3 |
| | 小学 | 18.1 | 34.8 | 19.5 | 10.9 | 16.7 |
| | 初中 | 25.4 | 39.3 | 18.2 | 6.9 | 10.2 |
| | 高中 | 37.6 | 35.7 | 13.9 | 5.4 | 7.4 |
| 男生 | | 29 | 39.2 | 16.3 | 7 | 8.5 |
| | 小学 | 16.5 | 32.9 | 19.9 | 11.5 | 19.2 |
| | 初中 | 21.3 | 36.5 | 19.9 | 8.4 | 13.9 |
| | 高中 | 31.3 | 34.6 | 15.9 | 6.8 | 11.4 |
| 女生 | | 21.5 | 34.6 | 19.1 | 9.3 | 15.5 |
| | 小学 | 20 | 37.1 | 19 | 10.2 | 13.7 |
| | 初中 | 30.3 | 42.7 | 16.1 | 5.3 | 5.6 |
| | 高中 | 44.7 | 37.1 | 11.5 | 3.7 | 3 |

（2）体育锻炼时长的学段差异

方差分析结果显示，不同学段学生的体育锻炼时长有显著差异（$F = 2278, p < 0.001$）。具体的学段比较显示，高中生的体育锻炼时长（2.09 分）明显少于初中生（2.37 分），而初中生的体育锻炼时长也明显少于小学生（2.73 分）。

表 8　体育锻炼时长跨学段比较

| | | $t$ 值 | 显著性 $p$ | 效应量 Cohen's $d$ |
|---|---|---|---|---|
| 体育锻炼时长 | 小学初中对比 | -42.9 | < 0.001 | -0.284 |
| | 初中高中对比 | -29.0 | < 0.001 | -0.231 |

（3）体育锻炼时长的性别差异

Welch's T 检验的结果显示，男生和女生在每日体育锻炼时长上有显著的差异。在整体学生样本中，男生的锻炼时长（2.63 分）显著高于女生（2.27 分）。具体学段分析显示，男女生体育锻炼时长的差异在不同学段有所不同：如表 9 所示，男生的锻炼时长（小学 2.84 分，初中 2.57 分，高中 2.31 分）在各个学段均显著高于女生（小学 2.61 分，初中 2.13 分，高中 1.83 分）。具体比较的效应量数据显示，性别差异在小学时段相对较小（Cohen's $d = 0.285$），在初中（Cohen's $d = 0.368$）和高中则相对更强（Cohen's $d = 0.421$），表明学段增加对体育锻炼时长的负面影响在女生群体中更为明显。

表 9 各个学段的体育锻炼时长性别差异分析

| 变量 | 学段 | t 值 | 显著性 p | 效应量 Cohen's d |
| --- | --- | --- | --- | --- |
| 体育锻炼时长 | 整体学生 | 48.4 | < 0.001 | 0.285 |
| | 小学 | 19.2 | < 0.001 | 0.176 |
| | 初中 | 38.5 | < 0.001 | 0.368 |
| | 高中 | 33.0 | < 0.001 | 0.421 |

（4）体育锻炼态度

如表 10 所示，整体样本中，有 83% 的学生对"能从体育锻炼中获益"持认同态度，有 11% 的学生对该观点持中立态度，只有 6% 的学生持反对态度。在高中学段同样出现认同比例下降的趋势（74.3%），但整体变化幅度较小。

表 10 学生体育锻炼态度总体情况

| | | 体育锻炼态度 (%) | | |
| --- | --- | --- | --- | --- |
| | | 不认同 | 中立 | 认同 |
| 整体学生 | | 6.0 | 11.0 | 83.0 |
| | 小学 | 4.9 | 8.7 | 86.4 |
| | 初中 | 5.5 | 10.4 | 84.1 |
| | 高中 | 9.2 | 16.5 | 74.3 |
| 男生 | | 5.8 | 9.3 | 84.9 |
| | 小学 | 4.9 | 8.2 | 86.9 |
| | 初中 | 4.9 | 9.2 | 85.9 |
| | 高中 | 8.5 | 13.1 | 78.3 |
| 女生 | | 6.3 | 12.9 | 80.7 |
| | 小学 | 4.9 | 9.1 | 86.0 |
| | 初中 | 5.8 | 12.9 | 81.3 |
| | 高中 | 10.1 | 20.5 | 69.4 |

### （5）体育锻炼态度的学段差异

方差分析的结果显示，不同学段的体育锻炼态度差异显著（$F = 1589$, $p < 0.001$）。如表11所示，具体分析结果显示，小学生的体育锻炼态度（4.30分）优于初中生（4.17分），而初中生（4.17分）的体育锻炼态度也优于高中生（3.86分）。

表11 体育锻炼态度跨学段比较

| | | $t$值 | 显著性 $p$ | 效应量 Cohen's $d$ |
|---|---|---|---|---|
| 体育锻炼态度 | 小学初中对比 | 20.8 | < 0.001 | 0.138 |
| | 初中高中对比 | 39.1 | < 0.001 | 0.317 |

### （6）体育锻炼态度的性别差异

如表12所示，体育锻炼态度在整体学生样本中的性别差异较小（男生4.22分，女生4.08分，Cohen's $d$ = 0.144）。基于特定学段的分析显示，在小学学段中男生和女生差异非常小（男生4.32分，女生4.27分，Cohen's $d$ = 0.051），但性别差异在初中阶段（男生4.25分，女生4.07分，Cohen's $d$ = 0.191）和高中阶段（男生3.98分，女生3.73分，Cohen's $d$ = 0.249）明显增强。结果表明，男生对体育锻炼的正面态度在三个学段的差异相对较小，但女生在初中和高中时期则出现正面态度明显下降的趋势。

表12 各学段的体育锻炼态度性别差异分析

| 变量 | 学段 | $t$值 | 显著性 $p$ | 效应量 Cohen's $d$ |
|---|---|---|---|---|
| 体育锻炼态度 | 整体学生 | 24.4 | < 0.001 | 0.144 |
| | 小学 | 5.6 | < 0.001 | 0.151 |
| | 初中 | 19.8 | < 0.001 | 0.191 |
| | 高中 | 19.3 | < 0.001 | 0.249 |

## 4. 作业压力对心理健康的影响：睡眠和体育锻炼的中介作用

最后，本研究采用了中介回归模型，来分析作业压力对学生心理健康的负面影响，是否是以睡眠情况和体育锻炼情况为中介，即过高的作业压力是否会导致学生的睡眠质量和体育锻炼情况恶化，继而导致抑郁程度加深。如图 8 所示，模型中的自变量为作业压力，中介变量为整体睡眠情况（睡眠时长、睡眠满意度、睡眠问题三个指标综合计算）和体育锻炼情况（体育锻炼态度和体育锻炼时长综合计算），因变量为学生的抑郁程度。具体分析结果如表 13 所示，睡眠情况（$\beta = 0.13$，$p < 0.001$）和体育锻炼情况的间接效应都为显著（$\beta = 0.02$，$p < 0.001$），中介效应占总效应的比例为 58%。分析结果表明，睡眠情况和体育锻炼情况在作业压力和学生抑郁之间起到中介作用，过高的作业压力会对学生的睡眠和体育锻炼情况造成负面影响，因此导致抑郁程度加深。同时，该中介效应在作业压力对抑郁的整体效应中所占的比例相对较高，显示作业压力的负面影响主要是经由影响学生生活中其他重要行为（睡眠、体育锻炼等）造成的。

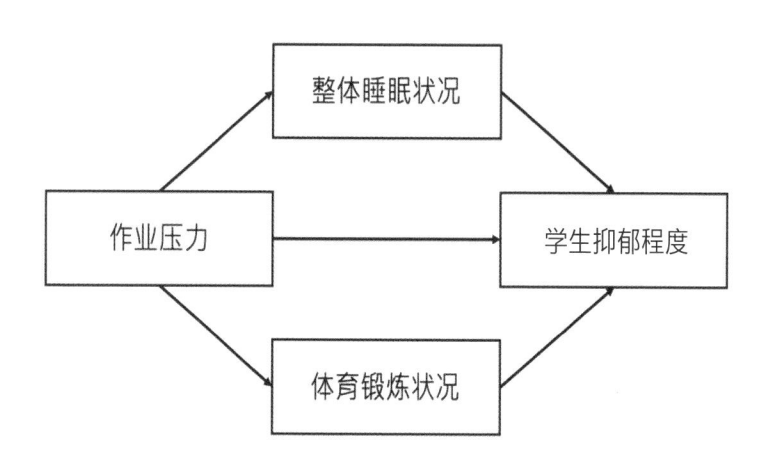

图 8　作业压力中介模型路径图

表 13　作业压力中介模型间接效应和总效应

| 效应类型 | 效应 | 标准化系数 | z 值 | 显著性 p |
| --- | --- | --- | --- | --- |
| 间接效应 | 作业压力→整体睡眠情况→学生抑郁 | 0.135 | 80.2 | <0.001 |
|  | 作业压力→体育锻炼情况→学生抑郁 | 0.016 | 15.6 | <0.001 |
| 路径 | 作业压力→整体睡眠情况 | -0.483 | -187.6 | <0.001 |
|  | 整体睡眠情况→学生抑郁 | -0.279 | -88.7 | <0.001 |
|  | 作业压力→体育锻炼情况 | -0.341 | -123.1 | <0.001 |
|  | 体育锻炼情况→学生抑郁 | -0.046 | -15.7 | <0.001 |
| 直接效应 | 作业压力→学生抑郁 | 0.108 | 32.9 | <0.001 |
| 总效应 | 作业压力→学生抑郁 | 0.258 | 90.6 | <0.001 |

## 5. 家长养育风格与作业、睡眠、体育锻炼之间的关系

### （1）家长养育风格与作业完成情况

(i) 家长养育风格与作业压力、作业完成时间的相关分析

数据分析结果显示，家长的养育风格和孩子的作业压力和作业完成时间之间存在着显著的相关性。从数据分析结果（表 14）中可以看到，家长的各类积极养育风格（温暖鼓励、情感性支持和理性管教）都和孩子的作业压力（$r$ 系数从 -0.078 到 -0.102）及作业完成时间呈负相关（$r$ 系数从 -0.034 到 -0.041），其中和作业完成时间的相关性较弱。数据趋势表明，当家长更倾向于使用积极的养育风格时，学生完成作业时的压力和时间也会随之减少。同时，家长的负面养育风格（严厉冷漠和干涉倾向）都和孩子的作业

压力（r 系数从 0.025 到 0.038）及作业完成时间呈正相关（r 系数从 0.030 到 0.039），虽然相关性相对较弱，但分析结果显示当家长的养育风格更负面时，学生的作业压力和作业完成时间都会对应地增加。

表 14　家长养育风格与作业压力、作业完成时间的相关分析

| | | 1 | 2 | 3 | 4 | 5 | 6 |
|---|---|---|---|---|---|---|---|
| 1 | 温暖鼓励 | - | | | | | |
| 2 | 情感性支持 | 0.571 | - | | | | |
| 3 | 理性管教 | 0.291 | 0.339 | - | | | |
| 4 | 严厉冷漠 | -0.157 | -0.208 | -0.214 | - | | |
| 5 | 干涉倾向 | -0.099 | -0.109 | -0.136 | 0.493 | - | |
| 6 | 作业压力 | -0.102 | -0.091 | -0.078 | 0.038 | 0.025 | - |
| 7 | 作业完成时间 | -0.040 | -0.041 | -0.034 | 0.039 | 0.030 | 0.381 |

$p < 0.001$

（ii）基于学段的调节模型分析

基于学段的调节模型显示，家长的养育风格对学生作业压力的影响在初中和小学更强，在高中学段较弱。其中总体模型为显著（$F = 2128$, $R^2=0.084$, $p < 0.001$），并且初中学段和作业压力的交互项达显著。如表 15 和图 9 所示，家长的温暖鼓励养育风格对学生作业压力的保护作用在初中（$β = -0.086$, $p < 0.001$）和小学学段（$β = -0.086$, $p < 0.001$）要显著强于高中学段（$β = -0.019$, $p = 0.001$），表明家长的积极养育风格虽然可以对孩子的作业压力起到正面影响，但对学业负担更重的高中学段的影响还是相对较小的。

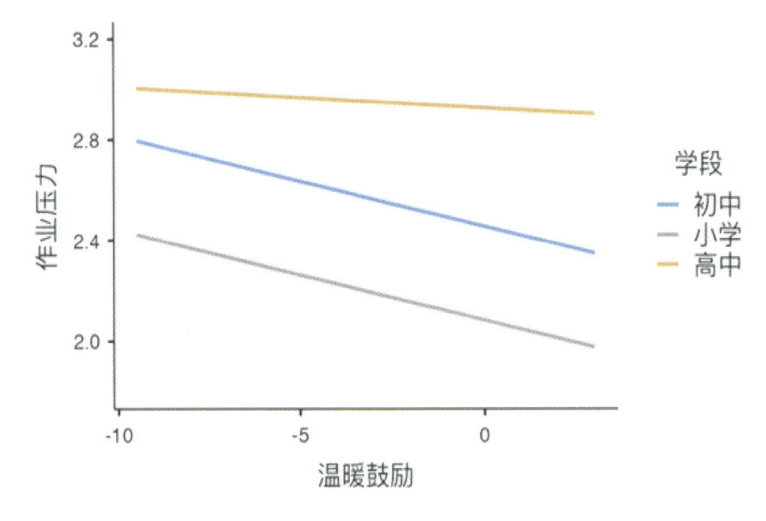

图9 不同学段下温暖鼓励对作业压力的影响

表15 温暖鼓励对作业压力的简单效应分析

| 学段 | 回归系数 β 值 | t 值 | 显著性 p |
| --- | --- | --- | --- |
| 小学 | -0.086 | -19.3 | < 0.001 |
| 初中 | -0.086 | -18.6 | < 0.001 |
| 高中 | -0.019 | -3.3 | 0.001 |

（2）家长养育风格与睡眠情况

（i）家长养育风格与睡眠情况的相关分析

如表16所示，家长的积极养育风格和孩子的综合睡眠情况呈正相关（r 系数从 0.081 到 0.102）；同时，家长的负面养育风格则和孩子的综合睡眠情况呈负相关（r 系数从 -0.027 到 -0.033）。分析结果表明，当家长的积极养育风格使用程度更高时，孩子的睡眠情况也会更好，但是如果家长更倾向于使用负面养育风格，孩子的睡眠情况则会随之恶化。

表16 家长养育风格与睡眠情况的相关分析

| | | 1 | 2 | 3 | 4 | 5 | 6 |
|---|---|---|---|---|---|---|---|
| 1 | 温暖鼓励 | - | | | | | |
| 2 | 情感性支持 | 0.571 | - | | | | |
| 3 | 理性管教 | 0.291 | 0.339 | - | | | |
| 4 | 严厉冷漠 | -0.157 | -0.208 | -0.214 | - | | |
| 5 | 干涉倾向 | -0.099 | -0.109 | -0.136 | 0.493 | - | |
| 6 | 综合睡眠情况 | 0.102 | 0.093 | 0.081 | -0.027 | -0.033 | - |

注：表16中的相关系数均为显著，显著性 $p$ 值小于0.001

(ii) 家长养育风格与睡眠情况的调节模型分析

基于学段的调节模型显示，家长的养育风格对学生睡眠情况的影响在初中和小学更强，在高中学段较弱。其中总体模型显著（$F = 4288, R^2 = 0.157, p < 0.001$），并且初中学段和睡眠情况的交互项达显著。如表17和图10所示，家长的温暖鼓励养育风格对孩子睡眠情况的推动作用在初中（$\beta = 0.097, p < 0.001$）和小学学段（$\beta = 0.082, p < 0.001$）要显著强于高中学段（$\beta = 0.022, p < 0.001$）。分析结果显示，家长的积极养育风格对孩子睡眠情况的影响在低学段更强；同时，跟作业压力的分析结果类似，家长能带来的影响，在学业负担更重的高中学段相对更小。

表 17 温暖鼓励对睡眠情况的简单效应分析

| 学段 | 回归系数 β 值 | t 值 | 显著性 p |
| --- | --- | --- | --- |
| 小学 | -0.086 | -19.3 | < 0.001 |
| 初中 | -0.086 | -18.6 | < 0.001 |
| 高中 | -0.019 | -3.3 | 0.001 |

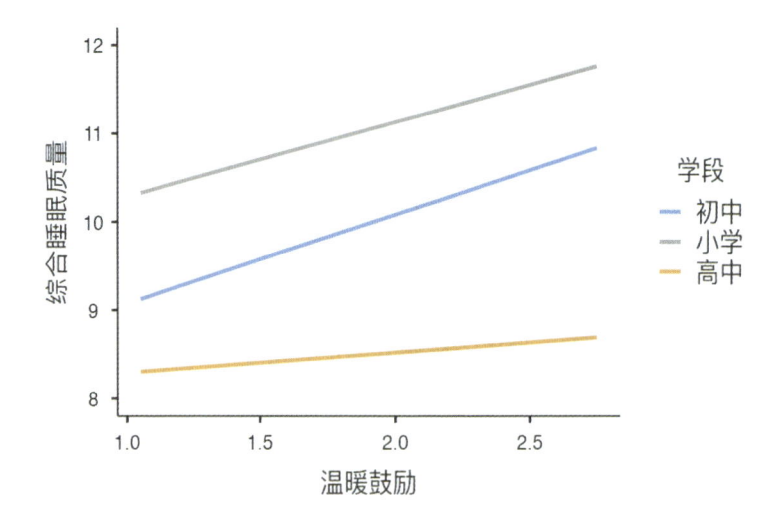

图 10 不同学段下温暖鼓励养育风格对综合睡眠情况的影响关系

## （3）家长养育风格与体育锻炼

根据表 18 所展示的相关数据，家长的积极养育风格和孩子的体育锻炼态度（r 系数从 0.094 到 0.096）以及体育锻炼时间（r 系数从 0.035 到 0.041）都呈正相关。家长的负面养育风格则和孩子的体育锻炼态度（r 系数从 -0.025 到 -0.038）呈负相关，同时，负面养育风格和体育锻炼时间的相关性并不显著。分析结果显示，当家长更倾向于采用积极的养育风格时，孩子对体育锻炼的态度也会相应地积极，每日体育锻炼的时间会更长。需要注意的是，养育风格和体育锻炼时间的相关性相对更低，表明家长对锻炼时间的实质影响相对更小。此外，当家长使用负面养育风格的程度更高时，孩子对体育锻炼的态度也会随之变得更负面。最后，本次调查的数据并没有表明负面养育风格和锻炼时间有显著的相关性。

表 18　养育风格与体育锻炼态度、体育锻炼时间的相关分析

|   |        | 1      | 2      | 3      | 4      | 5      | 6      | 7 |
|---|--------|--------|--------|--------|--------|--------|--------|---|
| 1 | 温暖鼓励 | -      |        |        |        |        |        |   |
| 2 | 情感性支持 | 0.571  | -      |        |        |        |        |   |
| 3 | 理性管教 | 0.291  | 0.339  | -      |        |        |        |   |
| 4 | 严厉冷漠 | -0.157 | -0.208 | -0.214 | -      |        |        |   |
| 5 | 干涉倾向 | -0.099 | -0.109 | -0.136 | 0.493  | -      |        |   |
| 6 | 体育锻炼态度 | 0.094  | 0.095  | 0.096  | -0.038 | -0.025 | -      |   |
| 7 | 体育锻炼时间 | 0.035  | 0.040  | 0.041  | -0.001 | -0.001 | -0.254 | - |

注：表 18 中的相关系数均为显著，显著性 $p$ 值小于 0.001

## 五、结论与建议

### 1. 结论

#### （1）当前中小学生作业负担基本情况

小学生中仍有接近一半的学生回家后要花费一小时以上的时间来完成

作业，超过五分之一的初中生回家后要花费超过一个半小时的时间来完成作业，有超过五分之一的高中生要花费大于两个小时的时间。这些数据表明，我国中小学生在作业上花费的时间依然超过"通知"提出的要求。同时，初中生每日在作业上花费的时间多于小学生；而高中生的时间较初中生有所减少，可能是由于高中生大部分都住校，且晚自习上到很晚，因此在学校能把大部分作业完成。数据还显示，有18%的学生具有高作业压力。随着学段的上升，学生的学业压力也在增加。小学生中男生作业压力略高于女生；进入初中后，女生作业压力略高于男生；在高中生中，女生作业压力高于男生。以上均说明当前中小学生的作业负担处于过重的状况，且随着年龄增长而加重，高中生面临着较为繁重的作业负担。

（2）当前中小学生睡眠基本情况

调查结果显示小学、初中、高中学段均存在普遍的睡眠时长不足的情况，低年级的睡眠状况明显好于高年级，随学段上升，睡眠时长和睡眠质量等指标均明显下降，这种变化规律在小学和初中阶段几乎没有男女生性别差异，无论男生和女生都随学段升高睡眠时长减少、睡眠质量下降，高中学段部分指标呈现一定的男女性别差异，男生略优于女生，但差别不大。值得重点关注的是高中学段的睡眠各项指标问题较为突出，具体表现为：高中学段的学生睡眠时长严重不足，国家关于睡眠的有关文件中高中生睡眠时长的标准为8小时，但有88%的高中生睡眠时长低于8小时标准；高中生的睡眠质量最差，与初中生有明显的区别；睡眠问题最多，仅有四成高中生对睡眠时长感到满意，睡眠状况被评估为待提升的高中生占总体的63%。由于睡眠相关问题的学段差异非常显著，这提示睡眠问题可能与学业负担有关，要更关注高中生的睡眠状况，保证高中生每天8小时睡眠，减轻学业负担，避免因作业过多、学习压力过大导致的熬夜、失眠等问题。高中阶段微弱的性别差异可能是因为面对学业压力，女生相对更容易受到影响而产生相对消极的情绪，进而产生更多的睡眠问题。

(3) 当前中小学生体育锻炼基本情况

目前中国学生体育锻炼时长和态度情况存在随学段上升逐渐恶化的趋势，小学生的锻炼时长和态度明显好于初中生，初中生明显好于高中生。且体育锻炼时长与体育锻炼态度在各学段都表现出了男女性别差异，男生参加体育活动的时长普遍长于女生，体育锻炼态度得分也显著高于女生。针对学段差异分析发现，一方面，高年级的学生面对更大的升学压力，学业负担较重，体育锻炼时间更少，对体育锻炼的兴趣也下降；另一方面，随着年龄的增长，学校和家长对学业成绩的关注度增加，对体育锻炼的重视程度下降，小学家长可能更关注孩子的健康成长，注重多方位培养孩子的兴趣爱好，包括对体育特长的培养。随着学生年级的升高，家长关注的重点逐渐向学业表现方面倾斜，面临越发严峻的中考、高考的升学形势，虽然学校和家长都清楚体育锻炼对青少年成长发展的益处，但是由于升学压力的影响，学校体育的教育功能不同程度地被弱化，因此也弱化了体育运动对学生心理健康的积极影响。2021年"双减"和近日"五项管理"政策的出台，都在一定程度上为学生减负、为课后体育锻炼活动创造了时间条件。体育锻炼时长与体育锻炼态度也存在男女性别差异。体育锻炼态度是参加体育锻炼的前提，研究表明，女生在体育锻炼中体会到一定程度的性别角色冲突（董宝林，张欢，2016），可能会诱发个体的消极心理反应，这可能是造成女生锻炼态度较消极与锻炼时长较短的潜在原因。女生的体育锻炼态度更消极，参与体育运动的动机更少，体育锻炼时长更低。因此，要提高女生的体育锻炼时长，首先应转变女生观念，消除性别角色冲突，通过宣传讲座提升整体学生对体育锻炼的重视程度；然后，通过增加体育运动的趣味性和增加适合女生的运动项目等措施，鼓励女生积极参与到体育锻炼中。

## 2. 建议

### (1) 进一步落实"双减"政策及"五项管理"，让孩子可以在一定程度上自由支配自己的课外活动时间

2021年中共中央、国务院印发的《关于进一步减轻义务教育阶段学生作业负担和校外培训负担的意见》指出，需明确家校社协同责任，有效减轻义务教育阶段学生过重的作业负担和校外培训负担，让孩子可以拥有课外活动的时间。"双减"政策的进一步落实，需要家校社三方的共同努力。

首先，在社会方面，引导正确的教育观念至关重要。我们需要建立一个全面、科学的教育评价体系，摒弃单一功利化的评价方式，真正了解每个孩子的潜能和特长。同时，加强校外活动场所的建设和管理，为学生提供更多样化的选择，丰富他们的课外及校外活动。社会应该创造一个鼓励多元发展、尊重个体差异的环境，为孩子们展示更广阔的世界。

其次，在家庭方面，家长扮演着至关重要的角色。他们需要对孩子建立合理的期待，而非盲目追求所谓的成绩。还应重视孩子的全面发展，关注他们的兴趣爱好和个性特点。加强家校合作，家长要积极参与孩子的学习和生活，提高自身的教育水平，营造积极向上、温馨和谐的家庭氛围，为孩子们提供有益的成长环境。

第三，在学校方面，必须进一步严格执行国家教育政策和减负规定。改革考试制度，采取更多元化、更贴近实际的科学评价方法，注重学生的创造

力、实践能力和团队协作。学校也需要更多关注学生的身心健康，加强心理健康教育，建立健全的心理辅导机制，让学生能够在健康的环境中成长。

（2）增加孩子的体育锻炼时间和机会

对于中小学生来说，经常参与体育锻炼可以促进其生长发育、提高抗病能力，同时对心理健康起促进作用（杨凯，2022）。"双减"政策中就明确指出，学校和家庭要引导孩子科学利用课余时间，开展适宜的体育锻炼。然而，"双减"政策的实施确实让孩子的作业负担有所减少，但是体育锻炼时间与机会并没有相应的增加。一方面是因为学业压力依然存在，学校、教师以及父母的"唯分数论"思想观念根深蒂固。"双减"政策实施后，影响学生参与课余体育锻炼的主要因素仍是家庭作业过多，大部分学生课余时间、课余体育锻炼时间变化不大，学业压力仍然较大，"双减"政策的成效并不显著（范茂元等，2022）。另一方面，传统教育思想影响严重，学校和父母鼓励引导孩子参加体育锻炼的意识并不强，让学生进行体育锻炼的机会并不充足。学校中主课占用体育课的行为频频发生，课外非体育类培训班过多，导致学生参与体育锻炼的机会减少（吴锋，2020）。

体育锻炼包括体育课内和课余体育锻炼，课余体育锻炼主要分为校内和校外课余体育锻炼。针对上述现状，学校与家庭的合作，可以起到充分利用课内课外、校内校外时间的作用，进而增加孩子的体育锻炼时间与机会。

首先，学校应在这一过程中起主导作用，重视学生的体育锻炼。在"双减"政策的指导下，学校要进一步合理减轻学生的课业负担和学业压力，合理布置和安排作业，减少放学后的作业时间，为安排和分配体育锻炼时间提供条件。除了严格遵循"双减"政策的指导方针之外，学校还应充分发挥校内体育课的作用，并合理安排校内课余体育锻炼时间，增加孩子的体育锻炼时间与机会。就校内体育课而言，学校教师应该将体育课视作与文化课同等重要的一环。而校内课余体育锻炼，可以在放学后安排 1 个小时左右的体育兴趣锻炼课程，根据学生需求和兴趣爱好分别进行指导锻炼，确保学生每天至少 1 小时的锻炼时间，培养学生参加体育锻炼的习惯和主动参与意识（吴锋，2020），不能只鼓励学生选择文化自习类的课后服务。国家体育总局、教育部与国家发展改革委发布的《关于提升学校体育课后服务水平 促进中小学生健康成长的通知》指出，要引导支持体校、体育俱乐部等专业力量进入校园开展课后体育服务，促进"双减"政策落到实处，通过多方聚力促进青少年健康成长。

父母应该在校外的体育锻炼活动上起到辅助支持与引导作用。一方面，父母要持有积极的体育锻炼态度。父母对青少年参加体育锻炼的态度能够影响青少年参与体育锻炼的各个层次，青少年在参与体育锻炼的过程中得到家长的支持和关注，对青少年持续参加体育锻炼，养成良好的体育锻炼意识与习惯具有积极的促进作用（董宏伟，2010；史清敏等，2003）。另一方面，父母应以身作则，构建良好的家庭体育锻炼氛围。家庭的体育锻炼氛围包括家庭成员参与体育锻炼的频度、时间等要素。在家庭中，父母是青少年的启蒙者和教育者，是他们直接学习的对象。身教胜于言教，在家庭生活中，青少年是通过无意识或有意识地模仿父母的体育行为进行学习的，父母对体育锻炼的喜欢度、直接体育参与和间接体育参与对青少年体育锻炼意识与行为的形成，起着引导和榜样示范作用（董宏伟，2010）。在父母的影响下，青少年不仅参加了体育锻炼，掌握了一定的运动技能，而且会形成精神价值——对体育锻炼的认知度（对体育的价值取向）、对体育的关心度（间接参与水平）和对体育锻炼的喜欢度（钱朝琼，桂石见，2019）。在"双减"大背景之下，父母可以利用原本文化培训的这段时间，让孩子选择自己喜欢的体育培训班，培养孩子的运动特长，但尽量避免在没有减少文化培训的情况下，额外给孩子报名其他培训班，这样反而会增加孩子的负担（赵一凡，2023）。

### （3）保证中小学生的睡眠时间与质量

在中国，"学而优则仕"的思想已经深入人心，作业量、学业压力使学生不得不牺牲睡眠时间投入到刷题中去，学生长期睡眠不足成为了普遍现象，睡眠不足引起的一系列学生生理心理问题也渐渐成为了人们普遍关注的焦点（张明蕾，2022）。事实证明，解决学生睡眠质量问题对青少年学生生理、心理健康发展都至关重要（李明德，1983; 刘随成，李玲，2008），切实改善学生睡眠质量已经是迫在眉睫的问题。2021 年教育部印发了《关于进一步加强中小学生睡眠管理工作的通知》，近年来的"双减"政策中也明确指出，要着眼于学生身心健康成长，保障学生休息权利，如果个别学生经努力仍完不成书面作业，也应按时就寝。总体来说，尽管睡眠管理政策在稳步落实，但中小学生睡眠现状尚未得到根本改善，睡眠时长、睡眠质量仍未达到国家标准（张明蕾，2022）。家长、教师、学校、教育主管部门等社会各界必须对学生睡眠时间和质量问题有充分的理解和重视，保障学生睡眠，保证学生更好地适应长时间的学习生活，使其身心获得更好的发展。

首先，学校有责任确保中小学生获得充足且高质量的睡眠。研究发现，睡眠健康教育情况对学生睡眠情况产生显著正向影响，而作业及培训情况、电子产品使用情况对学生睡眠情况产生显著负向影响（张明蕾，2022）。因此，学校在遵循"双减"政策的基础之上，一方面要加强睡眠及心理健康知识和技能的宣传教育，另一方面要完善学生在校作息制度。学校可以与宣传部门合作，采取多种方式加强对学生及家长的宣传教育。这包括制作睡眠管理宣传片、建立睡眠管理宣传公众号、设立睡眠知识热线和举办睡眠知识讲座等。同时，学校可以邀请心理教师利用心理健康课、班会课和团体心理辅导等时间，加强学生的教育宣传，着重培养他们的睡眠健康知识、心理健康素养和时间管理能力。作息制度方面，学校要积极为学生创造条件进行午休（吴慧攀，2019），如可以利用下午第一节课的时间试点开展午睡课，保证学生的午间休息。同时，教师要转变观念，要认识到充分的午休是保障学生晚间睡眠，进而提高白天精神状态的重要手段，尤其是针对要中高考的高年级学生，班主任老师更要注重学生午休情况，满足他们的午睡需要（姜喆，李付成，2015），不挤占午睡时间进行教育教学活动。最后，住宿制学校要优化宿舍管理，定时熄灯，及时巡查，为学生营造良好住宿环境。

家庭同样需要重视中小学生的睡眠时间和质量。首先，孩子在家的睡眠保障，离不开父母的管教与规则制定，父母应该对学生的睡眠时间进行把控。有研究发现，父母的管教与孩子的睡眠质量有关，父母管教越不严格，孩子的睡眠时间越短（马军，2014）。因为中小学生的大脑前额叶未完全发育成熟，其自控能力较弱，如容易沉迷电子产品，而睡前视屏时间越长，会导致睡眠时间越短，睡眠质量越低（周天舒等，2021）。因此，父母应与孩子规定睡觉的时间，尽量让孩子睡前远离电子产品。其次，父母要尽量为孩子营造一个舒适的家庭睡眠环境和氛围。在睡眠环境方面，父母应保证睡眠时间全家无噪音、灯光干扰；尽量保障孩子舒适、独立的居住空间。在睡眠习惯养成方面，父母应带头保持良好的作息习惯，在榜样作用前提下，对孩子的睡眠进行教育与管理；配合和指导孩子加强体育锻炼，避免为孩子布置过量的课外习题，指导孩子统筹利用好回家后的课余时间，帮助孩子良好睡眠习惯的形成和培养。

# 参考文献

[1] 蔡丹，徐洁，夏添．家庭生态系统与初中生心理韧性的发展 [J]．现代基础教育研究，2022, (45): 35-41.

[2] 陈凡，任涛．中小学生学业负担归因及减负路径选择——知识生产模式的视角 [J]．浙江师范大学学报（社会科学版），2023, 48 (03): 96-103.

[3] 董宝林，张欢．女大学生性别角色冲突对锻炼投入的影响 [J]．天津体育学院学报，2016, 31 (01): 82-87.

[4] 董宏伟．家庭社会资本对青少年体育锻炼意识与行为的影响及反思 [J]．沈阳体育学院学报，2010, 29 (02): 33-37.

[5] 范茂元，房子弘，周永，王雪冰．"双减"后南宁市小学生体育锻炼现状与对策研究 [J]．运动精品，2022, 41 (09): 33-36.

[6] 付卫东，张钰迪，刘尊贤．《家庭教育促进法》视域下父母支持对学生学业压力的影响——基于家校合作的调节效应分析 [J]．杭州师范大学学报（社会科学版），2022, 44 (04): 67-78.

[7] 高歌．初中生学业压力与学业情绪的关系及干预研究 [D]．青海省：青海师范大学，2022.

[8] 葛小雨．身体锻炼、社会支持对主观幸福感的影响研究[D]．上海市：上海体育学院，2021.

[9] 姜喆，李付成．青少年睡眠问题与高考成绩之间的相关性研究 [J]．吉林医学，2015, 36 (17): 3825-3826.

[10] 李德明．睡眠剥夺的心理生理影响 [J]．心理学动态，1983, (02): 24-31.

[11] 李田伟，陈旭，廖明英．社会支持系统在中学生学业压力源和应对策略间的中介作用 [J]．心理发展与教育，2007, (01): 35-40.

[12] 梁振东．初三学生怎样缓解中考压力 [J]．教学与管理，2006, (07): 74.

[13] 刘慧．小学生学习负担现状调查研究 [D]．上海市：上海师范大学，2019.

[14] 刘随成，李玲．郑州市小学生睡眠障碍影响因素的调查研究 [J]．中国实用神经疾病杂志，2008, (7): 66-67.

[15] 路海东．聚焦中国儿童学习压力：困境与出路 [J]．东北师大学报（哲学社会科学版），2008, (06): 24-28.

[16] 马军．关注儿童青少年身体活动不足增强其身体素质 [J]．中国儿童保健杂志，

2014, 22 (11): 1121-1123.

[17] 马美珍. 一个只看到落叶的女孩——初中生"中考压力"心理辅导 [J]. 思想理论教育, 2009, (16): 68-71.

[18] 钱朝琼, 桂石见. 教育力量的整合交互与协同效应——榜样教育的实效性探索 [J]. 中学政治教学参考, 2019, (09): 77-80.

[19] 秦国阳, 贾巍, 秦勇. 青少年社会适应能力与体育锻炼及心理健康的交叉滞后分析 [J]. 中国学校卫生, 2023, 44 (11): 1645-1649.

[20] 史清敏, 金盛华, 山田敬. 中日青少年自主性发展的比较研究 [J]. 外国教育研究, 2003, (02): 21-24.

[21] 陶晓祥. 论高三学生如何释放高考压力 [J]. 西部素质教育, 2019, 5 (17), 238.

[22] 童星. 不同家庭背景初中生学业负担的差异分析——基于南京市 479 名初中生的问卷调查 [J]. 上海教育科研, 2016, (09): 32-35+45.

[23] 王三妹. "双减"背景下课外体育锻炼对青少年心理健康影响的研究 [J]. 运动精品, 2022, 41 (06): 62-63+66.

[24] 王琇, 杨惠雯. 学业负担真的越减越轻吗——中学生学习压力的横断历史元分析 [J]. 上海教育科研, 2022, (10): 24-30.

[25] 王亚萍. 学校社会工作缓解城市流动儿童学业压力研究 [D]. 云南省：云南师范大学, 2023.

[26] 吴锋. 青少年体育锻炼现状及对策研究 [J]. 教育界, 2020, (39): 25-26.

[27] 吴慧攀. 中国心理亚健康青少年体质健康及其影响因素的研究 [D]. 上海市：华东师范大学, 2019.

[28] 徐嘉骏, 曹静芳, 崔立中, 朱鹏. 中学生学习压力问卷的初步编制 [J]. 中国学校卫生, 2010, 31 (01): 68-69.

[29] 杨凯. "双减"政策下小学体育课后服务特色创建设想与实施路径探究 [J]. 青少年体育, 2022, (06): 90-91.

[30] 俞国良, 陈诗芳. 小学生生活压力、学业成就与其适应行为的关系 [J]. 心理学报, 2001, (04): 344-348.

[31] 张明蕾. 初中生睡眠管理政策实施现状及对策研究 [D]. 天津市：天津师范大学, 2022.

[32] 赵一凡. "双减"背景下西安市义务教育阶段高年级学生身体活动水平及影响因素研究 [D]. 陕西省：西安体育学院, 2003.

[33] 周天舒, 樊冲, 刘祥茂. 儿童青少年身体活动的健康效益研究述评 [J]. 体育成人教育学刊, 2021, 37 (02): 70-74.

[34] Anderson, B., Storfer-Isser, A., Taylor, H. G., Rosen, C. L., & Redline, S. Associations of Executive Function with Sleepiness and Sleep Duration in Adolescents [J]. Pediatrics, 2009, 123(04): e701-e707.

[35] Arredondo, E. M., Elder, J. P., Ayala, G. X., Campbell, N., Baquero, B., & Duerksen, S. Is Parenting Style Related to Children's Healthy Eating and Physical Activity in Latino Families? [J]. Health Education Research, 2006, 21(06): 862-871.

[36] Baumrind, D. Child Care Practices Anteceding Three Patterns of Preschool Behavior [J]. Genetic Psychology Monographs, 1967, 75 (01): 43–88.

[37] Bernier, A., Matte-Gagné, C., & Bouvette-Turcot, A.-A. Examining the Interface of Children's Sleep, Executive Functioning, and Caregiving Relationships: A Plea Against Silos in the Study of Biology, Cognition, and Relationships [J]. Current Directions in Psychological Science, 2014, 23(04): 284-289.

[38] Chen, T., Wu, Z., Shen, Z., Zhang, J., Shen, X., & Li, S. Sleep Duration in Chinese Adolescents: Biological, Environmental, and Behavioral Predictors [J]. Sleep Medicine, 2014, 15(11): 1345-1353.

[39] Dahl, R. E. The Regulation of Sleep and Arousal: Development and Psychopathology[J]. Development and Psychopathology, 1996, 8(01): 3-27.

[40] Diamond, A. Executive Functions [J]. Annual Review of Psychology, 2013, 64: 135-168.

[41] Dornbusch, S. M., Ritter, P. L., Leiderman, P. H., Roberts, D. F., & Fraleigh, M. J. The Relation of Parenting Style to Adolescent School Performance [J]. Child Development, 1987, 58 (05): 1244-1257.

[42] Jones, K., & Harrison, Y. Frontal Lobe Function, Sleep Loss and Fragmented Sleep [J]. Sleep Medicine Reviews, 2001, 5(06): 463-475.

[43] Kelly, R. J., Marks, B. T., & El-Sheikh, M. Longitudinal Relations Between Parent-child Conflict and Children's Adjustment: The Role of Children's Sleep [J]. Journal of Abnormal Child Psychology, 2014, 42: 1175-1185.

[44] Korean Association For Learner-Centered Curriculum And Instruction, Yeon, E. M., & Choi, H. The Relationship between Parenting Style, Perceived Academic Achievement Pressure on Elementary School Students' School Adjustment and Life Satisfaction: Focused on the Mediating Effect of Autonomy and Academic Stress [J]. Korean Association For Learner-Centered Curriculum And Instruction, 2022, 22 (14):313-328.

[45] Lamborn, S. D., Mounts, N. S., Steinberg, L., & Dornbusch, S. M. Patterns of Competence and Adjustment Among Adolescents from Authoritative, Authoritarian, Indulgent, and Neglectful Familics [J]. Child Development, 1991, 62(05): 1049-1065.

[46] Lazarus, R. S., & Folkman, S. Stress, Appraisal and Coping [J]. Children's Health Care, 2010, 29(4).

[47] Lim, J., & Dinges, D. F. A Meta-analysis of the Impact of Short-term Sleep Deprivation on Cognitive Variables [J]. Psychological Bulletin, 2010, 136(03): 375.

[48] Magee, C. A., Lee, J. K., & Vella, S. A. (2014). Bidirectional Relationships between Sleep Duration and Screen Time in Early Childhood [J]. JAMA Pediatrics, 2014, 168(05): 465-470.

[49] Matricciani, L., Olds, T., & Petkov, J. In Search of Lost Sleep: Secular Trends in the Sleep Time of School-aged Children and Adolescents [J]. Sleep Medicine Reviews, 2012, 16(03): 203-211.

[50] McMakin, D. L., & Alfano, C. A. Sleep and Anxiety in Late Childhood and Early Adolescence [J]. Current Opinion in Psychiatry, 2015, 28(06): 483-489.

[51] Molińska, M., & ZŁOTOGÓRSKA, A. Sleep Deficits and Executive Functions at Different Developmental Stages-meta-analysis [J]. The Polish Journal of Aviation Medicine, 2016, 22(02): 27.

[52] Tétreault, É., Bouvette-Turcot, A.-A., Bernier, A., & Bailey, H. Associations Between Early Maternal Sensitivity and Children's Sleep throughout Early Childhood [J]. Infant and Child Development, 2017, 26(04): e2004.

[53] Walker, M. P., & Harvey, A. G. Obligate Symbiosis: Sleep and Affect [J]. Sleep Medicine Reviews, 2010, 14(04): 215-217.

[54] Walker, M. P., & van Der Helm, E. Overnight Therapy? The Role of Sleep in Emotional Brain Processing [J]. Psychological Bulletin, 2009, 135(05): 731.

[55] Wen, X., & Hui, S. S.-C. Parenting Style as a Moderator of the Association Between Parenting Behaviors and the Weight Status of Adolescents [J]. The Journal of Early Adolescence, 2012, 32(02): 252-268.

[56] Wen, X., & Sai-chuen Hui, S. Is Parenting Style Associated with Adolescent's Physical Activity? A Cross-Sectional Study in Southern China [J]. Medicine & Science in Sports & Exercise, 2010, 42(05): 739.

[57] Williamson, A. A., Zendarski, N., Lange, K., Quach, J., Molloy, C., Clifford, S. A., & Mulraney, M. Sleep Problems, Internalizing and Externalizing Symptoms, and Domains of Health-related Quality of Life: Bidirectional Associations from Early Childhood to Early Adolescence [J]. Sleep, 2021, 44(01): zsaa139.

[58] Wolfson, A. R., & Carskadon, M. A. Understanding Adolescent's Sleep Patterns and School Performance: A Critical Appraisal [J]. Sleep Medicine Reviews, 2003, 7(06): 491-506.

[59] Worthman, C. M., & Melby, M. K. Toward a Comparative Developmental Ecology of Human Sleep. In M. A. Carskadon, Adolescent Sleep Patterns [M]. Cambridge University Press, 2002.

# 中国学生人际关系调查报告：手机使用和家长养育风格的影响

陈启山[*]　潘天和[**]

---

[*] 陈启山，华南师范大学心理学院副教授、硕士生导师。毕业于香港中文大学，获博士学位。比利时根特大学、美国佛罗里达大学访问学者。主要研究领域包括：心理与教育测评及应用（学生学业素养测评、学生发展评价、胜任力模型）、组织行为与人力资源管理（心理资本、印象整饰、人才测评）、认知心理与教育（元认知、阅读心理、自我调控学习）等。主持国家社会科学基金、教育部人文社科基金等国家级与省部级课题9项，发表论文40余篇。

[**] 潘天和，华南师范大学心理学院。

【摘　要】人际交往状况是检验学生心理健康的重要指标。学生在校的人际关系与其校园生活的各个方面都密切相关。随着科学技术的不断更新迭代、智能手机的普及和社交媒体的不断发展，当今的人际交往与娱乐方式更加丰富多元，学生的人际关系受到更大的挑战，影响学生人际关系的因素也更加复杂。本调查旨在探讨影响当前中国学生人际关系状况的因素，为改善不良人际关系提供依据。

基于学校人际关系的主要结构，本调查从同伴关系和师生关系两个方面对学生的人际关系进行了评估，同时检验了手机使用状况和家庭养育环境对同伴关系和师生关系的影响。本报告对230,892份有效学生家庭匹配问卷进行了分析，学生样本包括小学、初中、高中三个学段共九个年级。

分析发现，学生的人际关系（包括同伴关系和师生关系）具有较大的学段与性别差异。手机使用对学生的人际关系有显著影响，整体手机使用状况越好，学生的人际关系就越好。手机使用时长对师生关系的影响大于同伴关系。家长养育风格对学生的人际关系影响显著，积极的养育风格对学生的人际关系有正向影响，负面的养育风格则负向影响学生的人际关系。进一步分析发现，理性管教通过学生手机使用状况间接影响学生的同伴关系和师生关系。本研究作为大规模跨学段的调查，反映了当前中国学生人际关系的基本水平，也为未来在该领域的研究提供了参考。

【关键词】　心理健康　人际关系　师生关系　养育风格　手机成瘾

# 一、引 言

随着经济社会的快速发展，中国学生的成长环境不断变化，学生的心理健康问题低龄化的趋势越来越凸显。关注学生的心理问题，保障学生健康成长逐渐成为学生教育过程中的一个重要问题。人际关系是心理健康的一个重要方面，大量研究发现良好的人际关系可以对心理健康产生积极的影响。

人际关系是指人与人之间通过交往与相互作用而形成的直接的心理关系，它反映了个人或群体满足其社会需要的心理状态，即人与人之间心理关系的亲密性、融洽性、协调性。人际关系在个体日常生活中发挥着不容忽视的作用，人是社会关系的总和，不可避免地需要与周围的人产生联系，例如合作或者竞争。在与同伴交往的过程中，通过长时间沟通交流建立的情感联结，可以促进学生情绪健康、人格完善。

基础教育阶段是人际交往模式形成和发展的重要时期，这个阶段的个体正处于生理、心理发展的关键时期，他们大部分的时间是在学校度过的，在校的人际关系质量直接影响其成长与发展。学生的人际关系（包括同伴关系和师生关系），对学生的心理幸福感有正面影响（黄泰安，2023），人际关系问题是研究学生孤独感时必须考虑的一个关键因素（梁珂玮，2023）。不良人际关系是青少年犯罪的重要因素，排斥正常的社会交往，会阻碍学生的社会化进程，导致其难以在未来适应社会生活，使得这类学生在经历挫折或压力时容易实施犯罪行为（李丹黎等，2012）。国外的研究还发现积极的师生关系与学生更好的学习投入相关（Roorda，2011），《中小学心理健康教育指导纲要（2012年修订）》指出要从不同年龄阶段学生的身心发展特点出发，培养学生的人际交往能力，正确认识自己的人际关系状况，培养人际沟通能力，促进人际积极情感反应和体验，使学生形成良性人际交往模式。

家庭是个体成长的摇篮，父母也是孩子最先模仿和学习的对象。在家庭中，父母通过各种途径影响孩子人际交往模式的形成。父母是孩子最先认同的对象，父母正确的教养和引导是孩子良好人际关系形成的关键。研究发现父母的婚姻质量与青少年的同伴关系和师生关系密切相关，母亲婚姻质量与青少年同伴关系呈正相关。良好的亲子信任是人际关系的保护性因素，而亲子疏离则是人际关系的风险因素（敬惠云，2022）。温暖支持的家庭环境能让个体以同样的方式对待人际交往中的对象，而冷漠忽视的家庭环境则可能导致个体无法表达适当的共情和缺乏情绪控制能力。缺乏慈爱与人性关怀的父母教养方式，会导致青少年较低的容忍度（罗伟等，2019）。研究家庭养育环境如何影响学生人际关系是学生人际关系教育、培养健康人际关系不可或缺的环节。

随着互联网的快速发展和智能手机的普遍应用，越来越多的虚拟交往代替了现实的人际交往，线上聊天取代面对面的沟通，同伴活动的时间被手机游戏等占用。智能手机的使用增加与中学生的人际困扰正相关（刘涛，2014），手机依赖和网络成瘾可能会通过侵蚀学生的人际关系影响学生的心理健康。2019年中国互联网络信息中心对全国未成年人手机使用状况的调查显示，2019年我国未成年网民规模为1.75亿，未成年人互联网普及率达到93.1%。研究表明青少年每日手机使用时间过长，夜间使用手机及使用手机在线聊天可增加其失眠/抑郁的发生风险（蒙春夏，2020）。

目前对学生人际关系的研究大部分聚焦于某个学段的群体，跨学段的研究较少。现有研究表明，随着年龄的增长，青少年对于交往的需求逐渐增多，个体的自我意识逐渐增长，越来越想要建立属于自己的友情。在学生群体中日益普遍的手机使用以及学段的变化究竟如何影响学生的人际交往？父母的养育风格在这个过程中又发挥着什么样的作用？本研究希望对以上两个问题进行深入探讨，通过对大样本数据的分析，揭示当前中国学生人际关系的现状，了解学生人际关系随学段发展的变化，并进一步深入分析影响学生人际关系的潜在原因，以便更好地提出改善学生人际关系、保障学生心理健康的有效措施。

## 二、研究方法

### 1. 研究过程

本研究于 2023 年在全国 7 个地区的 135 所中小学开展。面向小学四年级到高中三年级的学生和学生家长，通过线上问卷形式共采集 230,892 份有效数据。

### 2. 样本基本信息

#### （1）学生样本人口学特征

本次调研共涉及小学、初中和高中三个学段的样本。每个学段包含三个年级，分别为小学四到六年级、初中一到三年级以及高中一到三年级。各学段参与比例为小学生占 41.4%，初中生占 37.6%，高中生占 21.0%，因此后续分析中首先检验了学段差异；性别分布较均衡，男生占 54.2%，女生占 45.8%。具体分布如图 1 所示。

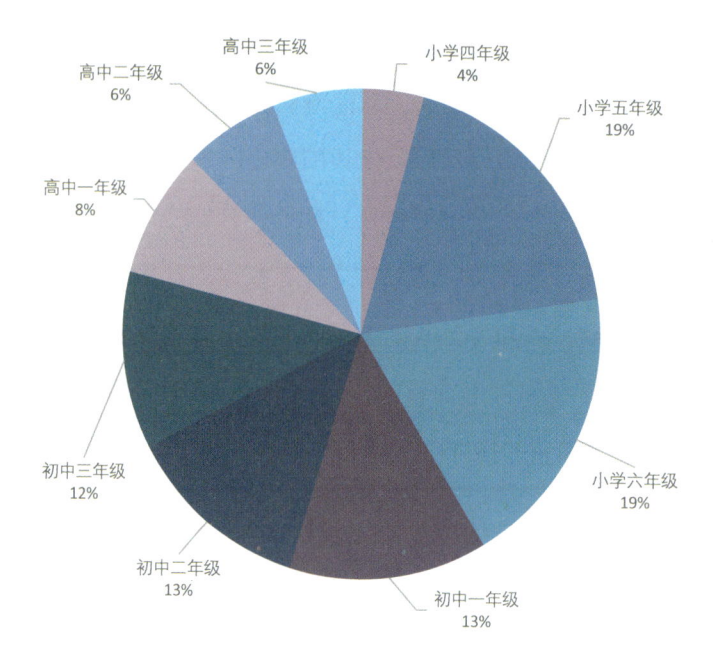

**图 1　学生样本学段分布**

（2）家长样本人口学特征

本研究的家长样本中父亲占 67.3%，母亲占 32.7%；父母教育水平以高中及以下学历为主；大部分参与问卷调查的家长有工作，占 90.2%，无工作的家长仅占 9.8%。本次调研的家庭以一孩和二孩家庭为主，三孩及以上家庭仅有 6.6%；只有 46.3% 的家庭为父母共同养育，其余为主要由父母中一方养育或其他。具体分布情况如图 2、图 3 所示。

## 3. 研究工具

### （1）家庭环境适宜度评估（PI）

本研究采用问向实验室于 2023 年编制的家庭环境适宜度评估（PI）工具来测量家庭环境适宜度。该工具有五个分量表，共测量十类基本的养育

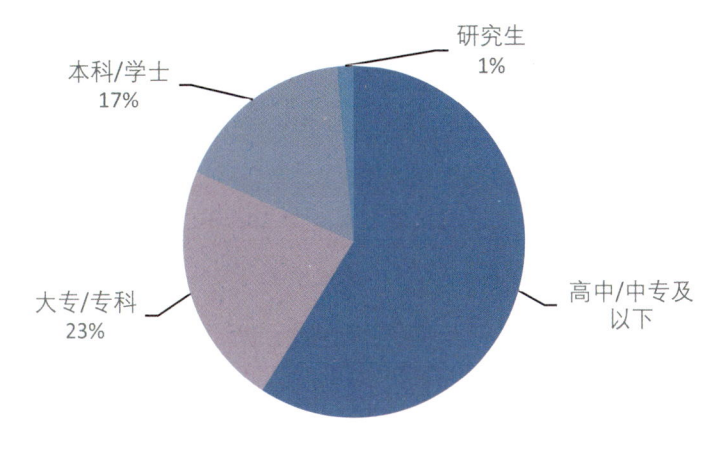

图 2 家长样本学历分布

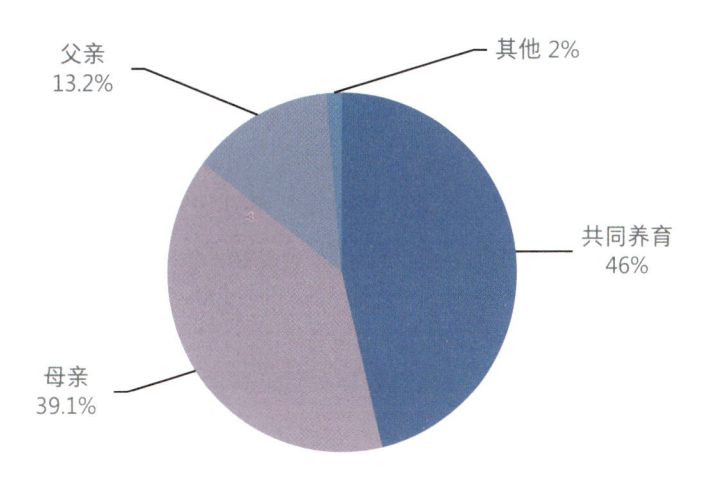

图 3 家庭育儿成员情况

风格，适用于评估 7—18 岁学龄孩童家长的养育风格。本研究将选取十类养育风格中的三类积极养育风格和两类负面养育风格，共 18 题，使用李克特五点评分法，"1"代表"完全不符合"，"5"代表"完全符合"。根据过往大量对中国家长的研究数据，四个分量表整体信效度表现良好：教育方式（Cronbach's $\alpha$ = .75, CFI = .99, TLI = .99, RMSEA = .03）、家庭支持（Cronbach's

$a$ = .83, CFI = .98, TLI = .97, RMSEA = .06）、管教方式（Cronbach's $a$ = .79, CFI = .99, TLI = .98, RMSEA = .06）、干涉倾向（Cronbach's $a$ = .81, CFI = .95, TLI = .94, RMSEA = .05）。

三类积极养育风格包括"教育方式"分量表中的"温暖鼓励"维度（如孩子能感受到我无条件的接纳），"家庭支持"分量表中的"情感性支持"维度（如我常陪孩子参加一些TA感兴趣的活动），以及"管教方式"分量表中的"理性管教"维度（如让孩子遵守规则时，我会解释原因）。两类负面养育风格包括"教育方式"分量表中的"严厉冷漠"维度（如愤怒时，我可能会对孩子恶语相向）和"干涉倾向"分量表（如我经常会插手孩子的事）。

具体而言，"温暖鼓励"维度和"严厉冷漠"维度主要测量的都是家长养育孩子时在情感和关爱表达层面上的特质。"温暖鼓励"维度得分越高的家长，越倾向于主动表达自己对孩子的情感与关爱，越愿意为孩子创建一个安全和积极的情感环境；而"严厉冷漠"维度得分越高的家长，则更可能施加严格的规则和惩罚性措施，缺乏在温暖和关爱上的表达。"情感性支持"维度主要测量的是家长是否会在孩子有情感需求时表示支持、理解和提供安慰，同时也能侧面反映家长为孩子营造开放包容的沟通环境的能力。"理性管教"维度主要测量的是家长在管教孩子时的沟通方式，得分越高代表家长越倾向于鼓励孩子理解自己行为的后果，用冷静透明的沟通方式向孩子解释规则背后的原因，而不是强制孩子遵守规则。"干涉倾向"测量的是家长是否过度参与孩子的日常生活和决定，得分越高的家长越倾向于过度控制和微观管理孩子生活的各个方面。

（2）学生身心发展指数评估（WISE）

学生身心发展指数评估为问向实验室于2023年编制的多维学生心理健

康评估工具，适用于 7—18 岁的中国学生。该工具包括两个分量表，本研究中主要使用了"日常生活行为"分量表中的"电子设备使用"和"人际关系"维度，总计 8 题。"电子设备使用"维度主要测量了学生的娱乐性手机使用时间［如我在学习日（周一至周五）使用手机或电子设备用于娱乐，如玩游戏、看视频的平均时长］和潜在的手机成瘾问题（如我会因为玩手机或其他电子设备忘了时间，一直玩到被大人叫停为止）。"人际关系"维度主要评估学生的同伴关系（如我有很多关系很好的朋友或同学）和师生关系（如我能感受到老师对我的关心和理解）。过往大量对中国学生的研究数据显示，"电子设备使用"维度的整体信效度表现良好（Cronbach's $\alpha$ = 0.74, CFI = 0.98, TLI = 0.94, RMSEA = 0.07）。验证性因子分析显示，"人际关系"维度的结果信效度不佳，后续分析显示，将同伴关系和师生关系区分为两个子级维度后信效度表现良好（Cronbach's $\alpha$ = 0.86, CFI = 0.99, TLI = 0.98, RMSEA = 0.03）。

## 三、研究结果

### 1. 手机使用现状及差异分析

#### （1）整体情况

学生手机使用现状采取手机使用时间和手机使用状态两个维度进行测量。其中 9.8% 的学生学习日娱乐性手机使用时间为 2 小时以上（见图 4），10.0% 的学生周末娱乐性手机使用时间达 4 小时以上（见图 5）。

"手机使用状态"维度主要反映学生对手机依赖的程度以及戒断状况。在"手机使用状态"的维度上，调查结果表明整体学生手机使用状态待提

各年级学生学习日手机使用时间

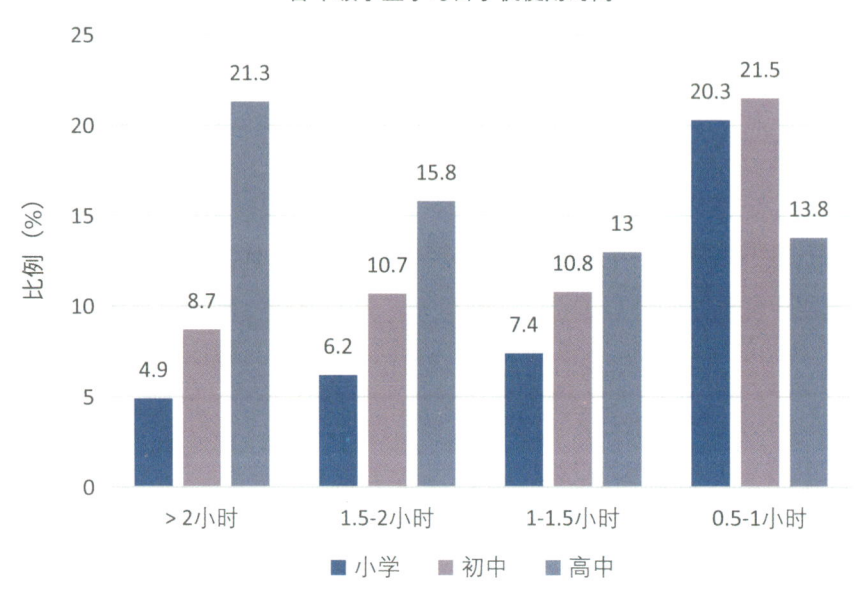

| 时间 | 小学 | 初中 | 高中 |
|---|---|---|---|
| >2小时 | 4.9 | 8.7 | 21.3 |
| 1.5-2小时 | 6.2 | 10.7 | 15.8 |
| 1-1.5小时 | 7.4 | 10.8 | 13 |
| 0.5-1小时 | 20.3 | 21.5 | 13.8 |

跨学段学生学习日整体手机使用时间

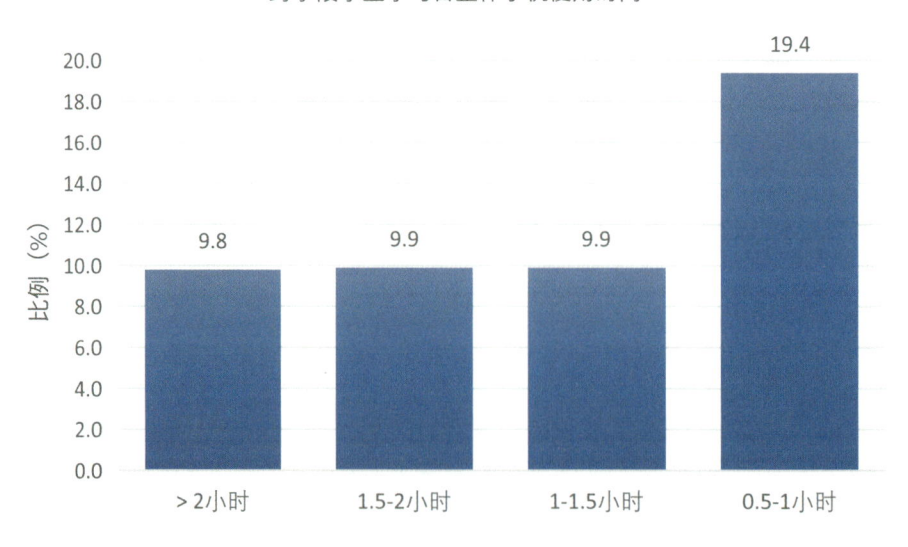

| 时间 | 比例（%） |
|---|---|
| >2小时 | 9.8 |
| 1.5-2小时 | 9.9 |
| 1-1.5小时 | 9.9 |
| 0.5-1小时 | 19.4 |

图 4　学习日手机使用时间

各年级学生周末手机使用时间

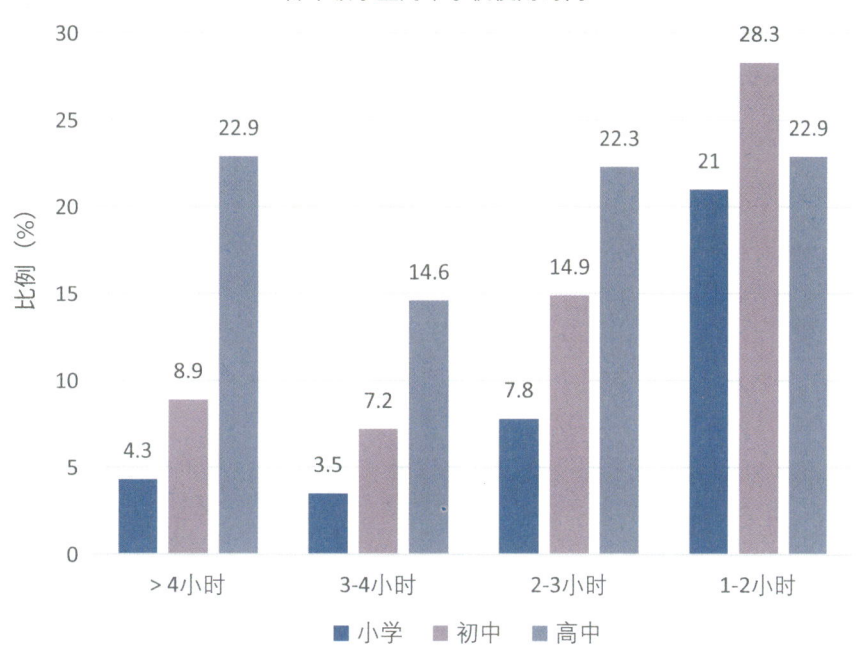

| 时长 | 小学 | 初中 | 高中 |
|---|---|---|---|
| >4小时 | 4.3 | 8.9 | 22.9 |
| 3-4小时 | 3.5 | 7.2 | 14.6 |
| 2-3小时 | 7.8 | 14.9 | 22.3 |
| 1-2小时 | 21 | 28.3 | 22.9 |

跨学段学生周末整体手机使用时间

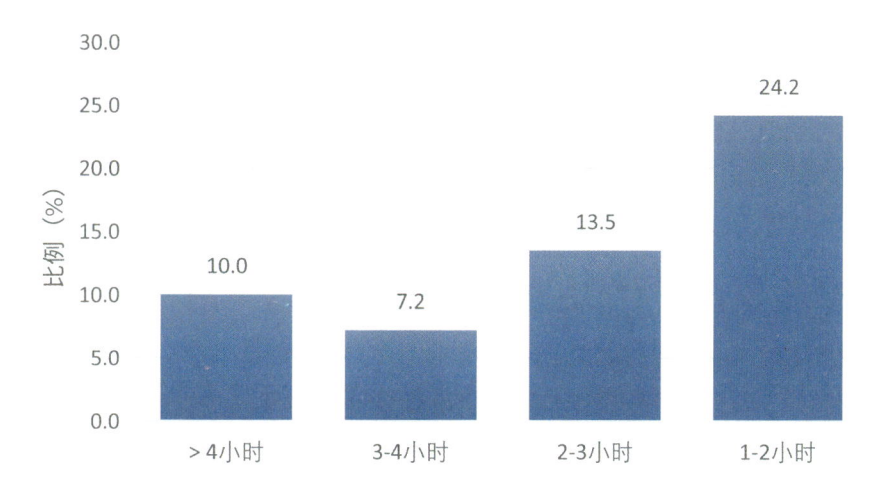

| 时长 | 比例(%) |
|---|---|
| >4小时 | 10.0 |
| 3-4小时 | 7.2 |
| 2-3小时 | 13.5 |
| 1-2小时 | 24.2 |

图 5　周末手机使用时间

升的空间较大（见图 6），跨学段整体有 30.5% 的学生处于待提升水平，大约 22.9% 的学生手机使用状态优秀，可见在参与本次调研的学生中存在较明显的手机依赖问题。同时，待提升的比例随着学段的上升明显增加，优秀的比例则呈下降的趋势。

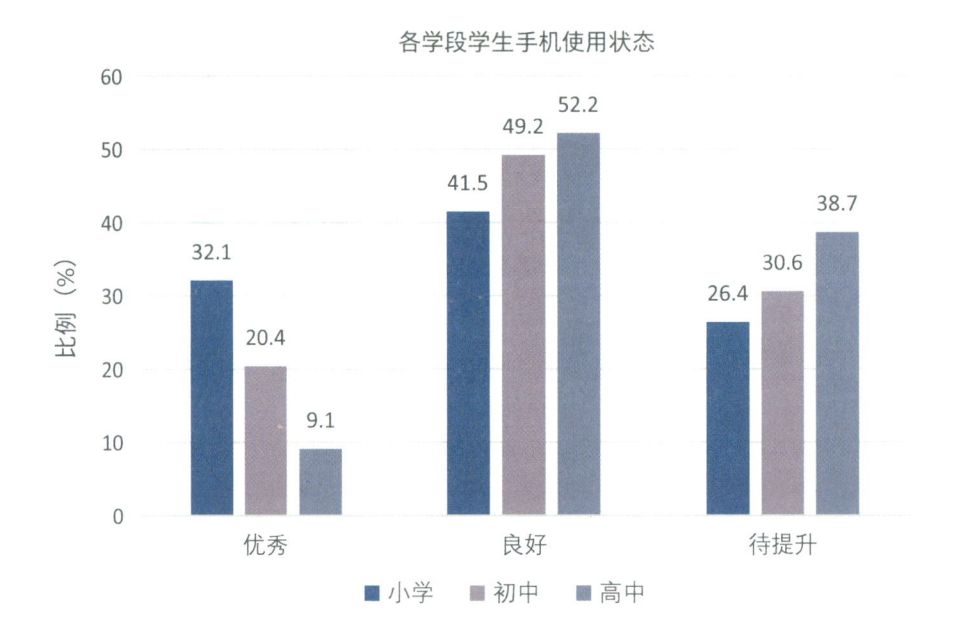

各学段学生手机使用状态

| | 优秀 | 良好 | 待提升 |
|---|---|---|---|
| 小学 | 32.1 | 41.5 | 26.4 |
| 初中 | 20.4 | 49.2 | 30.6 |
| 高中 | 9.1 | 52.2 | 38.7 |

跨学段学生手机整体使用状态

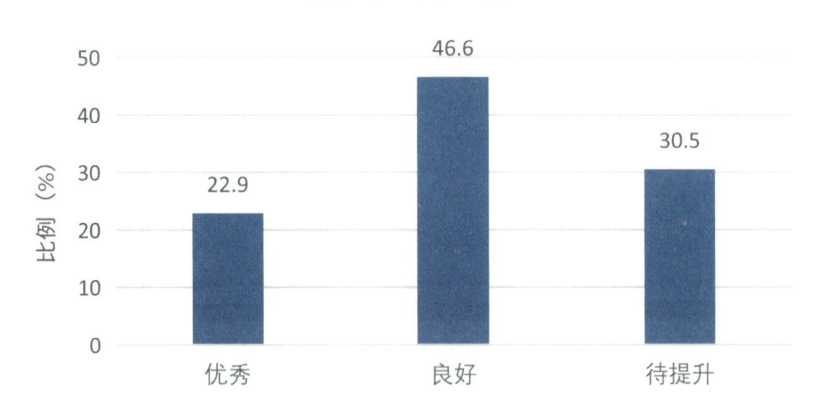

| 优秀 | 良好 | 待提升 |
|---|---|---|
| 22.9 | 46.6 | 30.5 |

图 6　学生手机使用状态分布情况

(2) 不同学段的学生手机使用状况

对手机使用状况的人口学因素进行考察发现，手机使用时间和手机使用状态存在学段差异。单因素方差分析显示，不同学段学生手机使用时间和状态差异显著（结果见表1，手机使用时间题项采取反向计分，得分越高代表手机使用时间越短）。进一步两两比较发现，高中生手机使用问题最严重，其次是初中生，最轻的是小学生；且高中与初中比较的效应量大于初中与小学比较的效应量，这意味着学生的手机使用问题从初中到高中阶段有一个较大幅度的增加。

表1 不同学段手机使用状况

| | 学段 | 平均分 | 标准差 | F值 | 显著性p |
|---|---|---|---|---|---|
| 学习日手机使用时间 | 小学 | 4.27 | 1.14 | 3976 | <.001 |
| | 初中 | 3.90 | 1.34 | | |
| | 高中 | 3.27 | 1.59 | | |
| 周末手机使用时间 | 小学 | 4.36 | 1.05 | 9605 | <.001 |
| | 初中 | 3.84 | 1.27 | | |
| | 高中 | 2.97 | 1.41 | | |
| 手机使用状态 | 小学 | 8.00 | 1.91 | 2265 | <.001 |
| | 初中 | 7.60 | 1.87 | | |
| | 高中 | 7.03 | 1.78 | | |

学段差异的原因可能是不同阶段的个体对互联网使用的主观依赖程度不同。研究发现，对互联网的主观依赖程度随年龄增长而增加（中国互联网络信息中心，2020）。小学生对父母他人的依赖仍然较大，除手机之外仍然有许多其他途径满足他们的需要，手机使用只是解决问题的选择之一；但随着青春期个体的自我意识逐渐凸显，初高中生开始希望摆脱父母的约束自主解决问题。调查显示，初中阶段是未成年人网络社会属性的形成期，高中阶段是其网络社会属性的进一步发展和巩固期（中国互联网络信息中心，2020）。尽管这个阶段的个体学业压力较大，但因其以社交媒体和网络购物为代表的社会化需求高于其他学段，互联网对该群体的黏性更高，这可能是手机使用程度较高的重要原因。

（3）不同性别的学生手机使用状况

除学段差异之外，研究还发现在手机使用问题上存在性别差异（结果见表2）。男生的手机使用时间显著大于女生且具有较大的效应量。同时，手机使用状态也存在显著的性别差异，男生在手机使用上有更多潜在问题，但其效应量相对较小。后续分析发现，手机使用状态的性别差异在小学时期最明显，初中阶段逐渐减弱，高中阶段性别差异不明显。

与本次研究不同的是，过往相关研究中手机使用时间通常不存在显著性别差异（周楠，2022），这可能缘于本次研究采取了大样本。手机成瘾程度的性别差异与以往研究类似，男生的手机成瘾程度高于女生，这可能是因为男生本身的感觉寻求、自控能力发展较女生比较滞后，导致他们更容易手机成瘾（孙国庆，2011）。

表 2　不同性别手机使用状况

| | 性别 | 平均分 | 标准差 | $t$ 值 | 显著性 $p$ |
| --- | --- | --- | --- | --- | --- |
| 学习日手机使用时间 | 男 | 3.84 | 1.41 | -22.6 | <.001 |
| | 女 | 4.02 | 1.32 | | |
| 周末手机使用时间 | 男 | 3.78 | 1.37 | -26.6 | <.001 |
| | 女 | 3.98 | 1.26 | | |
| 手机使用状态 | 男 | 7.85 | 1.98 | -17.0 | <.001 |
| | 女 | 8.17 | 1.81 | | |

## 2. 家长养育风格整体分析

家庭养育风格分为正面养育风格和负面养育风格，正面养育风格包含了温暖鼓励的教育方式和家庭支持以及理性管教三个方面，而负面养育风格则包括严厉冷漠的教育方式以及高干涉的倾向。

从教育方式来看，本次调研的家庭中有相当一部分的父母教育方式是倾向严厉冷漠的，其待提升的比例为13%（具体结果见表3），这与过往研究结果类似。值得注意的是，教育方式中温暖鼓励的待提升比例仅为2.9%，这表明在中国家庭中父母的鼓励与严厉并不是非此即彼的关系，存在一部分的父母既对孩子有较高的要求与管教，也保持适当的鼓励。同时有15.4%的父母存在高干涉的倾向。

表3 家长养育风格状况

| | | | 比例 % |
|---|---|---|---|
| 正面养育风格 | 温暖鼓励 | 待提升 | 2.9 |
| | 情感性支持 | 待提升 | 2.5 |
| | 理性管教 | 待提升 | 5.8 |
| 负面养育风格 | 严厉冷漠 | 待提升 | 13.0 |
| | 高干涉倾向 | 待提升 | 15.4 |

## 3. 人际关系现状及差异分析

### （1）整体情况

由于学生的校园生活占据生活的大部分时间，因此本次调研对中国学生的学校人际关系，也就是同伴关系和师生关系分别进行了调查。结果显示同伴关系与师生关系水平均存在明显的随学段上升而下降的趋势。随着学段上升，同伴关系待提升比例从小学的13%增加至高中的22.5%，而同伴关系优秀的比例从小学时的45.7%下降至高中的19.1%。师生关系中也有类似的趋势，优秀比例从45.3%下降到18.7%，待提升比例从12.3%上升到23.2%。各学段分布见图7、图8。

### （2）不同学段的学生人际关系状况

分别对同伴关系和师生关系进行学段差异的单因素方差分析，结果显示中国学生的同伴关系和师生关系都有显著的学段差异（$p < 0.001$）。进一步两两比较结果显示：小学生人际关系优于初中生，初中生优于高中生；初中生与高中生相比的效应量大于初中生与小学生相比的效应量，这表明初中到高中阶段学生的人际关系问题增加更明显。

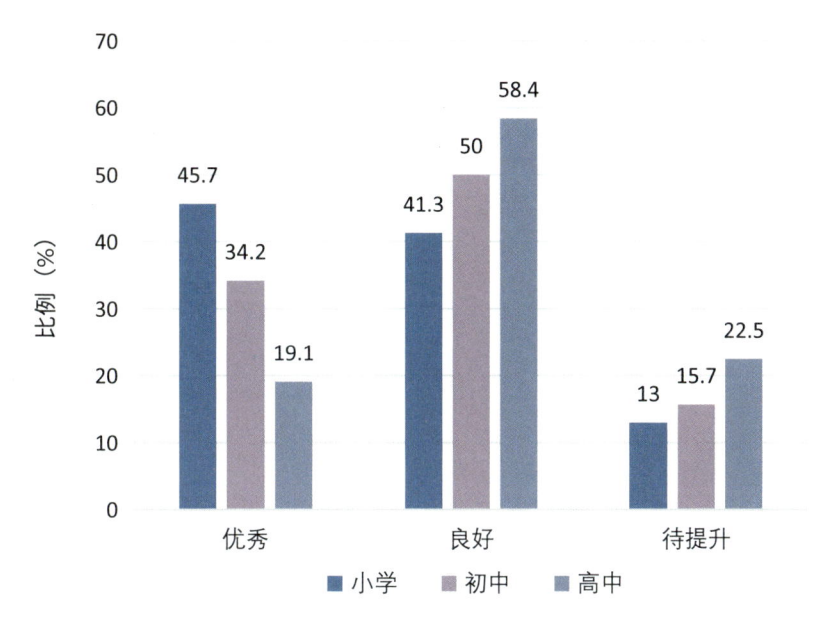

图 7 同伴关系各学段分布

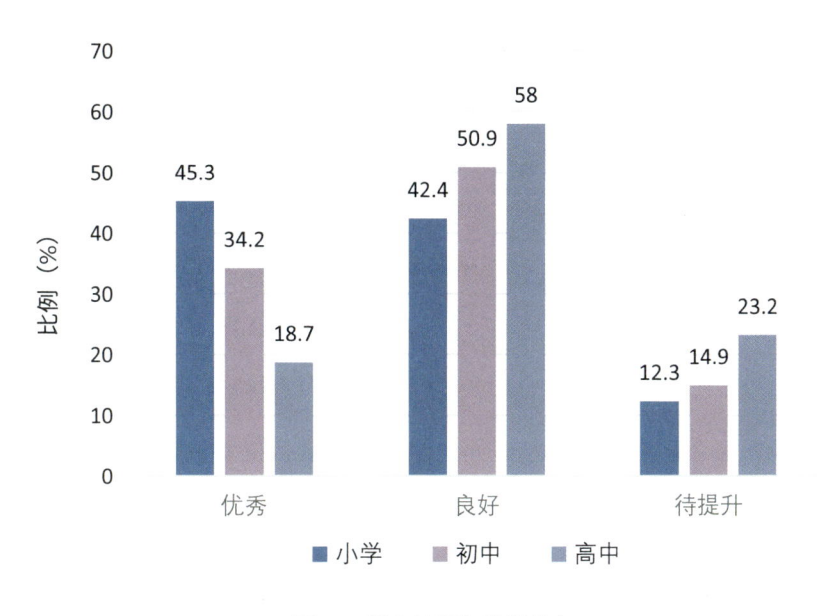

图 8 师生关系各学段分布

表 4　不同学段人际关系状况

| | 学段 | 平均分 | 标准差 | F 值 | 显著性 p |
|---|---|---|---|---|---|
| 同伴关系 | 小学 | 8.55 | 1.79 | 1902 | <.001 |
| | 初中 | 8.23 | 1.77 | | |
| | 高中 | 7.71 | 1.70 | | |
| 师生关系 | 小学 | 8.54 | 1.76 | 2098 | <.001 |
| | 初中 | 8.23 | 1.72 | | |
| | 高中 | 7.68 | 1.67 | | |

不论是同伴关系还是师生关系，都呈现出了相同的特点，即平均分随着年龄增长呈现下降的趋势，这与过往研究结果是一致的，这种趋势的出现可能与学生的生理与心理的发展相关。随着学段的上升，个体的自我意识逐渐增强，个体对社交和友情的需求快速发展。青春期的到来使学生开始萌生独立的思想，力求摆脱父母的干涉和控制，开始追求自己的交往圈子，但由于缺乏对自己和他人正确的认知，缺乏与他人交往的经验和技巧等，因此他们的人际交往不可避免地显示出成人式的独立性以及儿童式的幼稚性，常常会表现出理想的独立与实际依赖的矛盾特性（李忠路，2022），产生人际关系矛盾和冲突。一方面，学生的独立自主意识日益增强，但另一方面他们的生理、心理发展尚不成熟，容易产生各种困惑和矛盾心理，引起心理失衡。

同时由于随着学段的上升，许多学生开始进入寄宿生活，这不仅提高了对学生的自立要求，也使得学生交往圈局限在学校关系中。如果在遇到困难时没有及时找到可以倾诉的人，学生的问题就可能堆积，长此以往，容易导致学生对于建立良好人际关系的自我效能感降低，减少主动的人际交往行为。

另外学生的学习任务加重也使得他们的学业压力随着学段的上升而加剧。这不仅增加了学生对于可以倾诉压力的对象的需求，更加剧了学生和老师之间的冲突和矛盾。学段越高，教师对学生学习的关注度也会随之上升，学校和教师对学生成绩关注度的增加，使学生感知到他们的心理需要逐渐被弱化甚至忽视，这是师生关系逐渐恶化的关键因素。由于师生关系与学生在校的情感态度相关，良好的师生关系有利于学生形成对学校积极的看法，提高学生参与班级群体活动的积极性，与同学形成较好的关系，更好地适应班级生活；而不良的师生关系不但会影响学生对教师的态度，也会出现这种负面看法泛化到学校生活的其他方面的现象，使学生产生孤独的情感，表现出退缩、疏远的人际行为。

（3）不同性别的学生人际关系状况

性别差异仅在同伴关系上显著（$p < 0.001$），女生在同伴关系上的得分显著低于男生，师生关系的性别差异在整体学生与各学段中均不显著。同伴关系上的性别差异可能与学生生理的成熟有关，一般来说，女生的生理成熟比男生早1—2年，随着生理成熟的提前，女生对于异性的兴趣增加，表现出更多异性交往的需要，同时女生的心理成熟也早于男生，她们比男生更需要亲密稳定的人际交往，因而表现出较差的人际关系感知。

表 5　不同性别人际关系状况

| | 性别 | 平均分 | 标准差 | $t$ 值 | 显著性 $p$ |
|---|---|---|---|---|---|
| 同伴关系 | 男 | 8.31 | 1.81 | 11.13 | <.001 |
| | 女 | 8.19 | 1.77 | | |
| 师生关系 | 男 | 8.25 | 1.80 | 1.64 | 0.101 |
| | 女 | 8.23 | 1.70 | | |

### 4. 手机使用和家长养育风格对人际关系的影响

（1）人际关系与手机使用、家长养育风格的相关分析

分别对手机使用和家长养育风格以及学生的同伴关系和师生关系进行相关分析，结果见表 6。相关分析显示，同伴关系与师生关系之间显著正相

表 6　人际关系与手机使用、家长养育风格间的关系

| | 手机使用 | 温暖鼓励 | 情感支持 | 理性管教 | 严厉冷漠 | 干涉倾向 | 同伴关系 | 师生关系 |
|---|---|---|---|---|---|---|---|---|
| 手机使用 | 1 | | | | | | | |
| 温暖鼓励 | 0.100 | 1 | | | | | | |
| 情感支持 | 0.099 | 0.571 | 1 | | | | | |
| 理性管教 | 0.113 | 0.291 | 0.339 | 1 | | | | |
| 严厉冷漠 | -0.049 | -0.157 | -0.208 | -0.214 | 1 | | | |
| 干涉倾向 | -0.043 | -0.099 | -0.109 | -0.136 | 0.493 | 1 | | |
| 同伴关系 | 0.373 | 0.109 | 0.107 | 0.102 | -0.043 | -0.031 | 1 | |
| 师生关系 | 0.435 | 0.123 | 0.123 | 0.117 | -0.052 | -0.035 | 0.632 | 1 |

*$p < 0.001$

关（$p < 0.001$），表明同伴关系和师生关系变化方向一致，可能有相似的心理影响机制。积极养育风格（温暖鼓励、情感性支持、理性管教）与同伴关系以及师生关系都显著正相关，而负面教养风格（严厉冷漠、干涉倾向）与同伴关系和师生关系显著负相关。积极的手机使用与学生的同伴关系和师生关系正相关，与学生的师生关系的相关程度大于同伴关系。另外，手机使用与正面养育风格正相关，与负面养育风格负相关。

(2) 人际关系与手机使用、家长养育风格的分层回归

考虑人口统计学因素（如学段、性别）对学生人际关系的显著影响，本研究将通过建立层次回归模型的方式，以学生人际关系的两个维度为因变量，分别将人口统计学因素、手机使用状况和家长养育风格纳入分层回归，检验学生手机使用与家长养育风格对学生人际关系的影响程度。

(i) 手机使用状况对人际关系的层次回归分析

学习日手机使用时间、周末手机使用时间和手机使用状态对学生同伴关系的分层回归结果表明，所有变量都进入分析过程，在控制了人口学变量的作用后，手机使用状况的各维度均可以正向预测同伴关系，其中手机使用状态的预测力度最大，周末手机使用时间的影响大于学习日手机使用时间，回归分析 $F = 4100$，$p < 0.001$（见表7）。

学习日手机使用时间、周末手机使用时间和手机使用状态对学生师生关系的分层回归结果表明，所有变量都进入分析过程，在控制了人口学变量的作用后，手机使用状况各维度均可以正向预测师生关系，其中手机使用状态的预测力度最大，周末手机使用时间的影响大于学习日手机使用时间，回归分析 $F = 6504$，$p < 0.001$。

表7 手机使用各维度与学生人际关系的分层回归结果

| 模型 | | 同伴关系 | | | 师生关系 | | |
|---|---|---|---|---|---|---|---|
| | | $\beta$ | $t$ | $p$ | $\beta$ | $t$ | $p$ |
| 1 | 人口学因素 | $R^2=0.0321$, $R^2\mathrm{adj}=0.00$, $F=415$ | | | $R^2=0.0350$, $R^2\mathrm{adj}=0.00$, $F=454$ | | |
| 2 | 学习日手机使用 | 0.0584 | 13.05 | <0.001 | 0.08077 | 0.00433 | <0.001 |
| | 周末手机使用 | 0.1557 | 30.77 | <0.001 | 0.2183 | 0.00481 | <0.001 |
| | 手机使用状态 | 0.2211 | 75.73 | <0.001 | 0.24413 | 0.00278 | <0.001 |
| | | $R^2=0.1274$, $R^2\mathrm{adj}=0.0953$, $F=4100$ | | | $R^2=0.1775$, $R^2\mathrm{adj}=0.143$, $F=6504$ | | |

考虑到先前研究时发现的人际关系和手机使用中的较大学段差异，进一步分析将学段作为调节变量探究手机使用对人际关系的影响。结果显示，学段调节作用显著（$p < 0.001$）。调节模型显示手机使用对人际关系的影响在小学最强（具体见表8），手机使用对人际关系的影响随年级上升而减弱。这可能是因为高年级学生使用手机的社交目的更强，即高年级比低年级的学生更多地应用手机拓宽自己的交友圈和社交途径。

表8 学段对手机使用和人际关系间关系的调节效应

| 学段 | $\beta$ 值 | $t$ 值 | 显著性 $p$ |
|---|---|---|---|
| 小学 | 0.292 | 62.5 | <0.001 |
| 初中 | 0.378 | 73.8 | <0.001 |
| 高中 | 0.202 | 36.6 | <0.001 |

比较手机使用状况对人际关系两个维度的回归分析结果，手机使用状况对师生关系的影响大于同伴关系，这可能是因为教师会管控学生的手机使用状况，限制其手机娱乐性使用的时长，这引起了学生的不满和抗拒心理，从而恶化师生关系。同时回归结果表明，手机使用状态对同伴关系和师生关系均有较大的影响，学生的不良手机使用不仅会影响学生与老师之间的关系，同时也会对同伴关系造成不良影响，这与过往研究的结果一致。不良的手机使用可能会导致学生与现实的社交关系脱节，在人际交往的情境中更多集中于自己而忽视他人的需要，造成自己和他人不良的社交体验，导致较差的人际关系。纯粹地使用社交媒体进行虚拟的人际交往并不能满足学生日益增长的社会需要，因此当青少年对社交媒体严重依赖时，现实孤独感反而会增强，从而对现实人际关系产生消极影响（魏心妮，2017）。

然而研究结果也表明，学习日手机使用时长对人际关系的影响小于周末手机使用时长。这可能是因为周末不属于学生的在校时间，手机使用状况良好的学生可能会将周末的大量时间用于与同学外出游玩或者其他社交活动，而不是将大量的时间投入于娱乐性手机使用，此时这类学生的人际关系可能会得到改善。相反，一个有人际关系问题的人，更可能因为没有在周末可以参加的社交活动，因而将大量的时间花在手机上。

(ⅱ) 家长养育风格对人际关系的层次回归分析

家长养育风格各维度对学生同伴关系的分层回归结果表明，所有变量都进入分析过程，在控制了人口学变量的作用后，发现高干涉倾向与严厉冷漠能显著负向预测同伴关系，而其他维度均正向预测同伴关系，家长养育风格增加的解释变异量为 1.19%，其中情感性支持的预测力度最大。回归方程方差分析结果 $F = 282$，$p < 0.001$（见表9）。

表 9　家长养育风格各维度与学生人际关系的层次回归结果

| 模型 | | 同伴关系 | | | 师生关系 | | |
|---|---|---|---|---|---|---|---|
| | | $β$ | $t$ | $p$ | $β$ | $t$ | $p$ |
| 1 | 人口学因素 | $R^2=0.0321$, $R^2\text{adj}=0.00$, $F=415$ | | | $R^2=0.0350$, $R^2\text{adj}=0.00$, $F=454$ | | |
| | 温暖鼓励 | 0.02948 | 12.555 | <0.001 | 0.03414 | 14.8931 | <0.001 |
| | 情感性支持 | 0.04776 | 12.809 | <0.001 | 0.05292 | 14.5379 | <0.001 |
| 2 | 理性管教 | 0.02173 | 11.661 | <0.001 | 0.02452 | 13.4794 | <0.001 |
| | 严厉冷漠 | -0.00526 | -3.431 | <0.001 | -0.00689 | -4.6034 | <0.001 |
| | 干涉倾向 | -0.00795 | -6.281 | <0.001 | -0.00768 | -6.2153 | <0.001 |
| | | $R^2=0.0440$, $R^2\text{adj}=0.0119$, $F=282$ | | | $R^2=0.0509$, $R^2\text{adj}=0.0158$, $F=376$ | | |

家长养育风格各维度对学生师生关系的分层回归结果表明，所有变量都进入分析过程，在控制了人口学变量的作用后，发现干涉倾向与严厉冷漠能显著负向预测师生关系，而其他维度均正向预测师生关系，家长养育风格增加的解释变异量为 1.58%，其中情感性支持的预测力度最大。回归方程方差分析结果为 $F = 376$，$p < 0.001$。

比较家长养育风格各维度对学生同伴关系和师生关系的分层回归分析结果，家长养育风格的各个维度对同伴关系和师生关系的影响较一致。严厉冷漠与干涉倾向负向预测两种人际关系，这与过往研究结果一致，父母在孩子成长阶段对孩子情感需要的忽视，或过多的控制和保护都会导致孩子较低的人际交往自我效能感和社交经验，而孩子在青春期爆发的自我决定的需要也与父母的意愿相违背,更可能导致孩子反抗父母的要求,参与不良的社交行为。

情感性支持、温暖鼓励和理性管教都可以正向影响学生的同伴关系和师生关系。研究表明,母亲的情感温暖与理解,可以促进子女对他人的信任(罗伟,2019),鼓励支持的家庭环境能提供给孩子一个有力的保障,当孩子遇到人际关系的困难和挫折时,家庭能及时提供安慰和帮助,使其学会正确管理情绪、解决冲突。

(iii) 手机使用状况的中介作用

对学生人际关系进行分层回归时,在控制人口学变量和家长养育风格前两层变量的作用后,发现手机使用状况的加入较大幅度地增加了对变异的解释量(见表10),这表明与其他变量相比较,手机使用可能对人际关系的影响更大更直接。

表 10 分层回归模型比较

| | 模型 | $R^2$ | $R^2adj$ | $F$ | $p$ |
| --- | --- | --- | --- | --- | --- |
| 1 | 人口学变量 | 0.0321 | 0 | 415 | <.001 |
| 2 | 人口学变量<br>家长养育风格 | 0.044 | 0.0119 | 282 | <.001 |
| 3 | 人口学变量<br>家长养育风格<br>手机使用 | 0.1327 | 0.0887 | 3839 | <.001 |

为进一步了解学生的手机使用状况和家长养育风格对学生人际关系共同作用的机制，以手机使用状况为中介变量建立了理性管教通过手机使用状况影响学生师生关系和同伴关系的中介模型（见图9、图10）。同伴关系的中介模型结果显示，中介效应显著，理性管教通过影响学生手机使用状况间接影响学生的同伴关系，中介比例为44%。师生关系的中介模型结果显示，中介效应显著，理性管教通过影响学生手机使用状况间接影响学生的师生关系，中介比例为46%。具体中介系数见表11、表12。

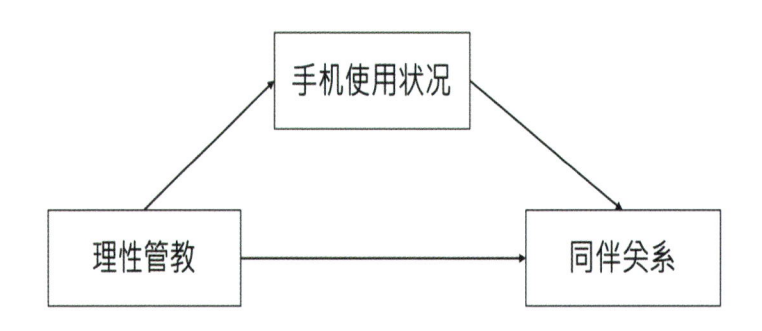

图9　手机使用对理性管教和同伴关系的中介模型

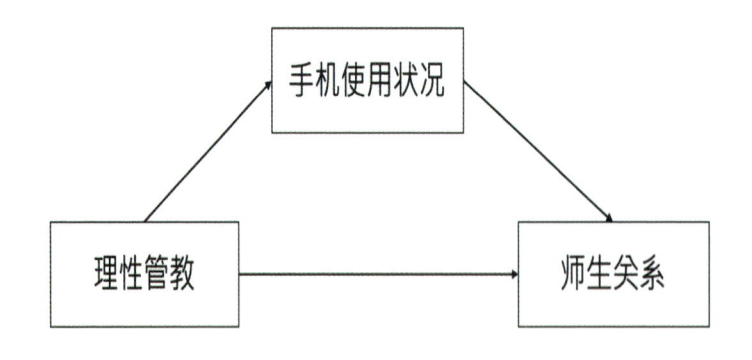

图10　手机使用对理性管教和师生关系的中介模型

中介效应表明父母对于学生手机使用的理性管教可以改善学生手机使用状态，进而提高学生良好人际关系的水平。这与先前研究结果一致，父母在学生手机使用上采取责难、专制等沟通方式，反而会加剧学生的手机使用问题，进一步恶化学生的同伴关系和师生关系。而理性引导以及合理的管控可以提升学生的自我决定感，学习自控和转移注意力，更好地专注于现实的人际关系。

表 11　手机使用对理性管教和同伴关系的影响的中介效应系数

| 效应类型 | 效应 | 标准化系数 | $Z$ 值 | 显著性 $p$ |
| --- | --- | --- | --- | --- |
| 间接效应 | 理性管教→手机使用状况→同伴关系 | 0.037 | 35.9 | < 0.001 |
| 路径 | 理性管教→手机使用状况 | 0.110 | 37.7 | < 0.001 |
| | 手机使用状况→同伴关系 | 0.331 | 118.9 | < 0.001 |
| 直接效应 | 理性管教→同伴关系 | 0.046 | 16.5 | < 0.001 |
| 总效应 | 理性管教→同伴关系 | 0.083 | 28.1 | < 0.001 |

表 12　手机使用对理性管教和师生关系的影响的中介效应系数

| 效应类型 | 效应 | 标准化系数 | $Z$ 值 | 显著性 $p$ |
| --- | --- | --- | --- | --- |
| 间接效应 | 理性管教→手机使用状况→师生关系 | 0.045 | 36.5 | < 0.001 |
| 路径 | 理性管教→手机使用状况 | 0.110 | 37.7 | < 0.001 |
| | 手机使用状况→师生关系 | 0.404 | 149.9 | < 0.001 |
| 直接效应 | 理性管教→师生关系 | 0.052 | 19.2 | < 0.001 |
| 总效应 | 理性管教→师生关系 | 0.096 | 32.9 | < 0.001 |

## 四、结　论

调查结果显示，当前中国学生的人际关系总体处于较好的状态，大部分学生的同伴关系和师生关系达到良好及以上水平，约有六分之一的学生人际关系待提升。此外，学生的人际关系状态存在较显著的性别和学段差异。学生的人际关系水平随学段的上升有显著的下降趋势，同时女生比男生在同伴关系上存在更多问题，这与学生的生理和心理的成熟规律一致。

在人际关系的影响因素方面，本研究主要考察了手机使用和家长养育风格对学生人际关系的影响。研究发现学生的整体手机使用状况越好，学生的同伴关系和师生关系就越好，手机使用时长对师生关系的影响大于同伴关系，手机使用对人际关系的影响程度随学段的上升而减弱；积极家长养育风格对学生的人际关系有正向影响，负面家长养育风格则负向影响学生的人际关系。进一步分析发现，理性管教通过影响学生手机使用状况间接影响学生的同伴关系和师生关系。

基于以上发现，我们提出以下建议。

## 1. 加强对学生人际关系问题的关注，促进良好同伴关系与师生关系的建立

人际关系代表着个体的心理适应水平，良好的人际关系是心理健康的重要标志之一，而不良的人际交往问题，则容易引发心理健康问题。这一点在儿童青少年的身心发展过程中亦是如此。对于中小学生来说，良性的

人际交往是基本心理需要。建立积极的人际关系，并在群体中获得某种归属感，能够满足学生对归属与爱的成长需求。因此，教育者和家长必须重视并深入了解学生在社会化过程中表现出来的人际交往需要，加强对人际关系问题的关注，尤其是初高中阶段的同伴关系与师生关系，以及女生群体的人际交往问题，通过各种教育方式，帮助学生建立高质量人际关系。

例如，在学校层面，教师可以建立积极的班级文化，让学生能够在集体中感受到彼此间尊重和支持的关系；还可以在学科教学中给予学生更多的项目式合作的机会，让学生在合力解决问题的过程中，培养沟通与交往的技能；抑或是开展一些团体性的辅导课程与活动，对同伴关系与师生关系进行专题探讨，帮助学生从人际关系问题出发，找到提升人际关系的妙招。

再例如，在家长层面，家长需要对孩子发展过程中的人际关系需求变化有更多的关注与了解，通过榜样示范、开放式沟通、提供社会活动机会等方式，帮助孩子学习建立同伴关系与师生关系的有效方法。

## 2. 引导学生培养良好的手机使用习惯，减少手机使用对人际关系的消极影响

手机使用问题一直是学生成长过程中的"痛点"。作为新一代的"数字原住民"，学生的学习与生活肯定离不开电子产品（包括手机），这一点在本次研究结果中也得到了证实，学生手机使用问题的出现呈现低龄化趋势，且随着学段增长，学生手机使用的时间更长、手机使用状态更差。这意味着教育者要加强对初高中学生手机使用问题的关注，通过建立规则、合理监管、协商决定、以身作则、提供替代活动等方法，帮助学生，尤其是初高中生和男生群体，培养良好的手机使用习惯，让手机对学生的成长带来积极影响。

同时，教育者和家长要关注到手机使用对学生人际交往带来的消极影响。在一定程度上，手机的普及和社交网络平台的发展为学生搭建了多样化的人际交往平台，更多元化地满足了学生人际交往的需要，实现了他们自我建构与群体认同的功能。但要注意的是，社交媒体上的交往无法替代现实的人际交往，就如本次研究所发现的那样，消极的手机使用（手机使用时间长、手机使用状态差）会影响到学生的同伴关系和师生关系，其本质原因是手机无法满足学生对现实归属感的需要，沉浸于网络社交的学生再回归到现实的人际交往时，会感受到更多的落差与孤独感。所以，教育者和家长需要通过更合理的手机管理，让孩子从网络世界中"走出来"，更多地观察和参与现实中的社交活动，以提高在实际生活中的人际适应性，拥有更真实、充实的人际关系。

### 3. 营造积极的家庭养育环境，以理性管教促进学生积极发展

本次研究发现，家长的积极养育风格，特别是理性管教，对孩子的人际交往和手机使用存在积极影响。一方面，在人际关系上，父母是孩子最早的老师，孩子最初的人际交往表现模式相当大程度上是通过模仿父母的行为而习得的。如果父母在教育过程中，特别是在亲子沟通与活动的过程中，表现出冷漠、忽视与不理解，那么孩子就更有可能在未来与同伴、教师的交往中采取同样的方式。因此，建立温暖、鼓励、平等、尊重的家庭氛围是培养孩子良性交往模式的关键因素。另一方面，在手机使用问题上，如果家长能够采用积极的养育风格，例如以身作则，与孩子协商制定科学的手机规则，通过积分制、周末制、时长制等方式，理性规范孩子的手机使用行为，那么孩子就能更愿意接受手机使用的规则，培养良好的手机使用习惯，在改善手机使用状况的同时，将更多的兴趣投入到现实的人际交往中去。

可见，指导家长培养积极的养育风格，是减少学生人际交往与手机使用问题的关键举措。在家校社协作开展家庭教育指导，促进家长依法带娃、科学带娃的过程中，要重点关注帮助家长形成积极的养育风格，让家长提升意识、学会知识、掌握方法、积极行动，使家长真正有能力为孩子的积极成长营造良好的养育环境。

# 参考文献

[1] 李丹黎，张卫，李董平，王艳辉. 父母行为控制、心理控制与青少年早期攻击和社会退缩的关系 [J]. 心理发展与教育，2012，28 (02): 201-209.

[2] 李寿欣，李波. 父母教养方式对学生认知方式发展的影响. 健康心理学杂志，2004，(02):156-157+144.

[3] 赵克斌，刘保中，张月云，李忠路. 社会转型中的青少年教育与发展 [M]. 北京：社会科学文献出版社，2019.

[4] 梁珂玮. 青少年人际关系对其孤独感的影响及其理论解释 [J]. 心理月刊，2023，18 (06): 233-236.

[5] 刘涛. 中学生智能手机使用状况与学生人际关系的相关研究 [D]. 贵州省：贵州师范大学，2014.

[6] 黄泰安. 人际关系与成长型思维影响青少年心理幸福感 [D]. 广西壮族自治区：广西师范大学，2023.

[7] 敬惠云. 小学高年级学生亲子依恋和人际关系困扰的关系：共情与同伴依恋的中介作用及教育启示 [D]. 天津市：天津师范大学，2022.

[8] 蒙春夏，潘丽妹，黄海燕. 青少年过度使用手机对睡眠质量和抑郁情绪的影响 [J]. 广西医学，2020，42 (19): 2590-2593.

[9] 孙国庆，于妍，罗正里等. 中学生手机网络成瘾与网络使用自控力的研究 [J]. 中国健康心理学杂志，2011，19 (9): 1078-1080.

［10］魏心妮. 青少年社交媒体依赖对人际关系的影响研究［D］. 湖北省：武汉大学，2017.

［11］张盼. 父母婚姻质量、亲子关系对青少年校园人际关系影响的研究［D］. 山西省：山西大学，2018.

［12］周楠，王少凡，朱曦淳等. 中国儿童青少年手机使用与手机成瘾行为及相关因素分析［J］. 中国学校卫生，2022, 43 (08): 1179–1184.

［13］Roorda, D. L., Koomen, H. M. Y., Spilt, J. L., & Oort, F. J. The Influence of Affective Teacher–Student Relationships on Students' School Engagement and Achievement: A Meta- Analytic Approach［J］. Review of Educational Research, 2011, 81 (04): 493-529.

# 中国学生心理健康变化趋势：
# 小学、初中和高中学生现状报告

童 连[*]

---

[*] 童连，复旦大学公共卫生学院副教授、硕士生导师，上海市"浦江计划"人才，日本筑波大学医学博士，美国哈佛大学访问学者。上海市预防医学会儿童青少年卫生专委会委员、SCI 期刊 Scientific Reports 编委。主持国家自然基金、国家社会科学基金、教育部人文社科研究青年基金、国家卫生健康委等国家和省部级多项项目。主要研究领域：儿童青少年精神健康、儿童早期发展和托育、家庭养育和亲子互动观察评估等。主编《0—6 岁儿童心理行为发展》和《0—3 岁婴幼儿保健》等教材。

【摘　要】重视学生心理健康问题，是保障学生身心健康、全面发展，以及提升教育质量的重要环节。考虑到青春期是生理和心理快速发育的时期，深入了解学生在成长过程中的各个阶段是否会经历不同的心理健康挑战，对建立健全的心理健康防治体系来说至关重要。本报告调查了全国范围内的 11 万名中小学生（小学五年级至高中三年级）的心理健康状况，以及学生家长的养育风格。分析结果表明，随着学段的上升，学生的各类心理健康指标都呈现阶梯式下降的趋势，高中生的抑郁程度和心理品质都要显著差于初中生和小学生。同时，初中生和高中生群体在积极心理品质上也有较强的性别差异，男学生在各类心理品质上都要优于女学生。此外，家长的积极养育风格对学生的心理健康可以起到重要的保护作用，并且分析结果显示，该作用在初中生群体中最为明显。基于数据分析的结果，本报告对心理健康教育提出以下建议：发展性与预防性教育双管齐下；重点保障校内心理健康专业人才的培养；推进家庭和学校的互助，鼓励家长更多采用积极的养育风格。

【关键词】心理健康　中小学生　学段比较　养育风格　积极心理品质

# 一、引 言

在当前全球化的背景下，心理健康问题在青少年群体中表现得尤为明显，已成为一项迫切的全球性挑战。处于人生早期阶段的儿童和青少年，特别是在小学、初中和高中阶段，正经历着关键的生理和心理发展时期。在这个阶段，他们在学习、生活、自我认知、情绪调节以及人际交往等方面，常常面临多种心理挑战。根据世界卫生组织（2020）的报告，个体约 50% 的心理健康问题始于儿童和青少年时期。若未能及时进行预防、筛查、干预和矫正，这些问题可能为成年后的心理障碍和疾病埋下潜在隐患。

1999 年，我国教育部印发《关于加强中小学心理健康教育的若干意见》，第一次明确指出中小学心理健康教育是素质教育的重要组成部分；2019 年，教育部、卫生健康委、中宣部等 12 个部门印发的《健康中国行动——儿童青少年心理健康行动方案（2019—2022 年）》中要求，要重视突发事件对青少年造成的心理影响，有效开展心理援助和心理危机干预；2023 年 4 月，教育部等 17 个部门联合印发《全面加强和改进新时代学生心理健康工作专项行动计划（2023—2025 年）》，要求健全健康教育、监测预警、咨询服务、干预处置"四位一体"的学生心理健康工作体系。由此看出，国家正在逐步重视青少年儿童的心理健康，并对相应的社会心理服务体系建设提出了明确要求。

## 1. 不同学段学生的心理健康问题

作为基础教育的起始点，小学阶段承载着对儿童心理社会性发展的塑造和培养责任，此阶段的心理健康对儿童的学习能力、社交技能以及长远的人格形成具有深远影响。一项涵盖近10年来国际范围内相关研究成果的元分析表明，中国小学生所面临的心理健康问题在全球范围内呈现较高的检出率，特别值得注意的是，睡眠问题在中国小学生中的检出率高达25.2%，这一数据显著高于世界其他国家的检出率（0.2%—10%），突显了中国小学生在心理健康领域的特殊挑战（俞国良，2022）。

在初中阶段，学生在心理社会性的发展上虽然相比小学生有更多的成熟表现，但同时也正面临着青春期的复杂挑战。这一时期，学生在应对生活中的重大危机事件，尤其是各种压力性事件时，更容易出现各种心理健康问题。此外，数字化时代的快速演进使得当代初中生深度融入网络社会，成为"数字原住民"，但这一现象也对他们的心理健康带来了新的挑战（吴慧攀，2019）。研究显示，在中国初中生中，焦虑、抑郁和自我伤害的检出率居于首位，这些发现揭示了初中生可能面临的情绪问题的严重性。这些问题不仅与学业压力、家长期望以及中考等教育环境因素相关，还与青春期生理和激素变化紧密相关（Tang et al., 2019）。值得关注的是，自我伤害和自杀意念在中国初中生群体中的检出率高于全球大学生平均水平，这反映出在心理发展尚不成熟的初中阶段，青少年更易产生消极的自我认知和危险行为（赵敏，范春萍，2022）。一项对中国初中生心理健康水平进行的横断面历史元分析研究进一步揭示了初中生心理健康水平随年级逐渐下降的趋势，其中初一学生心理健康状况随时间变化的幅度最大（俞国良，王浩，2020）。

高中阶段是青少年生理和心理发展的关键转折期，这一时期心理上的剧烈变化使得学生们更易受到各种消极因素的影响，从而引发心理健康问题。研究发现，抑郁症是高中生面临的最常见的心理问题，同时高中生在自杀意念、自杀计划、自杀未遂方面的检出率也显著高于中小学其他学段

（俞国良，2022）。

总体而言，从小学到高中，学生的心理健康问题逐渐升级，呈现出发展递增的趋势。虽然不同学段的心理健康问题在形成原因和表现上存在差异，但共同点在于都受到了学业压力、家庭期望以及社会变革等多方面因素的综合影响。且不同学段的心理健康特点和人格发展任务不同，相同心理健康问题的表征也存在较大差异。例如，在小学阶段，学生的人格特征主要表现为与同龄人的互动和同伴关系的建立，其中焦虑主要表现为对同伴关系的紧张。而在中学阶段，随着社交环境的复杂性增加，焦虑更多表现为对学业成就和未来前景的担忧（俞国良，张亚利，2020）。

除此之外，学生在升学衔接期间面临的环境变化也是影响他们心理健康的重要因素。研究揭示，在小升初转换期，学生的心理适应问题尤为突出，其中初中生适应不良的比例高达16.6%。这不仅限于学习环境的改变，还包括对人际关系和自我认知的重新调整。特别是那些表现出攻击行为、焦虑和抑郁等心理问题的学生，这些问题对他们的身心健康造成了显著影响，需要学校、家庭和社会的共同关注和干预（张光珍，王娟娟，梁宗保，邓慧华，2017；刘振静，高安民，李玉焕，2011）。在初升高的衔接期，学生所面临的心理挑战进一步增加。一方面，部分成绩优异的学生可能追求不切实际的目标；另一方面，学习成绩不佳的学生可能遇到学习、情绪和人际交往方面的困难。在这一关键的过渡期，如果不能及时有效地处理这两类学生的心理压力，可能会导致学生在初高衔接期的适应时间延长，心理问题也会相应增多（刘振静等，2011）。

## 2. 家庭因素对学生心理健康的影响

家庭教育对个体发展的影响具有显著的先导性，这意味着家庭教育在个人成长过程中起着决定性的作用，为个体接受其他教育和社会化过程奠定了基础。在家庭环境中，多种因素共同塑造着学生的心理健康发展。根据 Repetti, Taylor 和 Seeman（2002）的研究，对青少年发展产生重大影响的家庭因素包括家庭结构（如单亲家庭、有继父母的家庭、多代同堂的家庭等）、家庭支持系统（包括亲子间的鼓励、沟通、凝聚力等）、双亲的监督与管理模式、父母作为榜样的行为（如抽烟、酗酒等），以及家庭内部的冲突。这些因素中，家庭冲突、父母的冷漠或否定态度、缺乏家庭支持等，被认为是影响青少年心理发展的危险因素，可能导致孩子产生多种心理和社交问题，如心身性疾病、情感困扰、社交障碍等。

在影响青少年心理健康的众多家庭因素中，家长养育风格引起了研究者的额外关注。家长养育风格是父母关于养育子女的信念、态度、价值观的集合（Frances, 2003）。具体来说，家长养育风格是指家长在育儿过程中展现的一系列稳定的言行态度和情感氛围，这些特质不仅在不同情境下保持一致性，也构成了家长教养行为的核心特点（蒋奖，鲁峥嵘，蒋苾菁，许燕，2010）。

一方面，家长的负面养育风格，如严厉、专制、溺爱或放任等，对孩子的身心健康成长有深远的影响。例如，家庭中频繁的亲子冲突会引发一系列消极后果，增加青少年心理行为问题的发生（蒋奖，2004）；广泛的研究显示，亲子冲突的增加伴随着青少年心理健康水平的下降、学业成绩的降低、不良行为的增加，以及违法犯罪、酗酒、吸烟、吸毒等问题行为的发生率上升（吴旻，刘争光，梁丽婵，2016）。负面的养育风格还会影响孩子的学习动机、自尊感等关键心理特质。

另一方面，积极的养育风格，即关注并支持孩子积极发展的育儿方式，对青少年的心理健康具有显著的缓冲和保护作用（Millings et al., 2012；孙仕秀等，2012）。Darling 和 Steinberg（1993）的研究表明，积极的养育风格能够促进儿童的性格塑造、认知发展以及心理健康。在一个积极的育儿环境中，儿童能更好地适应环境，远离身心问题，而消极的育儿环境则可能诱发心理健康问题（董书阳，梁熙，张莹，王争艳，2017）。Grant 等人（2006）基于压力应对模型认为，家长提供的工具性和情感性支持可以帮助子女培养情绪调控能力，从而成为避免抑郁发生、缓解焦虑等负面情绪以及促进良好社会适应的保护性因素。其中，情感性支持，即在教养过程中父母对子女的想法和行为给予理解和支持，对于满足孩子的自主性、能力感和人际关系等基本心理需求具有重要作用（邓林园，辛翔宇，徐洁，2019）。特别是正处于青春早期的初中生，他们在这一特殊时期的自我意识极为敏感，内心充满了矛盾和冲突。有研究表明，家长的教养方式能有效帮助这一年龄段的孩子培养心理韧性和挫折忍受能力，直接调节他们对逆境的应对方式（Hoskins, 2014; Milevsky et al., 2006）。

基于过往研究的结果，本调查优先收集了全国范围内有代表性的小学、初中及高中生的各类心理健康指标数据，同时采集了学生家长的养育风格相关数据，旨在基于大数据对中国学生的心理健康现状进行相对全面的分析。

## 二、研究方法

### 1. 研究过程

本研究的数据收集时间为 2023 年 1 月份到 10 月份，研究团队在全国 7 个地区的 135 所中小学进行调查。研究参与者为全国各地的中小学生（小学五年级至高中三年级）和学生家长。本研究经由线上问卷形式总共采集221,330 份有效数据，分为学生样本（110,665 份数据由学生填写）和家长样本（110,665 份数据由对应的学生家长填写）。

## 2. 样本信息

本研究的学生样本中，男生比例为 54.2%，女生比例为 45.8%。学段分布为：小学 38.8%，初中 39.2%，高中 22.0%。年级分布为：小学五年级 19.3%，小学六年级 19.5%，初中一年级 14.0%，初中二年级 13.1%，初中三年级 12.1%，高中一年级 8.9%，高中二年级 6.7%，高中三年级 6.4%。

本研究的家长样本中，男性比例为 32.9%，女性比例为 67.1%。接近 90.4% 的家长目前有工作，9.6% 的家长目前没有工作。家长群体中的学历分布为 59.4% 是高中及以下学历，22.2% 是大专学历，16.9% 是本科学历，1.3% 是硕士研究生学历，0.2% 是博士研究生学历。接近 46.6% 的家庭中是父母双方共同育儿，38.7% 的家庭是母亲主要负责育儿，13.3% 的家庭是父亲主要负责育儿，1.4% 的家庭是由其他家庭成员主要负责育儿。

## 3. 研究工具

### (1) 家庭环境适宜度评估（PI）

家庭环境适宜度评估工具是问向实验室于 2023 年编制的多维家庭环境评估工具，适用于对 7—18 岁学龄孩童家长养育风格的评估。该工具包含五个分量表，涉及养育风格中的十类基本维度。本研究主要采用了其中的四类积极养育风格和两类负面养育风格。积极养育风格包含"教育方式"分量表中的"温暖鼓励"维度（如孩子能感受到我无条件的接纳），"家庭支持"中的"情感性支持"维度（如我常陪孩子参加一些 TA 感兴趣的活动）、"帮助性支持"维度（如只要孩子遇到紧急状况，我都会提供实质性帮助），以及"管教方式"分量表中的"理性管教"维度（如让孩子遵守规则时，我会解释原因）。"温暖鼓励"维度主要反映了家长养育孩子时表达情感和关爱的程度。在温暖鼓励维度上得分较高的家长更倾向于主动对孩子表达自己的情感与关爱，并为孩子创造一个安全和积极的情感环境。"情感性支持"维度主要测量的是家长是否会在孩子有情感需求时提供支持、理解和安慰，同时也侧面反映了家长能否为孩子营造开放的沟通环境。"帮助性支持"维度的评估内容为家长是否会在孩子有实际生活困难时为他们提供支持和帮助，而这也侧面体现了孩子对家长的信任程度。"理性管教"维度则评估了家长在管教孩子时的沟通方式。在理性管教维度得分较高的家长更倾向于用透明的沟通方式和孩子解释规则背后的原因，鼓励孩子理解自己行为的后果，而不是强制孩子遵守规则。

负面养育风格包含"教育方式"分量表中的"严厉冷漠"维度（如愤怒时，我可能会对孩子恶语相向），以及"干涉倾向"分量表（如我经常会插手孩子的事）。"严厉冷漠"维度主要评估的也是家长养育孩子时表达情感和关爱的情况。在"严厉冷漠"维度得分较高的家长更倾向于施加严格的规则和惩罚性措施，在温暖和关爱上的表达则较为缺乏。"干涉倾向"测量的是家长是否过度插手孩子的日常生活和决定。高干涉倾向的家长更有可能会过度控制和微观管理孩子生活的各个方面。

五类养育风格总计 18 题，采用李克特五点评分（从 "1 完全不符合" 至 "5 完全符合"）。根据过往大量的对中国家长的研究数据，该量表具有良好的整体信效度：教育方式（Cronbach's $\alpha$ = .75, CFI = .99, TLI = .99, RMSEA = .03）、家庭支持（Cronbach's $\alpha$ = .83, CFI = .98, TLI = .97, RMSEA =

.06)、干涉倾向（Cronbach's $a$ = .81, CFI = .95, TLI = .94, RMSEA = .05）、管教方式（Cronbach's $a$ = .79, CFI = .99, TLI = .98, RMSEA = .06）。

（2）学生身心发展指数评估（WISE）

学生身心发展指数评估为问向实验室于 2023 年编制的多维学生心理健康评估工具，适用于 7—18 岁的中国学生。量表共 43 题，主要采用李克特五点评分法（从"1 完全不符合"至"5 完全符合"）。该工具包括两个分量表，本研究主要使用了"积极心理品质"分量表。积极心理品质分量表主要测量学生在应对压力和困难时，表现出的积极情感、认知和行为特征。其下的五个子级维度是：自我效能、乐观、情绪调节、韧性和坚毅。

其中，自我效能维度主要评估学生对自我能力的信念，也就是学生对自己是否有能力完成特定目标所进行的判断，如"我相信自己总能找到解决问题的方法"。乐观维度主要测量学生是否会对现在和未来保持积极态度，如"即使发生一些不愉快的事情，我也总是能看到好的方面"。情绪调节维度主要涉及学生通过各种方法来管理调整个人情绪状态的能力，如"我有一套好的方法调整自己的负面情绪"。韧性维度主要测量学生能否从挫折和失败中快速恢复和成长，如"无论结果怎样，我都会尽自己的最大努力"。最后，坚毅维度主要关乎学生在追求目标时表现出的意志力和决心，如"困难不会让我泄气"。本评估只评测了初中和高中生的坚毅维度，不包括小学生。

过往大量的对中国学生的研究数据显示该量表的整体信效度和具体维度的信效度都表现良好：积极心理品质（Cronbach's $a$ = .89, CFI = .95, TLI = .94, SRMR= .03）、自我效能（Cronbach's $a$ = .89, CFI = .95, TLI = .92, SRMR = .03）、乐观（Cronbach's $a$ = .90, CFI = .97, TLI = .95, SRMR = .02）、情绪调节

（Cronbach's α = .88, CFI = .97, TLI = .95, SRMR = .03）、韧性（Cronbach's α = .89, CFI = .92, TLI = .90, SRMR = .04）、坚毅（Cronbach's α = .85, CFI = .95, TLI = .91, SRMR = .03）。

（3）两条目患者健康问卷抑郁量表（PHQ-2）

两条目患者健康问卷抑郁量表主要用于评估抑郁情绪的相关症状（Löwe et al., 2005）。量表共 2 题，采用李克特四点评分法对过去两周内抑郁情绪出现的频率进行评分（从"0 完全没有"至"3 几乎每天"）。量表总分为 0—6 分，得分高于 3 分则被界定为抑郁倾向。该工具在中国青少年人群中表现出良好的敏感性与特异性（Tsai et al., 2014）。

## 4. 分析方式

因部分变量有较为明显的偏态分布趋势，本研究使用 Welch's T- 检验（Welch's T-test）来分析两组独立样本之间的差异，例如学生心理品质上的性别差异。Cohen's $d$ 被用于量化 T- 检验的效应量，本研究参考广泛使用的区分临界点：Cohen's $d$ = 0.2（效应量小）、Cohen's $d$ = 0.5（效应量中等）、Cohen's $d$ = 0.8（效应量大）。

单因素方差分析（ANOVA）被用于分析三组（及以上）独立样本之间的差异，如学生心理品质上的学段差异。调节回归分析被用于检验父母养育风格对学生心理品质的直接影响是否会根据学段有所变化。本研究采用二项逻辑回归分析各类家长养育风格对学生心理健康和积极心理品质的影响。

整体数据分析过程严格遵循统计学原理，采用 R 语言和 Jamovi 软件进行数据处理和分析。整体分析中显著性水平被设置为 $p < 0.05$ 或 $p < 0.001$。

# 三、研究结果

## 1. 中国学生心理健康现状

### （1）抑郁程度

抑郁障碍是一种常见的精神障碍，是一种由心理、生理和社会等多方面因素综合而成的多维障碍，主要症状为长时间情绪低落、失去快乐和厌恶活动。本研究使用PHQ-2抑郁量表评估学生的整体抑郁程度，其中，PHQ-2得分为4分及以上的学生被划分为抑郁高风险，属于较高风险群体，PHQ-2得分为3分的学生有一定的抑郁倾向，被划分为抑郁倾向。如图1所示，本次调查发现，从小学五年级至高中三年级的跨学段样本中，学生抑郁高风险的比例为7.6%（男生为8.2%，女生为7.0%）。学段分析显示

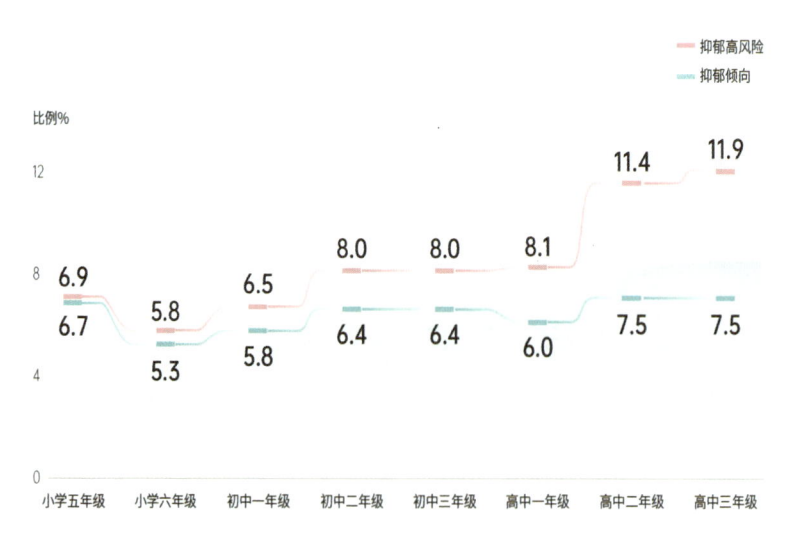

图1 学生群体中抑郁高风险和抑郁倾向比例

抑郁高风险比例随着学段上升而增加。在小学样本中，学生抑郁高风险的比例为 6.4%。在初中样本中，学生抑郁高风险的比例为 7.5%。在高中样本中，学生抑郁高风险的比例为 10.2%。具体到年级和性别的抑郁高风险比例数据请参考表 1。

表 1  学生群体中抑郁高风险比例

| | 抑郁高风险比例 (%) | | |
| --- | --- | --- | --- |
| | 整体学生 | 男学生 | 女学生 |
| 跨学段 | 7.6 | 8.2 | 7.0 |
| 小学整体 | 6.4 | 6.8 | 5.9 |
| 小学五年级 | 6.9 | 7.9 | 5.8 |
| 小学六年级 | 5.8 | 5.8 | 5.9 |
| 初中整体 | 7.5 | 7.8 | 7.1 |
| 初中一年级 | 6.5 | 7.3 | 5.6 |
| 初中二年级 | 8.0 | 8.0 | 7.9 |
| 初中三年级 | 8.0 | 8.2 | 7.8 |
| 高中整体 | 10.2 | 11.4 | 8.8 |
| 高中一年级 | 8.1 | 8.9 | 7.1 |
| 高中二年级 | 11.4 | 12.8 | 9.8 |
| 高中三年级 | 11.9 | 13.3 | 10.3 |

同时，调查结果显示在跨学段样本中，学生有潜在抑郁倾向的比例为 6.3%（男生为 6.7%，女生为 5.8%）。在小学样本中，学生被判定为抑郁倾向的比例为 6.0%。在初中样本中，学生有潜在抑郁倾向的比例为 6.2%。在高中样本中，学生中被判定为抑郁倾向的比例为 6.9%。基于年级和性别的抑郁倾向比例数据请参考表 2。

表2　学生群体中抑郁倾向比例

| | 抑郁倾向比例 (%) | | |
| --- | --- | --- | --- |
| | 整体学生 | 男学生 | 女学生 |
| 跨学段 | 6.3 | 6.7 | 5.8 |
| 小学整体 | 6.0 | 6.3 | 5.5 |
| 小学五年级 | 6.7 | 7.2 | 6.0 |
| 小学六年级 | 5.3 | 5.5 | 5.1 |
| 初中整体 | 6.2 | 6.5 | 5.8 |
| 初中一年级 | 5.8 | 6.0 | 5.4 |
| 初中二年级 | 6.4 | 6.5 | 6.3 |
| 初中三年级 | 6.4 | 7.0 | 5.8 |
| 高中整体 | 6.9 | 7.5 | 6.2 |
| 高中一年级 | 6.0 | 6.7 | 5.2 |
| 高中二年级 | 7.5 | 7.9 | 6.9 |
| 高中三年级 | 7.5 | 8.1 | 6.9 |

（2）积极心理品质

除了抑郁程度，本研究也采用了积极心理品质评估来测量学生的整体心理健康状态，涵盖了自我效能、乐观、情绪调节、韧性和坚毅五个维度。在将整体评估得分极值标准化（Min-Max Normalization）后，得分低于57分的学生被判定为积极心理品质待提升。需要注意的是，被划分为"积极心理品质待提升"并不代表学生有具体的心理健康问题，而是指学生在情绪、心理或社会层面的幸福感，以及面对挫折和困难的能力还有提升的空间。

如图2所示，本调查结果显示，在跨学段样本中，学生积极心理

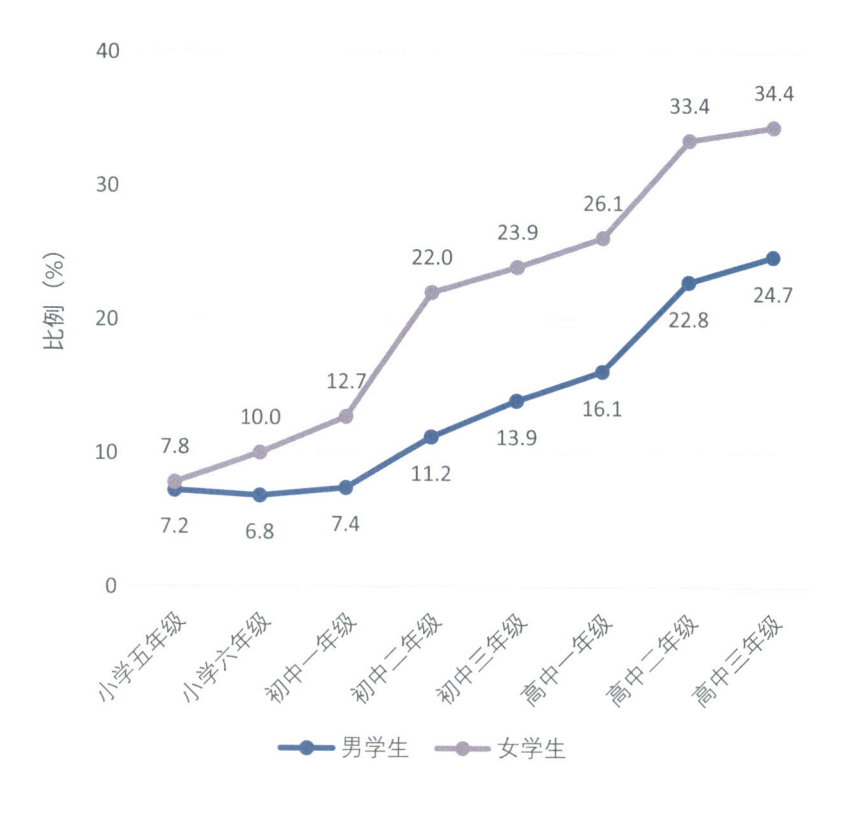

图2 学生群体中心理品质待提升比例

品质待提升的比例为14.3%，其中男生的比例为11.4%，女生的比例为17.7%。在小学样本中，积极心理品质待提升比例为7.9%。在初中样本中，积极心理品质待提升比例为14.6%。在高中样本中，积极心理品质待提升的比例为25.2%。基于年级和性别的的积极心理品质待提升比例请参考表3。

基于积极心理品质的五类维度，本报告以各类维度中比较具有代表性的两道评估题来呈现学生在五类积极心理品质指标上的具体表现。本研究把在具体评估题中的得分为4分（认同该描述符合自己）或5分（非

表3 学生群体中心理品质待提升比例

| | 心理品质待提升比例 (%) | | |
| --- | --- | --- | --- |
| | 整体学生 | 男学生 | 女学生 |
| 跨学段 | 14.3 | 11.4 | 17.7 |
| 小学整体 | 7.9 | 7.0 | 8.9 |
| 小学五年级 | 7.5 | 7.2 | 7.8 |
| 小学六年级 | 8.2 | 6.8 | 10.0 |
| 初中整体 | 14.6 | 10.7 | 19.2 |
| 初中一年级 | 9.8 | 7.4 | 12.7 |
| 初中二年级 | 16.2 | 11.2 | 22.0 |
| 初中三年级 | 18.4 | 13.9 | 23.9 |
| 高中整体 | 25.2 | 20.6 | 30.7 |
| 高中一年级 | 20.6 | 16.1 | 26.1 |
| 高中二年级 | 27.7 | 22.8 | 33.4 |
| 高中三年级 | 29.1 | 24.7 | 34.4 |

常认同该描述符合自己）的学生判定为心理品质相对更符合该评估题的测量方向。

其中，自我效能维度的主要评估方向为学生对自己是否有能力完成特定目标的信念。本调查发现，在"我对自己的能力很有信心"这一题上，在小学五年级到高中三年级的跨学段样本中，接近66.4%的学生对该题项表示认同。在小学样本中，对该题项的认同比例为71.0%，在初中样本中则下降到67.4%，在高中样本中则进一步下降到56.8%。在"我认为自己的见识和能力超过别人"这一题项上，在跨学段样本中，接近74.9%的学生对该题项表示认同。在小学样本中，对该题项的认同比例为82.2%，在初中样

表 4 学生群体中自我效能认同比例

| | 自我效能认同比例 (%) | |
|---|---|---|
| | 我对自己的能力很有信心 | 我认为自己的见识和能力超过别人 |
| 跨学段 | 66.4 | 74.9 |
| 小学整体 | 71.0 | 82.2 |
| 小学五年级 | 70.4 | 82.2 |
| 小学六年级 | 71.7 | 82.3 |
| 初中整体 | 67.4 | 74.3 |
| 初中一年级 | 72.6 | 79.6 |
| 初中二年级 | 65.0 | 72.2 |
| 初中三年级 | 63.8 | 70.3 |
| 高中整体 | 56.8 | 62.5 |
| 高中一年级 | 59.8 | 66.3 |
| 高中二年级 | 55.8 | 60.1 |
| 高中三年级 | 53.6 | 59.8 |

本中则下降到 74.3%，在高中样本中则进一步下降到 62.5%。具体到年级的数据请参考表 4 和图 3（仅包含第一道评估题）。

乐观维度主要测量学生对事物保持积极向上态度的倾向。本报告的结果表明在跨学段样本中，对"我觉得自己的未来充满希望"这一描述，有接近 78.0% 的学生表示认同。在小学样本中，对该题项的认同比例为 84.9%，在初中样本中则为 78.3%，在高中样本中下降到 65.4%。若以"我觉得现在的生活是美好的"这一题项为例，在跨学段样本中，接近 82.8% 的学生对该题项表示认同。在小学样本中，对该题项的认同比例为 88.9%，在初中样本中则下降到 82.7%，在高中样本中则进一步下降到 71.4%。具体到年级的

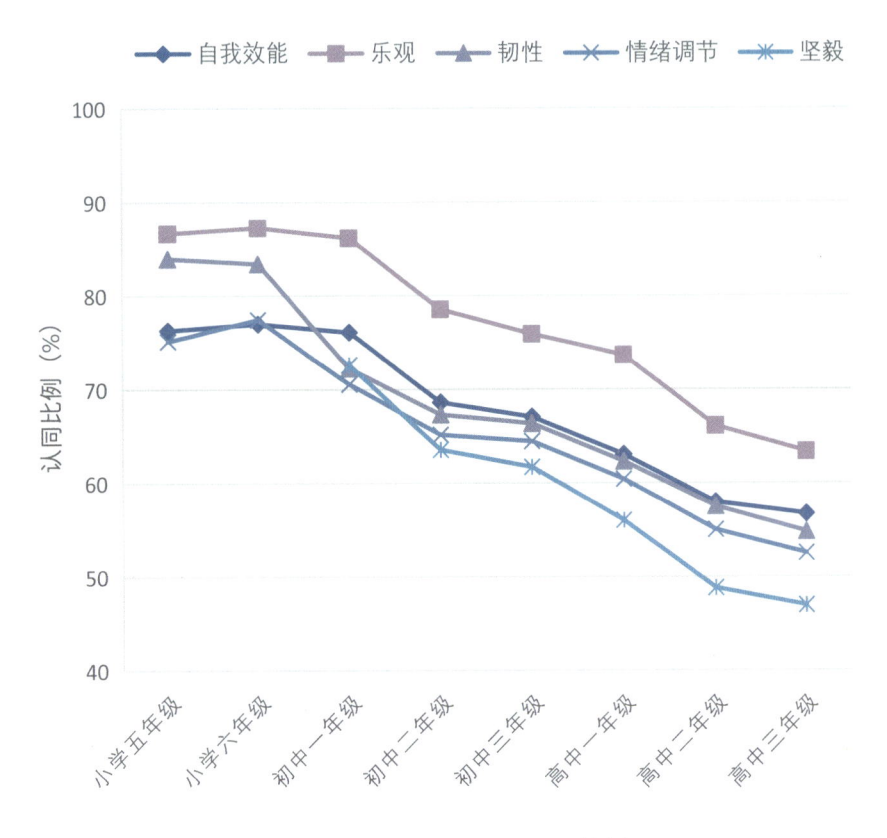

图3 积极心理品质评估题认同比例

数据请参考表5和图3（仅包含第一道评估题）。

韧性维度主要评估的是学生能否从挑战和失败中快速恢复、调整和成长。本调查发现，以"经历不愉快的事情后，我往往可以很快恢复过来"这一评估题为例，在小学五年级到高中三年级的跨学段样本中，接近76.8%的学生对该题项表示认同。在小学样本中，对该题项的认同比例为86.5%，在初中样本中则下降到74.4%，在高中样本中则进一步下降到63.1%。以"我认为自己有应对压力和困难的力量"这一评估题为例，在跨学段样本中，接近63.9%的学生对该题项表示认同。在小学样

表5 学生群体中乐观认同比例

|  | 乐观认同比例 (%) | |
| --- | --- | --- |
|  | 我觉得自己的未来充满希望 | 我觉得现在的生活是美好的 |
| 跨学段 | 78.0 | 82.8 |
| 小学整体 | 84.9 | 88.9 |
| 　　小学五年级 | 84.0 | 89.3 |
| 　　小学六年级 | 85.8 | 88.7 |
| 初中整体 | 78.3 | 82.7 |
| 　　初中一年级 | 84.6 | 87.7 |
| 　　初中二年级 | 76.2 | 80.9 |
| 　　初中三年级 | 73.1 | 78.7 |
| 高中整体 | 65.4 | 71.4 |
| 　　高中一年级 | 71.1 | 76.2 |
| 　　高中二年级 | 63.2 | 69.0 |
| 　　高中三年级 | 59.7 | 67.0 |

本中,对该题项的认同比例为80.9%,在初中样本中则下降到63.2%,在高中样本中则进一步下降到54.2%。具体到年级的数据请参考表6和图3(仅包含第一道评估题)。

情绪调节维度的主要评估方向为学生通过各种方法来管理调整个人情绪状态的能力。在跨学段样本中,有接近70.1%的学生对"我有一套好的方法调整自己的负面情绪"这一题项表示认同。在小学样本中,对该题项的认同比例接近77.7%,在初中样本中则为68.7%,在高中样本中下降到59.8%。若以"我是个情绪稳定的人"这一评估题为例,在跨学段样本中,接近66.1%的学生对该题项表示认同。在小学样本中,对该题

表6 学生群体中韧性认同比例

| | 韧性认同比例 (%) | |
| --- | --- | --- |
| | 经历不愉快的事情后，<br>我往往可以很快恢复过来 | 我认为自己有应对压力和困难的力量 |
| 全学段 | 76.8 | 63.9 |
| 小学整体 | 86.5 | 80.9 |
| 　　小学五年级 | 86.6 | 81.3 |
| 　　小学六年级 | 86.3 | 80.5 |
| 初中整体 | 74.4 | 63.2 |
| 　　初中一年级 | 78.0 | 66.5 |
| 　　初中二年级 | 73.1 | 61.5 |
| 　　初中三年级 | 71.5 | 61.2 |
| 高中整体 | 63.1 | 54.2 |
| 　　高中一年级 | 67.3 | 57.3 |
| 　　高中二年级 | 61.6 | 53.4 |
| 　　高中三年级 | 58.9 | 50.7 |

项的认同比例为74.9%，在初中样本中则下降到65.0%，在高中样本中则进一步下降到53.1%。具体到年级的数据请参考表7和图3（仅包含第一道评估题）。

最后，坚毅维度主要测量学生在追求目标和完成任务时所表现出的决心和意志力。以"只要是我开始做的事情我就一定能够完成它"这一坚毅评估题为例，在初中一年级至高中三年级的跨学段样本中，接近55.5%的学生对该题项表示认同。在初中样本中，对该题项的认同比例为61.0%，在高中样本中则下降到45.6%。以"困难不会让我泄气"这一评估题为例，初中一年级至高中三年级的跨学段样本中，接近66.1%的学生对该题项表示认

表 7 学生群体中情绪调节认同比例

| | 情绪调节认同比例 (%) | |
| --- | --- | --- |
| | 我有一套好的方法调整自己的负面情绪 | 我是个情绪稳定的人 |
| 跨学段 | 70.1 | 66.1 |
| 小学整体 | 77.7 | 74.9 |
| 小学五年级 | 76.8 | 73.5 |
| 小学六年级 | 78.7 | 76.2 |
| 初中整体 | 68.7 | 65.0 |
| 初中一年级 | 72.1 | 69.0 |
| 初中二年级 | 67.1 | 63.2 |
| 初中三年级 | 66.6 | 62.3 |
| 高中整体 | 59.8 | 53.1 |
| 高中一年级 | 63.6 | 57.2 |
| 高中二年级 | 58.3 | 51.7 |
| 高中三年级 | 56.0 | 49.0 |

同。在初中样本中，对该题项的认同比例为 71.4%，在高中样本中则下降到 56.7%。具体到年级的数据请参考表 8 和图 3（仅包含第一道评估题）。

如图 3 所示（仅展示各维度中第一道评估题的相关比例），整体数据趋势表明随学段的上升，学生对各类积极品质评估题的认同比例也随之下降。具体到年级的数据请参考表 3（自我效能维度）、表 4（乐观维度）、表 5（韧性维度）、表 6（情绪调节维度）和表 7（坚毅维度）。

## 2. 中国学生心理健康学段差异

从先前的描述性数据中可以发现，不同学段中的抑郁风险比例和积极

表8 学生群体中坚毅认同比例

| | 坚毅认同比例 (%) | |
| --- | --- | --- |
| | 只要我开始做的事情我就一定能够完成它 | 困难不会让我泄气 |
| 跨学段 | 55.5 | 66.1 |
| 初中整体 | 61.0 | 71.4 |
| 初中一年级 | 67.6 | 77.6 |
| 初中二年级 | 58.6 | 68.5 |
| 初中三年级 | 56.2 | 67.2 |
| 高中整体 | 45.6 | 56.7 |
| 高中一年级 | 50.0 | 62.0 |
| 高中二年级 | 43.3 | 54.3 |
| 高中三年级 | 41.8 | 52.1 |

心理品质待提升比例都有较为明显的差异。基于此观察，本研究以单因素方差分析（ANOVA）比较小学生、初中生和高中生三个独立样本在抑郁程度和各类积极心理品质指标上是否有显著的差异。如表9所示，单因素方差分析显示学生在抑郁程度和积极心理品质的各个维度上都有显著的学段差异。

具体到学段之间的对比后，Welch's T 检测的结果（$t = 24.2, p < 0.001$, Cohen's $d = 0.16$）显示初中生的抑郁程度（0.55分）显著高于小学生（0.44分）。

在积极心理品质方面，小学生在四类维度上的得分如下：自我效能得分为4.05分、乐观得分为4.30分、韧性得分为4.30分、情绪调节得分为4.09分。初中生在四类维度上的得分如下：自我效能得分为3.73分、乐观得分为4.01分、韧性得分为3.97分、情绪调节得分为3.91分。

表 9 抑郁和积极心理品质中的学段差异检测

|  | F 值 | df1 | df2 | 显著性 p |
| --- | --- | --- | --- | --- |
| 抑郁 | 1592 | 2 | 63192 | <.001 |
| 自我效能 | 4688 | 2 | 63255 | <.001 |
| 乐观 | 4775 | 2 | 62776 | <.001 |
| 韧性 | 5566 | 2 | 63840 | <.001 |
| 情绪调节 | 2656 | 2 | 64108 | <.001 |

Welch's T 检测的结果显示初中生在四个维度上的得分都要显著低于小学生：自我效能（$t = -66.1, p < 0.001$, Cohen's $d = -0.438$）、乐观（$t = -54.8, p < 0.001$, Cohen's $d = -0.364$）、韧性（$t = -66.6, p < 0.001$, Cohen's $d = -0.442$）、情绪调节（$t = -34.1, p < 0.001$, Cohen's $d = -0.226$）。整体效应量中等。分析结果表明初中生在四类积极心理品质上的表现都要显著差于小学生，尤其是在主观自我效能感和韧性方面。从小学至初中的过渡往往会给学生带来更重的学习负担、更强的学业压力和更少的休闲时间。各种因素可能会对初中生的身心健康，尤其是积极心理品质带来较为显著的负面影响。

在高中生和初中生的对比上，Welch's T 检测（$t = 35.8, p < 0.001$, Cohen's $d = 0.288$）同样显示高中生的抑郁程度（0.77 分）显著高于初中生（0.55 分）。

在积极心理品质方面，高中生在五类指标上的得分如下：自我效能得分为 3.51 分，乐观得分为 3.71 分，韧性得分为 3.70 分，情绪调节得分为 3.62 分，坚毅得分为 3.61 分。初中生在坚毅上的得分为 3.90 分。分析结果显示，高中生在五个积极心理品质维度上的得分都要显著低于初中生：自我效能（$t = -35.6, p < 0.001$, Cohen's $d = -0.286$）、乐观（$t = -49.7, p < 0.001$, Cohen's $d = -0.400$）、韧性（$t = -44.6, p < 0.001$, Cohen's $d = -0.357$）、情绪调节（$t = -42.7, p < 0.001$, Cohen's $d = -0.341$）、坚毅（$t = -49.6, p < 0.001$, Cohen's $d = -0.395$），整体差异效应量中等。与初中生和小学生的对比类似，高中生在各类积极心理品质上都要显著差于初中生。

从初中到高中的过渡同样给学生带来了一系列新的挑战，尤其是高考给学生带来的巨大压力、未来发展方向的选择、家长期望和青春期固有的社交压力。过往研究也发现，过高的学业压力导致中国学生在高中时期有较为严重的睡眠问题，进而影响了学生的整体心理健康。整体数据表明，中国学生从小学至初中再至高中有明显的心理健康阶梯式下降趋势。

### 3. 中国学生心理健康性别差异

基于先前描述性数据的观察以及过往研究对青少年时期心理健康问题性别差异的发现，本研究以 Welch's T 检测比较各个学段中，男生和女生在抑郁程度和各类积极心理品质维度上是否有显著的性别差异。在跨学段学生样本中（小学五年级至高中三年级），Welch's T 检测显示男生的抑郁程度（0.55 分）和女生的抑郁程度（0.54 分）虽然差异显著，但效应量非常小（$t = 2.15, p = 0.032$, Cohen's $d = 0.01$）。

在积极心理品质方面，男生的整体得分如下：男生的自我效能得分为 3.89 分、乐观得分为 4.13 分、韧性得分为 4.13 分、情绪调节得分为 4.00 分、坚毅得分为 3.87 分。女生的整体得分如下：自我效能得分为 3.73 分、乐观得分为 4.01 分、韧性得分为 3.96 分、情绪调节得分为 3.84 分、坚毅得分为 3.71 分。

分析结果显示男生在五类积极心理品质指标上的得分都高于女学生：自我效能（$t = 36.0, p < 0.001$, Cohen's $d = 0.21$）、乐观（$t = 24.5, p < 0.001$, Cohen's $d = 0.14$）、韧性（$t = 36.7, p < 0.001$, Cohen's $d = 0.22$）、情绪调节（$t = 32.1, p < 0.001$, Cohen's $d = 0.19$）、坚毅（$t = 28.6, p < 0.001$, Cohen's $d = 0.22$）。性别差异的整体效应量偏小。

具体到学段层面的分析则显示，小学学段中，各类积极心理品质得分上的性别差异较小。男生在四类积极心理品质指标上的得分都高于女生，但效应量非常小：自我效能（$t = 10.9, p < 0.001$, Cohen's $d = 0.09$）、乐观（$t = 6.5, p < 0.001$, Cohen's $d = 0.06$）、韧性（$t = 11.7, p < 0.001$, Cohen's $d = 0.11$）、情绪调节（$t = 6.5, p < 0.001$, Cohen's $d = 0.06$）。

在初中学段，各类积极心理品质得分上的性别差异效应量明显较小学时更大。其中，男生在五类积极心理品质指标上的得分都高于女生：自我效能（$t = 31.4, p < 0.001$, Cohen's $d = 0.30$）、乐观（$t = 23.3, p < 0.001$, Cohen's $d = 0.22$）、韧性（$t = 33.7, p < 0.001$, Cohen's $d = 0.33$）、情绪调节（$t = 29.6, p < 0.001$, Cohen's $d = 0.29$）、坚毅（$t = 21.8, p < 0.001$, Cohen's $d = 0.21$）。整体效应量中等偏小。

在高中学段中，各类积极心理品质维度的性别差异效应量跟初中学段相似。男生在五类积极心理品质指标上的得分都高于女生：自我效能（$t = 25.5, p < 0.001$, Cohen's $d = 0.33$）、乐观（$t = 15.8, p < 0.001$, Cohen's $d = 0.20$）、韧性（$t = 23.9, p < 0.001$, Cohen's $d = 0.31$）、情绪调节（$t = 23.8, p < 0.001$, Cohen's $d = 0.31$）、坚毅（$t = 19.4, p < 0.001$, Cohen's $d = 0.25$）。整体效应量中等偏小。

在抑郁层面，分析结果显示三个学段中的性别差异效应量都非常小：小学（$t = 15.8, p < 0.001$, Cohen's $d = 0.20$）、初中（$t = 15.8, p < 0.001$, Cohen's

$d$ = 0.20)、高中（$t$ = 15.8, $p$ < 0.001, Cohen's $d$ = 0.20）。

整体分析结果表明女生在初中及高中时期的各类积极心理品质都显著低于男生。该趋势符合过往研究中对青少年时期两性心理健康差异的发现——在青春期，女孩的内化心理健康问题（个体内部的情感和情绪失调）往往比男孩更加严重和普遍，而且这种性别差距通常会随着年龄增长而增加。此类性别差异可能是由生理、心理、社会和文化多维因素造成的。社会期望和性别规范可能会导致男孩和女孩采用不同的方式应对压力。相比男孩，女孩也更有可能面临到外观和人际交往上的多重压力。和过往研究不同的是，本研究发现的性别差异主要集中在积极心理品质方向，而抑郁程度上的差异则非常小。

### 4. 父母养育风格对学生心理健康的影响

本研究以四类积极养育风格和两类负面养育风格来测量不同类型的家长养育风格。本研究发现相比负面养育风格，家长的积极养育风格对孩子的抑郁程度和积极心理品质有着更强的影响。

如表 10 所示，家长的四类积极养育风格和孩子的抑郁程度都有着显著的负相关（$r$ 系数从 -0.072 到 -0.095），表明当家长更倾向于使用积极的养育风格时，孩子的抑郁程度也会随之下降。同时，家长的负面养育风格则和学生的抑郁程度有着较弱的正相关：严厉冷漠（$r$ = 0.055）、干涉倾向（$r$ = 0.053），显示随着负面养育风格的使用频率上升，孩子的抑郁程度也会随之加深。

分析结果同样显示，家长的四类积极养育风格和孩子的各类积极心理品质间都有显著的正相关：自我效能（$r$ 系数从 0.084 到 0.111）、乐观（$r$ 系数从 0.092 到 0.125）、韧性（$r$ 系数从 0.084 到 0.111），情绪调节（$r$ 系数从

0.083 到 0.111)、坚毅（r 系数从 0.089 到 0.124）。数据趋势表明当家长更倾向于使用积极的养育风格时，孩子的心理品质也会随之有所提升。

表 10　跨学段样本中家长养育风格和学生心理健康的关联性

|  |  | 抑郁 | 自我效能 | 乐观 | 韧性 | 情绪调节 | 坚毅 |
| --- | --- | --- | --- | --- | --- | --- | --- |
| 积极养育风格 | 温暖鼓励 | -0.095* | 0.110* | 0.125* | 0.110* | 0.111* | 0.111* |
|  | 情感性支持 | -0.088* | 0.111* | 0.118* | 0.111* | 0.109* | 0.124* |
|  | 帮助性支持 | -0.072* | 0.084* | 0.092* | 0.084* | 0.083* | 0.089* |
|  | 理性管教 | -0.083* | 0.108* | 0.104* | 0.108* | 0.102* | 0.116* |
| 负面养育风格 | 严厉冷漠 | 0.055* | -0.032* | -0.036* | -0.032* | -0.039* | -0.048* |
|  | 干涉倾向 | 0.053* | -0.020* | -0.034* | -0.020* | -0.028* | -0.035* |

*$p < 0.001$

相反地，家长的两类负面养育风格和孩子的各类积极心理品质间则有着显著的负相关：自我效能（r 系数从 -0.020 到 -0.032）、乐观（r 系数从 -0.034 到 -0.036）、韧性（r 系数从 -0.020 到 -0.032）、情绪调节（r 系数从 -0.028 到 -0.039）、坚毅（r 系数从 -0.048 到 -0.023）。分析结果显示随着家长负面养育风格使用的增多，孩子的心理品质也会随之下降。

具体到每个学段中养育风格和孩子抑郁程度及积极心理品质的相关性，请参考表 11（小学）、表 12（初中）及表 13（高中）。

表 11　小学样本中家长养育风格和学生心理健康的关联性

| | | 抑郁 | 自我效能 | 乐观 | 韧性 | 情绪调节 |
|---|---|---|---|---|---|---|
| 积极养育风格 | 温暖鼓励 | -0.092* | 0.100* | 0.108* | 0.098* | 0.096* |
| | 情感性支持 | -0.089* | 0.113* | 0.113* | 0.108* | 0.103* |
| | 帮助性支持 | -0.075* | 0.088* | 0.092* | 0.083* | 0.081* |
| | 理性管教 | -0.075* | 0.086* | 0.090* | 0.083* | 0.074* |
| 负面养育风格 | 严厉冷漠 | 0.085* | -0.064* | -0.077* | -0.070* | -0.079* |
| | 干涉倾向 | 0.077* | -0.049* | -0.064* | -0.056* | -0.064* |

*$p < 0.001$

表 12　初中样本中家长养育风格和学生心理健康的关联性

| | | 抑郁 | 自我效能 | 乐观 | 韧性 | 情绪调节 | 坚毅 |
|---|---|---|---|---|---|---|---|
| 积极养育风格 | 温暖鼓励 | -0.112* | 0.114* | 0.134* | 0.118* | 0.111* | 0.131* |
| | 情感性支持 | -0.114* | 0.122* | 0.135* | 0.128* | 0.109* | 0.143* |
| | 帮助性支持 | -0.089* | 0.089* | 0.102* | 0.092* | 0.083* | 0.106* |
| | 理性管教 | -0.092* | 0.120* | 0.121* | 0.107* | 0.102* | 0.129* |
| 负面养育风格 | 严厉冷漠 | 0.086* | -0.053* | -0.073* | -0.067* | -0.039* | -0.073* |
| | 干涉倾向 | 0.069* | -0.036* | -0.051* | -0.043* | -0.028* | -0.052* |

*$p < 0.001$

表 13　高中样本中家长养育风格和学生心理健康的关联性

| | | 抑郁 | 自我效能 | 乐观 | 韧性 | 情绪调节 | 坚毅 |
|---|---|---|---|---|---|---|---|
| 积极养育风格 | 温暖鼓励 | -0.065* | 0.074* | 0.095* | 0.078* | 0.085* | 0.099* |
| | 情感性支持 | -0.069* | 0.087* | 0.101* | 0.087* | 0.088* | 0.107* |
| | 帮助性支持 | -0.058* | 0.064* | 0.079* | 0.066* | 0.066* | 0.086* |
| | 理性管教 | -0.059* | 0.089* | 0.073* | 0.073* | 0.068* | 0.099* |
| 负面养育风格 | 严厉冷漠 | 0.066* | -0.032* | -0.048* | -0.040* | -0.049* | -0.052* |
| | 干涉倾向 | 0.044* | -0.014* | -0.030* | -0.023* | -0.030* | -0.037* |

*$p < 0.001$

## 5. 家长养育风格对学生心理健康影响的学段差异

基于家长养育风格和学生心理健康之间的相关性，本研究使用调节回归分析来探究家长养育风格对学生心理健康的影响，是否会在不同学段中有所不同。回归模型中的自变量为家长的温暖鼓励养育风格，因变量为学生的抑郁程度，调节变量为学生学段（小学、初中、高中）。如表 14 所示，整体回归模型效应显著（$F = 843$，$p < 0.001$），且两个交互变量在模型中皆为显著。如图 4 所示，分析结果显示温暖鼓励养育风格对学生的抑郁程度的保护效果在初中生群体中最强（$\beta = -0.10$，$p < 0.001$），在小学生中较弱（$\beta = -0.08$，$p < 0.001$），在高中生群体中最弱（$\beta = -0.06$，$p < 0.001$）。表明家长的积极养育风格对孩子心理健康起到的保护作用在初中时期最为明显。

表 14  基于学段的学生抑郁程度调节回归模型分析结果

| 变量 | | 标准回归系数 β | t 值 | 显著性 p |
| --- | --- | --- | --- | --- |
| 孩子学段 | 初中小学对比 | 0.142 | 21.8 | <0.001 |
| | 高中初中对比 | 0.291 | 36.9 | <0.001 |
| 家长温暖鼓励 | | -0.083 | -27.6 | <0.001 |
| 家长温暖鼓励×孩子学段 | 初中小学对比 | 0.018 | 2.7 | 0.008 |
| | 高中初中对比 | 0.004 | 5.8 | <0.001 |

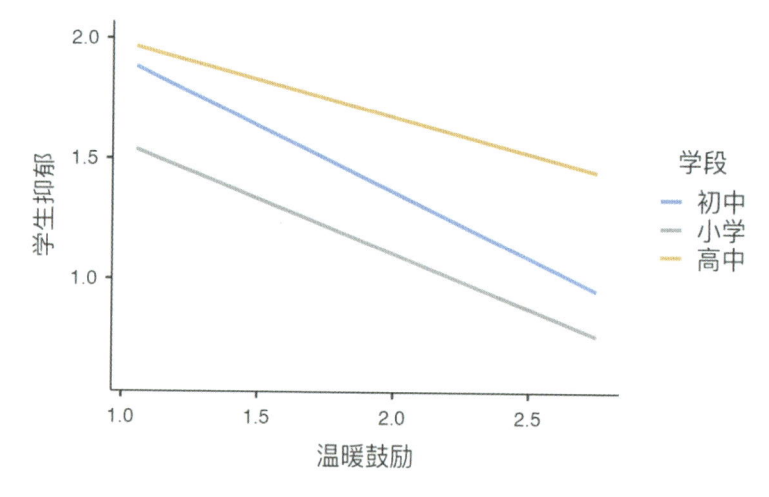

图 4  基于学段的养育风格简单斜率检验

## 6. 家长养育风格和不同学段学生心理健康的相关性：逻辑回归模型验证

如表 15 所示，在小学五年级至高中三年级的跨学段样本中，以学生是否为抑郁高风险为因变量，在控制五类家庭背景变量（家长性别、家庭孩

表 15　跨学段学生样本 抑郁高风险和心理品质待提升比例逻辑回归模型

| | | | 抑郁高风险比例 (OR) | 心理品质待提升比例 (OR) |
|---|---|---|---|---|
| 积极养育风格 | 温暖鼓励 | 良好 | - | - |
| | | 待提升 | 1.46** | 1.52** |
| | 情感性支持 | 良好 | - | - |
| | | 待提升 | 1.36** | 1.54** |
| | 帮助性支持 | 良好 | - | - |
| | | 待提升 | 1.15** | 1.23** |
| | 理性管教 | 良好 | - | - |
| | | 待提升 | 1.23** | 1.14* |
| 负面养育风格 | 严厉冷漠 | 良好 | - | - |
| | | 待提升 | 1.18** | 1.09* |
| | 干涉倾向 | 良好 | - | - |
| | | 待提升 | 1.12** | 1.13* |
| 人口统计信息 | 家长性别 | 女 | - | - |
| | | 男 | 1.06 | 1.04 |
| | 家庭孩子数量 | 单孩 | - | - |
| | | 多孩 | 1.03 | 1.04 |
| | 家长工作情况 | 有工作 | - | - |
| | | 无工作 | 1 | 1.02 |
| | 家庭主要育儿成员 | 共同养育 | - | - |
| | | 爸爸 | 1.20** | 1.07 |
| | | 妈妈 | 1.09** | 1.04 |
| | 家长教育背景 | 高中及以下 | - | - |
| | | 大专 | 0.91* | 0.94 |
| | | 本科及以上 | 0.82** | 0.85** |

\*\*$p < 0.001$, \*$p < 0.05$

子数量、家长工作情况，家庭主要育儿成员、家长教育背景）之后，家长的温暖鼓励得分过低（OR = 1.46），情感性支持得分过低（OR = 1.36），帮助性支持得分过低（OR = 1.15），理性管教得分过低（OR = 1.23），都会增加孩子为抑郁高风险的概率。同时，家长的严厉冷漠得分过高（OR = 1.18）及干涉倾向得分过高（OR = 1.12），也会增加孩子为抑郁高风险的概率。其中，提供高情绪价值的养育方式（温暖鼓励和情感性支持），对孩子抑郁程度的影响最大，负面养育风格对孩子抑郁程度的影响相对较弱。

在小学五年级至高中三年级的跨学段样本中，以学生积极心理品质待提升为因变量，在控制五类家庭背景变量（家长性别、家庭孩子数量、家长工作情况、家庭主要育儿成员、家长教育背景）之后，家长的温暖鼓励得分过低（OR = 1.52），情感性支持得分过低（OR = 1.54），帮助性支持得分过低（OR = 1.23），理性管教得分过低（OR = 1.14），都会增加孩子为积极心理品质待提升的概率。家长的严厉冷漠得分过高（OR = 1.09）及干涉倾向得分过高（OR = 1.13），也会增加孩子为积极心理品质待提升的概率。类似养育风格对抑郁的影响，提供高情绪价值的养育风格（温暖鼓励和情感性支持），对孩子的积极心理品质影响最大，负面养育风格对孩子积极心理品质的影响相对较弱。

如表16（小学）、表17（初中）及表18（高中）所示，家长养育风格对孩子抑郁程度和积极心理品质的整体影响趋势有潜在的学段区别。在小学学段，理性管教和干涉倾向对孩子积极心理品质的影响并不显著。在初中学段，情感性支持、理性管教及干涉倾向对孩子抑郁状态的影响都不再显著。在高中学段，只有温暖鼓励和情感性支持对孩子积极心理品质有着显著影响。

表 16　小学生样本 抑郁高风险和心理品质待提升比例逻辑回归模型

| | | | 抑郁高风险比例 (OR) | 心理品质待提升比例 (OR) |
|---|---|---|---|---|
| 积极养育风格 | 温暖鼓励 | 良好 | - | - |
| | | 待提升 | 1.35** | 1.33** |
| | 情感性支持 | 良好 | - | - |
| | | 待提升 | 1.33** | 1.67** |
| | 帮助性支持 | 良好 | - | - |
| | | 待提升 | 1.14** | 1.29** |
| | 理性管教 | 良好 | - | - |
| | | 待提升 | 1.30** | 1.06 |
| 负面养育风格 | 严厉冷漠 | 良好 | - | - |
| | | 待提升 | 1.24** | 1.15* |
| | 干涉倾向 | 良好 | - | - |
| | | 待提升 | 1.15* | 1.09 |
| 人口统计信息 | 家长性别 | 女 | - | - |
| | | 男 | 1.10* | 1.04 |
| | 家庭孩子数量 | 单孩 | - | - |
| | | 多孩 | 1.13* | 1.19** |
| | 家长工作情况 | 有工作 | - | - |
| | | 无工作 | 0.92 | 1.08 |
| | 家庭主要育儿成员 | 共同养育 | - | - |
| | | 爸爸 | 1.26** | 1.23** |
| | | 妈妈 | 1.11* | 1.14* |
| | 家长教育背景 | 高中及以下 | - | - |
| | | 大专 | 0.96 | 1.07 |
| | | 本科及以上 | 0.82** | 1.04 |

**$p < 0.001$, *$p < 0.05$

表 17 初中生样本 抑郁高风险和心理品质待提升比例逻辑回归模型

| | | | 抑郁高风险比例 (OR) | 心理品质待提升比例 (OR) |
|---|---|---|---|---|
| 积极养育风格 | 温暖鼓励 | 良好 | - | - |
| | | 待提升 | 1.67** | 1.58** |
| | 情感性支持 | 良好 | - | - |
| | | 待提升 | 1.59** | 1.68** |
| | 帮助性支持 | 良好 | - | - |
| | | 待提升 | 1.16* | 1.24** |
| | 理性管教 | 良好 | - | - |
| | | 待提升 | 1.20* | 1.20** |
| 负面养育风格 | 严厉冷漠 | 良好 | - | - |
| | | 待提升 | 1.14* | 1.17** |
| | 干涉倾向 | 良好 | - | - |
| | | 待提升 | 1.16* | 1.11* |
| 人口统计信息 | 家长性别 | 女 | - | - |
| | | 男 | 1.02 | 1.01 |
| | 家庭孩子数量 | 单孩 | - | - |
| | | 多孩 | 1.05 | 1.13* |
| | 家长工作情况 | 有工作 | - | - |
| | | 无工作 | 1.12 | 1.06 |
| | 家庭主要育儿成员 | 共同养育 | - | - |
| | | 爸爸 | 1.26** | 1.19** |
| | | 妈妈 | 1.19** | 1.07 |
| 家长教育背景 | | 高中及以下 | - | - |
| | | 大专 | 0.88* | 1.01 |
| | | 本科及以上 | 0.77** | 0.96 |

\*\*$p < 0.001$, \*$p < 0.05$

表18 高中生样本 抑郁高风险和心理品质待提升比例逻辑回归模型

| | | | 抑郁高风险比例 (OR) | 心理品质待提升比例 (OR) |
|---|---|---|---|---|
| 积极养育风格 | 温暖鼓励 | 良好 | - | - |
| | | 待提升 | 1.40** | 1.45** |
| | 情感性支持 | 良好 | - | - |
| | | 待提升 | 1.09 | 1.49** |
| | 帮助性支持 | 良好 | - | - |
| | | 待提升 | 1.21* | 1.16 |
| | 理性管教 | 良好 | - | - |
| | | 待提升 | 1.13 | 1.03 |
| 负面养育风格 | 严厉冷漠 | 良好 | - | - |
| | | 待提升 | 1.18* | 1.06 |
| | 干涉倾向 | 良好 | - | - |
| | | 待提升 | 1.01 | 1.04 |
| 人口统计信息 | 家长性别 | 女 | - | - |
| | | 男 | 0.98 | 0.95 |
| | 家庭孩子数量 | 单孩 | - | - |
| | | 多孩 | 1.03 | 1.05 |
| | 家长工作情况 | 有工作 | - | - |
| | | 无工作 | 1.05 | 1.11 |
| | 家庭主要育儿成员 | 共同养育 | - | - |
| | | 爸爸 | 1.12 | 1.03 |
| | | 妈妈 | 1.05 | 1.04 |
| | 家长教育背景 | 高中及以下 | - | - |
| | | 大专 | 1.02 | 1.03 |
| | | 本科及以上 | 1.08 | 0.98 |

**$p < 0.001$, *$p < 0.05$

# 四、结论与建议

本调查的结果显示，随着学段上升，中国学生的整体心理健康水平呈现显著的阶梯式下降趋势。分析结果也表明中国学生群体的心理健康水平有较弱的性别差异，其中在初中和高中学段，女生的各类积极心理品质指标都要明显差于男生。同时，本研究也发现家长的积极养育风格对学生的心理健康可以起到显著的保护作用，尤其是提供高温暖和高情绪支持的养育风格。数据分析的结果进一步表明养育风格对学生的影响在初中时期最为明显。

基于以上数据结果，本研究提出以下针对中国学生心理健康教育的对策和建议，以期为学生的全面发展提供针对性支持。

## 1. 进一步加强学生心理健康教育综合体系建设

### (1) 基于不同学段学生心理健康的发展特点，推进心理健康的一体化建设

2012年，教育部对《中小学心理健康教育指导纲要》进行了修订，强调了根据中小学生的生理和心理发展特征及规律，采用心理健康教育的知识、理论和方法技能，以培养学生良好的心理素质，并促进其身心全面和谐发展的重要性。这一修订明确指出，在心理和人格发展上，不同学段的学生存在显著差异，因而心理健康教育需针对不同年龄段学生制定特定的指导方针和课程内容。

各学段的心理健康教育内容标准有所区别，需涵盖自我认识、学习技巧、人际交往、情绪调适、升学与职业选择、生活和社会适应等方面。现行的心理健康教育课程在不同学段存在重复，且未能充分匹配学生的心理发展特点。因此，心理健康教育一体化的发展应深入借鉴德育课程一体化的研究成

果，着重在制定科学且统一的课程大纲、标准和教材等方面下工夫。

具体来说，小学低年级的心理健康教育核心在于帮助学生适应新环境，建立规则意识及良好的师生和同学关系；小学中年级则应注重帮助学生学会学习，初步认识自我和调适情绪，为人格发展奠定基础；小学高年级则需关注学生的学习兴趣、自信心，提升集体意识和健全人格，正确面对各种困难和挫折，培养积极进取的态度。在初中阶段，关键是科学理解青春期的身心特征，学会调控情绪、正确处理异性交往，并培养对挫折的耐受能力，积极适应生活和社会的变化。高中阶段则应重点发展学生的学习潜能，提升批判性和创造性思维能力，进一步发展良好的人际关系，提高面对困难和挫折的能力，形成坚强的意志品质。

(2) 将心理健康教育纳入教学体系，强调学生积极心理特质的培养

中小学心理健康教育应坚持发展的眼光，不仅要重视治疗已经出现的心理问题，而且要发挥预防作用，避免学生患上心理疾病。中小学心理健康教育的目标是提高全体学生的心理素质，充分开发学生的心理潜能，增强学生的心理免疫力。有研究表明，具备积极心理特质的人具有更高的身体健康水平以及心理健康水平，具体来说，他们被观察到具有更高的心理弹性、乐观、自我价值观、社会支持、灵性和感激（Lyubomirsky，2008）。

因此，各级各类学校应根据教育部心理健康教育政策要求，积极挖掘潜力、创造条件，开设以活动课程、体验课程为主的心理健康教育专门课程，可以采取多种教学形式，培养学生的自尊、自信、乐观和坚韧等积极特质。同时，引入定期的心理健康评估和全面的心理健康监测程序，有助于早期识别和干预心理健康问题。

(3) 发展性与预防性心理健康教育双管齐下

在心理健康教育中强调积极心理特质的培养也意味着心理健康教育要兼顾发展性与预防性。

首先，对全体学生开展发展性心理健康教育，无论是心理健康课程、心理健康主题班级活动还是学校范围的协作项目，心理教师需要起到整体规划的作用，但也需要与其他教育人员充分沟通，达成关于学生发展目标和课程活动主题的共识。需要共同澄清不同学段学生面临的主要发展任务，了解本校学生的发展需求和特点，开展具有针对性的教育活动。

其次，对已表现出一定心理与行为问题或存在潜在风险的部分学生，开展预防性、治疗性教育。班主任负责观察并识别这些问题，并应及时与家长进行沟通和协作，对于一般性问题提供恰当的指导和支持。对于被初步评估为有较严重心理或行为问题的学生，班主任应及时向心理教师汇报，后者应利用其专业知识进行及时干预或将学生转介至校外专业机构。在整个干预过程中，保护学生隐私是至关重要的，同时应确保心理教师、班主任和家长之间进行有效的沟通与合作。此外，班主任应通过营造适宜的班级环境为学生提供必要的支持，而心理教师则应为班主任提供培训，以提高其观察、识别和初步干预心理与行为问题的能力。对于那些展现出严重心理问题的少数学生，需要进行长期的心理干预，以确保他们获得连续、有效的支持。

## 2. 进一步推进专业队伍的建设和合作机制的构建

### (1) 保障专业人才配比提高与教师培训

在新时代学生心理健康工作的加强和改进中，专业人力资源的支持是不可或缺的。为了确保儿童和青少年心理问题的精确识别与及时干预，必须对心理健康人才队伍体系进行全面的充实和完善。依据教育部发布的《全面加强和改进新时代学生心理健康工作专项行动计划（2023—2025）》，中国计划到 2025 年实现在 95% 的学校和大学配备心理教师，并使心理健康教育及家庭教育指导服务站的覆盖率达到 60%。此政策的实施不仅涉及增加专业人才的需求，还涵盖加强教师在心理健康教育和心理辅导方面的培训与能力。

目前，许多心理健康教师在知识储备方面存在不足，原因之一是学校心理健康教师中拥有专业背景的人员比例较低。此外，非心理专业的教师在有限的时间内学习心理健康知识更显困难。这些因素导致部分教师在心理健康教育上的理解仍然局限于对问题学生的危机干预，而忽视了问题的早期识别。

为加强教师队伍的建设，选拔人员时应严格把关，明确年龄和学历的要求。教育督导人员的选拔应着重于具备高专业水平、熟悉教育政策法规且具有专业背景的人员（张彩云，方晨晨，2019）。在培训方面，应制定相关的培训大纲，并结合线上线下的培训模式，以提升培训的效果和质量（古翠凤，刘雅婷，2020）。除了应用线上线下培训模式外，还应创新多样化、持续性的培训方式，加强教师在识别和应对学生心理问题方面的能力。此外，鼓励教师与专业心理咨询师合作，构建多元化的支持系统，从而更有效地辅助学生的心理健康发展。

(2) 建立学校心理健康合作工作机制

在构建学校心理健康工作机制中，首先需明确任课教师、班主任或学校辅导员及学校心理卫生专业人员作为学校心理健康体系的关键人员层级。紧接着，对每个层级人员在应对学生心理健康问题时的具体职责、所需能力和素质要求以及评估标准进行明确界定。此外，必须建立一个涵盖任课教师、班主任或学校辅导员和学校心理卫生专业人员的心理健康工作分工协作机制。该机制的核心在于使不同角色的教育工作者能够在识别到学生心理健康问题时，及时将学生转介至专业心理健康人员。

该协作机制不仅限于教师和心理咨询师之间的有效沟通，还应包括与家长以及其他相关部门的协同合作。这种综合转介系统可以确保学生在遇到心理健康问题时能够获得及时而有效的专业支持和干预。这种多元合作的工作机制对于提升学校整体心理健康服务的有效性和及时性至关重要，有助于构建一个全面、系统的学校心理健康支持网络。

### 3. 构建良好的养育环境，培养家长的积极养育风格

除了学校环境，家庭养育环境也是促进学生心理健康水平提升的重要因素。在家庭教育中，父母会通过其教养行为把社会习俗、生活习惯、行为习惯和道德准则传递给子女。积极的父母教养方式作为孩子积极心理品质形成和发展的关键，是每一位父母所能尽量提供给孩子的隐形财富。相关分析发现，父母的情感温暖与学生总体积极心理品质呈显著正相关，父母在教养方式上情感温暖越多，就越有利于学生积极心理品质的发展（王燕，李雪慧，2019），这和本研究的结果也较为一致，进一步说明了家长积极养育风格的重要性。因此，教育部门可以利用媒体、公共研讨会及社区活动等手段加强积极养育风格的宣传教育，提高公众对其重要性的认识，并通过家长教育中心或服务站提供家庭教育的指导和支持。此外，加强学校与家庭之间的合作，建立家校社合作机制，鼓励家长参与学校教育并促进社区组织与学校的合作，共同举办家庭教育活动。教育、社会福利、卫生等相关部门应协同合作，共同开发和实施综合家庭教育项目，通过跨部门合作和资源整合，提高家庭教育的效果。最后，为教育工作者和社会服务人员提供专业培训，以有效地帮助家长建立理解、关爱的家庭氛围。这些措施将共同作用于提升家庭教育的质量，培养家长的积极养育风格，从而助力孩子们的全面发展和心理健康。

# 参考文献

[1] 董书阳, 梁熙, 张莹, 王争艳. 母亲积极养育行为对儿童顺从行为的早期预测与双向作用: 从婴儿到学步儿[J]. 心理学报, 2017, 49 (04): 460-471.

[2] 古翠凤, 刘雅婷. 系统论视角下新时代职业教育督导队伍建设研究[J]. 教育与职业, 2020 (16): 12-19.

[3] 蒋奖. 父母教养方式与青少年行为问题关系的研究[J]. 健康心理学杂志, 2004, (01): 72-74.

[4] 蒋奖, 鲁峥嵘, 蒋苾菁, 许燕. 简式父母教养方式问卷中文版的初步修订[J]. 心理发展与教育, 2010, 26 (01): 94-99.

[5] 刘振静, 高安民, 李玉焕. 中小学衔接期学生心理健康状况分析[J]. 精神医学杂志, 2011, 24 (04): 257-259.

[6] 刘程, 廖桂村. 家庭教养方式的阶层分化及其后果: 国外研究进展与反思[J]. 外国教育研究, 2019, 46 (11): 92-104.

[7] 孙仕秀, 范方, 郑裕鸿, 朱清, 陈世键, 张露, 覃滟云. 青少年创伤后应激障碍症状与父母教养方式的关系: 心理弹性的中介作用[J]. 中国临床心理学杂志, 2012, 20 (04): 502-505+509.

[8] 吴慧攀. 中国心理亚健康青少年体质健康及其影响因素的研究[D]. 上海: 华东师范大学, 2019.

[9] 王燕, 李雪慧. 中学生积极心理品质与父母教养方式的关系研究[J]. 遵义师范学院学报, 2019, 21 (04): 154-157.

[10] 吴旻, 刘争光, 梁丽婵. 亲子关系对儿童青少年心理发展的影响[J]. 北京师范大学学报 (社会科学版), 2016, (05): 55-63.

[11] 俞国良. 中国学生心理健康问题的检出率及其教育启示[J]. 清华大学教育研究, 2022, 43 (04): 20-32.

[12] 俞国良, 王浩. 文化潮流与社会转型: 影响我国青少年心理健康状况的重要因素及现实策略[J]. 西南民族大学学报 (人文社科版), 2020, 41 (09): 213-219.

[13] 俞国良, 张亚利. 大中小幼心理健康教育一体化: 人格的视角[J]. 教育研究, 2020, 41 (06): 125-133.

[14] 赵敏, 范春萍. 初中生自我同一性与自我认知的关系研究[J]. 心理月刊, 2022, 17 (02): 25-28+116.

[15] 张彩云, 方晨晨. 教育督导 70 年回顾与展望：从制度化走向现代化[J]. 行政管理改革, 2019, (06): 13-19.

[16] 张光珍, 王娟娟, 梁宗保, 邓慧华. 初中生心理弹性与学校适应的关系[J]. 心理发展与教育, 2017, 33 (01): 11-20.

[17] Darling, N., & Steinberg, L. Parenting Style as Context: An Integrative Model[J]. Psychological Bulletin, 1993, 113 (3): 487-496.

[18] Grant, K. E., Compas, B. E., Thurm, A. E., McMahon, S. D., Gipson, P. Y., Campbell, A. J., Krochock, K., & Westerholm, R. I. Stressors and Child and Adolescent Psychopathology: Evidence of Moderating and Mediating Effects[J]. Clinical Psychology Review, 2006, 26 (3): 257-283.

[19] Hoskins, D. Consequences of Parenting on Adolescent Outcomes[J]. Societies, 2014, 4(3): 506-531.

[20] He, B., Fan, J., Liu, N., Li, H., Wang, Y., Williams, J., & Wong, K. Depression Risk of 'Left-behind Children' in Rural China[J]. Psychiatry Research, 2012, 200 (2-3): 306-312.

[21] Löwe, B., Kroenke, K., & Gräfe, K. Detecting and Monitoring Depression with a Two-item Questionnaire (PHQ-2)[J]. Journal of Psychosomatic Research, 2005, 58(2): 163-171.

[22] Milevsky, A., Schlechter, M., Netter, S., & Keehn, D. Maternal and Paternal Parenting Styles in Adolescents: Associations with Self-esteem, Depression and Life-satisfaction[J]. Journal of Child and Family Studies, 2007, 16: 39-47.

[23] Millings, A., Walsh, J., Hepper, E., & O'Brien, M. Good Partner, Good Parent: Responsiveness mediates the link between romantic attachment and parenting style[J]. Personality and Social Psychology Bulletin, 2013, 39 (2): 170-180.

[24] Prevatt, F. F.. The Contribution of Parenting Practices in a Risk and Resiliency Model of Children's Adjustment[J]. British Journal of Developmental Psychology, 2003, 21(4): 469-480.

[25] Repetti, R. L. , Taylor, S. E. , & Seeman, T. E.. Risky Families: Family Social Environments and the Mental and Physical Health of Offspring[J]. Psychological Bulletin, 2002, 128(2): 330.

[26] Tang, X., Tang, S., Ren, Z., & Wong, D. F. K. Prevalence of Depressive Symptoms Among Adolescents in Secondary School in Chinese Mainland: A Systematic Review and Meta-analysis[J]. Journal of Affective Disorders, 2019, 245: 498-507.

[27] Tsai, F. J., Huang, Y. H., Liu, H. C., Huang, K. Y., Huang, Y. H., & Liu, S. I. Patient Health Questionnaire for School-based Depression Screening among Chinese Adolescents[J]. Pediatrics, 2014, 133(2): e402-e409.

[28] World Health Organization. Mental Health of Adolescents[EB/OL]. (2021-11-17) [2023]. https://www.who.int/news-room/fact-sheets/detail/adolescent-mental-health.

# 中国学生心理健康和家庭环境：
# 基于教师观察的调查报告

朱廷劭[*] 韩 诺[**]

---

[*] 朱廷劭，中国科学院心理所研究员、博士生导师，中国科学院大学岗位教授。1993年毕业于南京航空航天大学，分别于1999年和2005年在中国科学院计算技术研究所和加拿大阿尔伯塔大学获博士学位。朱廷劭博士及其团队通过心理与信息科学的融合开展大数据心理学的交叉研究，实现了对用户心理特征及时有效的识别，为心理学研究提供了新的思路。先后主持承担国家自然科学基金委项目、科技部973和863计划、国家社科基金重点、中科院A类先导专项等多项研究课题，发表论文100余篇。

[**] 韩诺，中国科学院心理研究所。

【摘　要】本次调查针对无锡、厦门和常州地区的小学、初中和高中学生，共收集 54,880 名学生的心理健康数据，结合教师对学生异常情况的观察记录，揭示了多项关键发现。调查结果显示，有接近 3% 的学生被教师标记为"表现出异常行为"。同时，数据分析结果显示，教师观察记录，尤其是教师对学生自伤自残行为的观察记录，可以有效地识别出在各类心理健康指标上表现出潜在风险的学生。此外，教师对学生家庭环境中潜在风险的观察，更是可以区分家长的养育风格倾向，尤其是负面养育风格。根据以上分析结果，本次调查为中国教师识别学生潜在心理问题的能力提供了初步的数据支持。本报告也对心理健康服务的完善提出了几点建议，包括：优先提升全体教师的心理健康教育能力；加强教师对不良教育环境的识别能力；鼓励教师在学科教育中促进学生心理成长等。

【关键词】青少年　家庭养育环境　教师评价　心理健康　验证研究

# 一、引　言

作为社会的中坚力量，青少年群体充满了旺盛与积极的活力，他们是最为宝贵和具备巨大潜能的人力资源，是构建未来社会主义事业的奠基者和接班人，代表着国家的希望与未来。推动广大青少年健康成长、培养新时代的人才，是中华民族振兴的关键前提。通过关注青少年的身心健康，提供健康、安全的成长环境，可以促进青少年的全面发展。这不仅是对青少年个体的尊重和关怀，更是国家长远发展的重要保障，为实现中华民族伟大复兴的中国梦，注入持久而有力的活力。

青少年时期是个人成长道路上至关重要的阶段，在这一发展时期，个体的心理健康和社会适应能力具有决定性的作用。研究指出，青少年时期的心理健康状况与社会适应能力和学业成就密切相关，焦虑、抑郁等问题可能会影响他们的学习、人际关系和社交技能（Compas et al., 2017）。此外，青少年期间的经历和心理状态对成年后的心理健康和生活质量具有重大影响（Steinberg, 2014）。及时关注和解决这些问题对塑造健康、稳定的未来社会至关重要。

随着对心理健康的认识增加，社会对这一议题的关注程度不断加深。当前，青少年心理健康问题日益引起全球关注。世界卫生组织指出，青少年心理健康问题在全球范围内呈现普遍性和不断增加的趋势，数字化时代的到来加剧了青少年面临的心理健康挑战。随着社交媒体和数字技术的普及，青少年更容易陷入网络欺凌、自我比较和社交压力之中。这种虚拟世界带来的心理压力对青少年的心理健康构成了威胁。在一个数字化、高竞争的时代，青少年面临着前所未有的压力和挑战，需要更多的理解和支持。因此，如何更好地识别和预防青少年的心理健康问题成为了当下的重中之重。

不少学者认为，学校和教师在提供心理健康服务，尤其是对学生心理健康问题的早期识别上发挥着至关重要的作用。有心理健康问题的学生通常表现出成绩退步、校内活动参与度降低、人际关系质量下降，甚至退学等现象（Meldrum, Venn & Kutcher, 2009; Volk, Craig, Boyce & King, 2006）。考虑到心理健康问题对青少年学业成绩和日常行为的负面影响（Kieling et al., 2011），需要每日接触学生的一线教师往往是最先观察到学生的行为或心理健康问题的人。此外，教师对学生的人际关系、情绪调节能力、应对压力的能力等心理健康相关因素通常也会有相对全面的了解，因此，教师通过日常的观察，能够及时捕捉到各种异常行为，为进一步了解学生的心理状况提供线索。同时，家访的职责也可以让教师直接评估学生的生活环境，更全面地了解学生的日常生活及家庭生活中的潜在风险，例如家庭问题或是不良的养育环境等心理健康高危因素（Byrne & Taylor, 2007）。通过发现这些可能被家长掩盖的外部因素，教师可以调整对学生的帮助方式。虽然教师在改善学生心理问题上的重要性已经得到了大量海内外教育机构的认同（Reinke et al., 2011），也有不少近期的国际研究表明，有针对性地提高教师观察素养的培训有明显的积极效果，并且大部分教师也表现出学习心理健康相关知识的意愿（Kutcher et al., 2013）。但也有研究指出，目前依然只有部分教师有足够能力来识别和干预学生的心理健康问题（Rothì, Leavey & Best, 2008）。

同时，研究也发现教师在面对不同层面的心理健康问题时，识别能力也有所不同。相比潜在的情绪和心理问题，教师更容易观察到学生外在表现出来的行为问题，例如逃学、霸凌等问题（Winsler & Wallace, 2002）。关注教师视角的相关研究也指出，出格的举动反而更能够得到老师的注意和帮助，而内化的情绪问题往往更难被察觉（Loades & Mastroyannopoulou, 2010）。因此，教师在观察学生的潜在问题时，不但需要具备相关知识和积极的态度，而且需要有足够的经验去识别相对不明显的心理问题特征才能更加有效。因此，如何帮助大部分教师提升相关能力，获取更多资源，也是改善学生心理健康问题的重要一步。

最后，相关政策的制定也需要更多研究数据来支撑具体方案的设计，为青少年心理健康教育提供指导。当前国内尚未有研究系统化地探究中国教师对学生各类行为的日常观察，是否能有效识别出有潜在心理问题的学生，或是有潜在家庭问题的学生。因此，结合以上现实意义及研究理论，本研究旨在探索两个研究问题：1. 教师的日常行为观察是否能识别出有潜在心理健康风险的学生；2. 教师的日常行为观察是否能识别出家庭养育环境不佳的学生。

## 二、样本情况

### 1. 区域

取样地区包括无锡、厦门与常州三个城市，主要采集地区为无锡市，所有城市共包含 54,880 名在校儿童或青少年。各城市取样人数如表 1 所示。

表 1 各城市取样人数

单位：人，%

| 无锡 | 厦门 | 常州 |
| --- | --- | --- |
| 52936 | 1547 | 397 |
| (96.5) | (2.8) | (0.7) |

## 2. 性别与年级

本次调查覆盖采样城市的小学四年级以上的在校儿童或青少年。分为小学（四至六年级）、初中（初一、初二、初三）和高中（高一、高二、高三）三个学段。具体取样情况如表 2 所示。

表 2　学段及性别取样人数

单位：人，%

| 学段 | 性别 | | 合计 |
| --- | --- | --- | --- |
| | 男 | 女 | |
| 小学 | 12058 (22%) | 10293 (19%) | 22351 (41%) |
| 初中 | 10631 (19%) | 8826 (16%) | 19457 (35%) |
| 高中 | 7156 (13%) | 5916 (11%) | 13072 (24%) |
| 合计 | 29845 (54%) | 25035 (46%) | 54880 (100) |

# 三、调查工具

## 1. 教师维度

教师行为观察清单为问向实验室于 2023 年编制的教师工具，旨在辅助教师开展日常对学生异常行为的观察工作。教师可在工具上标记学生出现的异常情况。可供标记的情况包括五个大类：严重身体不适、家庭教育不当、情绪失落波动、行为极端反常和遭遇应激事件。此量表结构如表 3 所示。教师可对单一学生标注多于一项的异常情况。

表3 教师行为观察清单量表结构

| 维度 | 题目描述 |
| --- | --- |
| 严重身体不适 | 不明原因的头痛、胃痛、恶心、呕吐、眩晕、昏迷 |
| | 体重明显变化 |
| 家庭教育不当 | 学生经常抵触和漠视家长 |
| | 家长对孩子严厉苛责、过分骄纵、放任自流或期待过高 |
| 情绪失落波动 | 过分敏感 |
| | 高度紧张 |
| | 孤独麻木 |
| | 冲动易怒 |
| | 悲伤沮丧 |
| | 长期焦虑 |
| 行为极端反常 | 兴趣丧失 |
| | 厌学逃学 |
| | 反应迟钝 |
| | 言行暴力 |
| | 自伤自残 |
| | 表达遗愿 |
| 遭遇应激事件 | 转学换班 |
| | 家庭变故 |
| | 情感挫折 |
| | 生理疾病 |
| | 考试失利 |
| | 校园欺凌 |
| | 人际关系问题 |

## 2. 学生维度

学生身心发展指数评估（WISE）为问向实验室于 2023 年编制的多维学生心理健康评估工具，适用于 7—18 岁中国学生。本研究采用了评估中的两个分量表："积极心理品质"和"日常生活行为"分量表。

"积极心理品质"分量表主要测量学生在应对压力和困难时，表现出的积极情感、认知和行为特征，包含五个子级维度：自我效能、乐观、情绪调节、韧性和坚毅。"日常生活行为"分量表主要测量学生日常生活中的五类重要行为指标，包含五个子级维度：人际关系、电子设备使用、睡眠情况、作业情况和体育锻炼情况。量表具体结构和题目数量请参考表 4。

表 4　WISE 指数评估量表结构

| 父级维度 | 子级维度 |
| --- | --- |
| 积极心理品质 | 自我效能（6 题） |
| | 乐观（5 题） |
| | 情绪调节（5 题） |
| | 韧性（6 题） |
| | 坚毅（只适用于中学生）（6 题） |
| 日常生活行为 | 睡眠情况（3 题） |
| | 作业情况（2 题） |
| | 体育锻炼情况（2 题） |
| | 电子设备使用情况（4 题） |
| | 人际关系情况（4 题） |

过往对大量中国学生的研究数据显示两个分量表的整体信效度都表现良好：积极心理品质（Cronbach's $\alpha$ = .89, CFI = .95, TLI = .94, SRMR= .03）、日常生活行为（Cronbach's $\alpha$ = .89, CFI = .93, TLI = .91, SRMR= .04）。

本研究使用两条目患者健康问卷抑郁量表（PHQ-2），该量表主要用于评估抑郁情绪的相关症状（Löwe et al., 2005）。量表共 2 题，采用四点李克特评分对最近两周内抑郁情绪出现的频率进行评分（从"0 完全没有"至"3 几乎每天"）。量表的总分为 0—6 分，得分高于 3 分为抑郁倾向。研究表明该工具在中国青少年人群中有良好的敏感性与特异性（Tsai et al., 2014）。

### 3. 家长维度

家庭环境适宜度评估（PI）为问向实验室于 2023 年编制的多维家庭环境评估工具，适用于 7—18 岁学龄孩童家长的养育风格评估。该工具包含五个分量表，总共测量了养育风格中的十类基本维度。本研究主要采用了其中的三类积极养育风格和两类负面养育风格。积极养育风格包含"教育方式"分量表中的"温暖鼓励"维度（如孩子能感受到我无条件的接纳），"家庭支持"分量表中的"情感性支持"维度（如我常陪孩子参加一些 TA 感兴趣的活动），以及"管教方式"分量表中的"理性管教"维度（如让孩子遵守规则时，我会解释原因）。"温暖鼓励"维度主要测量的是家长养育孩子时在情感和关爱表达层面上的特质。在温暖鼓励维度上得分较高的家长更倾向于主动对孩子表达自己的情感与关爱，并为孩子创造一个安全和积极的情感环境。"情感性支持"维度主要测量的是家长是否会在孩子有情感需求时提供支持、理解和安慰，同时也侧面反映了家长为孩子营造开放的沟通环境的能力。"理性管教"维度主要测量的是家长在管教孩子时的沟通方式。在理性管教维度得分较高的家长更倾向于用透明的沟通方式和孩子解释规则背后的原因，鼓励孩子理解自己行为的后果而不是强制孩子遵守规则。

负面养育风格包含"教育方式"分量表中的"严厉冷漠"维度（如愤怒时，我可能会对孩子恶语相向），以及"干涉倾向"分量表（如我经常会插手孩子的事）。"严厉冷漠"维度主要测量的也是家长养育孩子时在情感和关爱表达层面上的特质。在"严厉冷漠"维度得分较高的家长更倾向于施加严格的规则和惩罚性措施，在温暖和关爱上的表达则较为缺乏。"干涉倾向"测量的是家长是否过度参与孩子的日常生活和决定。高干涉倾向的父母更有可能会过度控制和微观管理孩子生活的各个方面。

五类养育风格总计18题，采用李克特五点评分（从"1 完全不符合"至"5 完全符合"）。根据过往大量的中国家长的研究数据，该量表整体信效度表现良好：教育方式（Cronbach's $\alpha$ = .75, CFI = .99, TLI = .99, RMSEA = .03）、家庭支持（Cronbach's $\alpha$ = .83, CFI = .98, TLI = .97, RMSEA = .06）、管教方式（Cronbach's $\alpha$ = .79, CFI = .99, TLI = .98, RMSEA = .06）、干涉倾向（Cronbach's $\alpha$ = .81, CFI = .95, TLI = .94, RMSEA = .05）。

## 四、调查结果

### 1. 教师观察调查结果

根据教师对学生日常行为观察所进行的调查结果显示，共有1,452名学生被教师标注为存在异常情况，占总调查群体的3%。在标记为异常情况的学生群体中，24%的学生处于小学学段，47%的学生处于初中学段，29%的学生处于高中学段；男生占58%，女生占42%。具体描述性统计结果见表5。

以性别与学段为自变量，是否被标记为高风险人群为因变量执行方差分析，结果显示性别主效应具有统计学意义（$F$ = 9.158, $p$ = 0.002）；学段主效应同样具有统计学意义（$F = 92.989, p < 0.001$）；但学段与性别的交互作用不存在统计学意义。由此可以得出结论，在教师标注的心理健康风险中，初中学段比小学与高中学段更容易有心理健康风险行为。此外，男生比女生更容易有心理健康风险行为表现。

表5 教师标注调查结果

| 变量 | | 存在异常情况 | | 合计 |
| --- | --- | --- | --- | --- |
| | | 否 | 是 | |
| 学段 | 小学 | 22009 (41%) | 342 (24%) | 22351 (41%) |
| | 初中 | 18768 (35%) | 689 (47%) | 19457 (35%) |
| | 高中 | 12651 (24%) | 421 (29%) | 13072 (24%) |
| | 合计 | 53428 (97%) | 1452 (3%) | 54880 (100%) |
| 性别 | 男 | 28997 (54%) | 848 (58%) | 29845 (54%) |
| | 女 | 24431 (46%) | 604 (42%) | 25035 (46%) |
| | 合计 | 53428 (97%) | 1452 (3%) | 54880 (100%) |

## 2. 基于教师观察数据的学生心理健康分析

基于教师日常观察，使用 Welch's T 检验方法对学生三类心理健康指标（日常生活行为、积极心理品质与抑郁）进行比较。日常观察包括以下几个方面。（1）总体记录，包含五个异常指标："严重身体不适""家庭教育不当""情绪失落波动""行为极端反常"与"遭遇应激事件"；（2）学生极端行为，包含"行为极端反常"维度中的两个具体观察指标："表达自杀意愿"和"自伤自残行为"。

调查结果显示教师观察数据可以显著区分学生在不同心理健康指标上的得分，其中教师对学生是否有自伤自残行为的相关记录在心理健康指标上的区分度最强。详细 Welch's T 检验结果请见下表。

教师总体观察记录与学生自评指标比较结果如表6及图1、图2、图3所示。如果学生在五个异常情况指标中有任意一个被教师标注，就会被划分入"有相关记录"中。分析结果显示被标记出有相关记录的学生在积极心理品质（79.1分）和日常生活行为（51.5分）上的得分都要显著低于没有相关标记的学生（积极心理品质88.3分，日常生活行为56.7分），在抑郁评估的得分上（1.58分）则显著高于没有相关标记的学生（0.99分），整体效应量中等，表明教师观察的总体记录已经能较好地识别出在各类心理指标上表现出潜在风险的学生。

表6  总体观察比较结果

| 学生自评 | 无相关记录 | | 有相关记录 | | $t$ 值 | 显著性 $p$ | 效应量 Cohen's $d$ |
|---|---|---|---|---|---|---|---|
| | M | SD | M | SD | | | |
| 积极心理品质 | 88.3 | 15.9 | 79.1 | 19.7 | 20.4 | <.001 | 0.485 |
| 日常生活行为 | 56.7 | 10.0 | 51.5 | 11.2 | 22.3 | <.001 | 0.503 |
| 抑郁 | 0.99 | 1.42 | 1.58 | 1.76 | -15.9 | <.001 | -0.375 |

教师总体观察记录中的严重身体不适观察指标与学生自评指标比较结果如表7所示。具体分析结果表明，被标记出严重身体不适的学生在积极

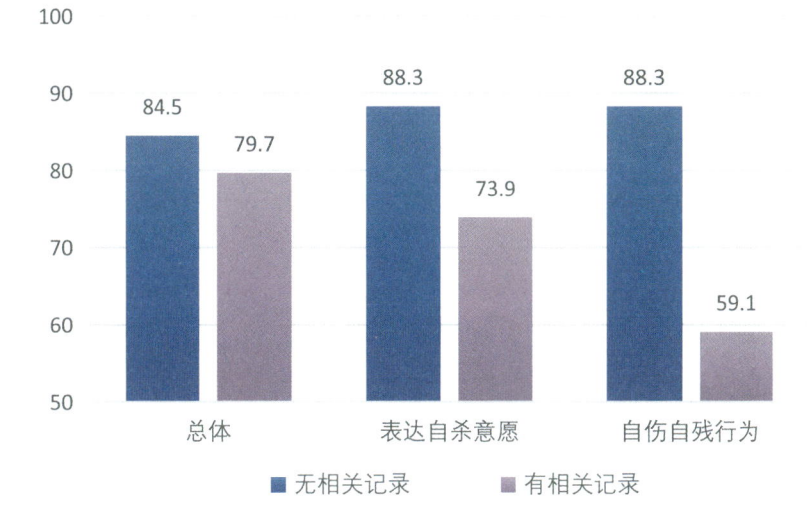

图1 根据教师观察记录的积极心理品质得分比较
（注：得分已转化为百分制）

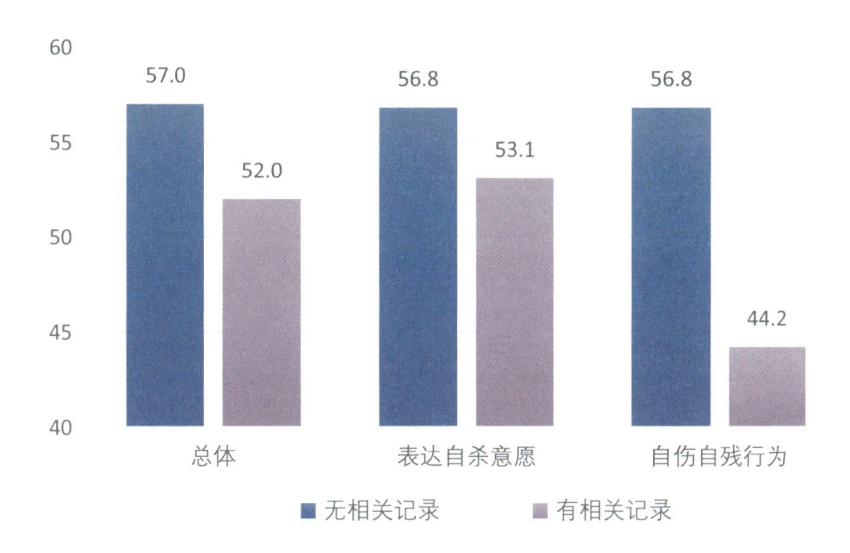

图2 根据教师观察记录的日常生活行为得分比较
（注：得分已转化为百分制）

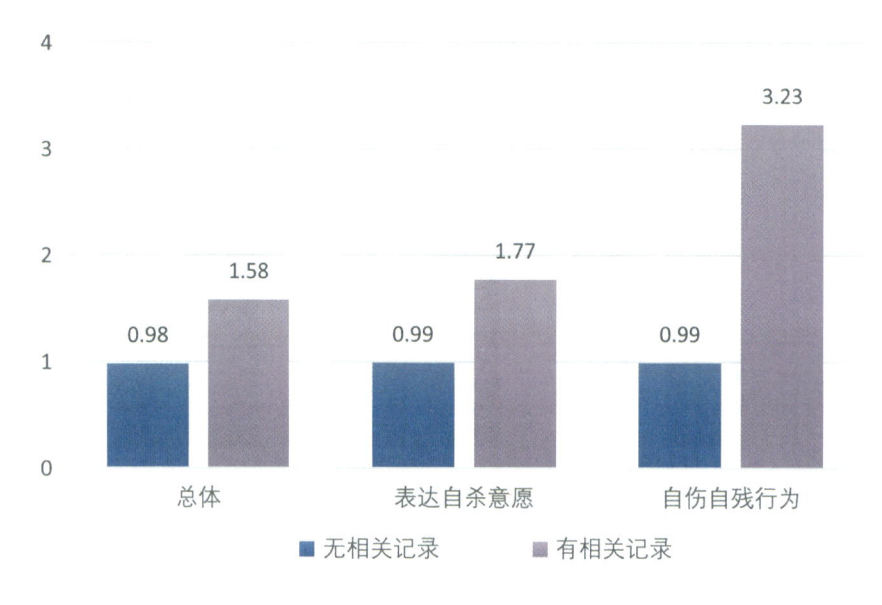

## 图3 根据教师观察记录的抑郁得分比较
（注：得分已转化为百分制）

柱状图数据：
- 总体：无相关记录 0.98，有相关记录 1.58
- 表达自杀意愿：无相关记录 0.99，有相关记录 1.77
- 自伤自残行为：无相关记录 0.99，有相关记录 3.23

表7 严重身体不适比较结果

| 学生自评 | 否 | | 是 | | t值 | 显著性 p | 效应量 Cohen's d |
| --- | --- | --- | --- | --- | --- | --- | --- |
| | M | SD | M | SD | | | |
| 积极心理品质 | 88.3 | 16.0 | 73.9 | 21.8 | 9.46 | <.001 | 0.746 |
| 日常生活行为 | 56.7 | 10.0 | 50.1 | 11.3 | 8.47 | <.001 | 0.620 |
| 抑郁 | 0.99 | 1.43 | 1.85 | 1.98 | -6.21 | <.001 | -0.493 |

心理品质（73.9分）和日常生活行为（50.1分）上的得分都要显著低于没有相关标记的学生（积极心理品质88.3分，日常生活行为56.7分），在抑郁评估的得分上（1.85分）则显著高于没有相关标记的学生（0.99分），整体效应量中等偏大，表明教师对学生身体问题的相关记录可以较好地识别出有

潜在心理健康风险的学生。

教师总体观察记录中的情绪失落波动观察指标与学生自评指标比较结果如表 8 所示。结果显示，被标记为有情绪失落波动的学生在积极心理品质（78.0 分）和日常生活行为（50.8 分）方面的得分显著低于没有相关标记的学生（积极心理品质 88.4 分，日常生活行为 56.8 分），在抑郁评估方面的得分（1.71 分）显著高于没有相关标记的学生（0.99 分），整体效应量中等，表明教师对学生情绪失落波动的相关记录可以识别有潜在心理健康风险的学生。

表 8 情绪失落波动比较结果

| 学生自评 | 否 | | 是 | | t 值 | 显著性 p | 效应量 Cohen's d |
| --- | --- | --- | --- | --- | --- | --- | --- |
| | M | SD | M | SD | | | |
| 积极心理品质 | 88.4 | 16.0 | 78.0 | 20.7 | 18.3 | <.001 | 0.561 |
| 日常生活行为 | 56.8 | 10.0 | 50.8 | 11.1 | 19.6 | <.001 | 0.565 |
| 抑郁 | 0.99 | 1.42 | 1.71 | 1.83 | -14.4 | <.001 | -0.441 |

教师总体观察记录中的行为极端反常观察指标与学生自评指标比较结果如表 9 所示。结果显示，相比没有相关标记的学生（积极心理品质 88.3 分，日常生活行为 56.8 分，抑郁 0.99 分），被标记为行为极端反常的学生，他们的积极心理品质（77.1 分）和日常生活行为（50.7 分）得分显著更低，抑郁得分（1.81 分）显著更高，整体效应量中等偏大，表明教师对学生极端反常行为的相关记录可以识别有潜在心理健康风险的学生。

表 9　行为极端反常比较结果

| 学生自评 | 否 | | 是 | | t 值 | 显著性 p | 效应量 Cohen's d |
| --- | --- | --- | --- | --- | --- | --- | --- |
| | M | SD | M | SD | | | |
| 积极心理品质 | 88.3 | 16.0 | 77.1 | 20.8 | 16.9 | <.001 | 0.609 |
| 日常生活行为 | 56.8 | 10.2 | 50.7 | 11.1 | 17.2 | <.001 | 0.579 |
| 抑郁 | 0.99 | 1.43 | 1.81 | 1.89 | -13.6 | <.001 | -0.492 |

教师总体观察记录中的遭遇应激事件观察指标与学生自评指标比较结果如表 10 所示。结果显示，在积极心理品质方面，被标记遭遇应激事件的学生得分（79.5 分）显著低于未被标记的学生（88.3 分）；在日常生活行为方面，被标记遭遇应激事件的学生得分（51.4 分）显著低于未被标记的学生（56.8 分）；在抑郁评估方面，被标记遭遇应激事件的学生得分（1.60 分）显著高于未被标记的学生（0.99 分），整体效应量中等，表明教师对学生是否遭遇应激事件的相关记录可以识别有潜在心理健康风险的学生。

表 10　遭遇应激事件比较结果

| 学生自评 | 否 | | 是 | | t 值 | 显著性 p | 效应量 Cohen's d |
| --- | --- | --- | --- | --- | --- | --- | --- |
| | M | SD | M | SD | | | |
| 积极心理品质 | 88.3 | 16.0 | 79.5 | 19.6 | 15.7 | <.001 | 0.498 |
| 日常生活行为 | 56.8 | 10.2 | 51.4 | 10.5 | 17.7 | <.001 | 0.527 |
| 抑郁 | 0.99 | 1.43 | 1.60 | 1.74 | -12.0 | <.001 | -0.381 |

此外，本研究还将教师记录的极端行为反常中的"自杀意愿"和"自伤自残"观察指标与学生自评指标进行比较。其中，"表达自杀意愿"观察指标与学生自评指标比较结果如表 11 及图 1、图 2、图 3 所示。结果显示，表达过自杀意愿的学生在积极心理品质（73.9 分）与日常生活行为（53.1 分）方面的得分均显著低于没有表达过自杀意愿的学生（积极心理品质 88.3 分，日常生活行为 56.8 分），他们在抑郁评估方面的得分（1.77 分）显著高于没有表达过自杀意愿的学生（0.99 分），整体效应量中等，表明教师对自杀意愿的观察记录可以识别有潜在心理健康风险的学生。

表 11 表达自杀意愿比较结果

| 学生自评 | 否 | | 是 | | t 值 | 显著性 p | 效应量 Cohen's d |
| --- | --- | --- | --- | --- | --- | --- | --- |
| | M | SD | M | SD | | | |
| 积极心理品质 | 88.3 | 16.0 | 73.9 | 25.6 | 3.07 | <.001 | 0.671 |
| 日常生活行为 | 56.8 | 10.2 | 53.1 | 13.5 | 1.48 | <.001 | 0.307 |
| 抑郁 | 0.99 | 1.43 | 1.77 | 1.94 | -2.17 | <.001 | -0.451 |

教师记录极端行为部分的自伤自残观察指标与学生自评指标比较结果如表 12 及图 1、图 2、图 3 所示。结果显示，被教师观察到有自伤自残的学生，在积极心理品质的得分显著更低（被标记的为 59.1 分，未被标记的为 88.3 分），在日常生活行为方面的得分显著更低（被标记的为 44.2 分，未被标记的为 56.8 分），在抑郁方面的得分显著更高（被标记的为 3.23 分，未被标记的为 0.99 分），整体效应量较大，表明教师观察到学生自伤自残可以很好地识别有潜在心理健康风险的学生。

表 12 自伤自残比较结果

| 学生自评 | 否 | | 是 | | t 值 | 显著性 p | 效应量 Cohen's d |
| --- | --- | --- | --- | --- | --- | --- | --- |
| | M | SD | M | SD | | | |
| 积极心理品质 | 88.3 | 16.0 | 59.1 | 22.9 | 11.54 | <.001 | 1.48 |
| 日常生活行为 | 56.8 | 10.2 | 44.2 | 11.0 | 10.37 | <.001 | 1.20 |
| 抑郁 | 0.99 | 1.43 | 3.23 | 2.04 | -9.90 | <.001 | -1.27 |

### 3. 基于教师观察数据的学生抑郁比例分析

基于教师总体观察记录、五个异常指标及两个学生极端行为指标，对被标记与未被标记学生的抑郁比例进行比较分析，结果见表 13 和图 4。总体的卡方检验分析结果显示，被教师标记为异常情况的学生群体中抑郁高风险的比例要显著高于没有相关记录的学生群体。

具体来说，分析结果（$\chi^2 = 37.7$，$p < 0.001$）显示，在被教师标记任何一类异常情况的学生中（总体观察记录），抑郁高风险的学生比例（24%）显著高于未被标记学生中抑郁高风险的比例（13%）。

基于具体异常指标的分析结果如下。在被教师标记为严重身体不适的学生中，抑郁高风险的比例（30%）高于未被标记学生中的比例（13%），比例差异显著（$\chi^2 = 169$，$p < 0.001$）。在被教师标记为家庭教育不当的学生群体中，有抑郁高风险的学生比例显著更高（被标记的为 28%，未被标记的为 13%；$\chi^2 = 94.3$，$p < 0.001$）。分析结果（$\chi^2 = 166$，$p < 0.001$）也显示在被教师标记为情绪失落波动的学生群体中，有抑郁高风险的学生比例（27%）显著高于没有被标记的学生中的抑郁高风险比例（13%）。在行为极端反常方面，被标记的学生中，抑郁高风险的比例（30%）高于没有被标记的

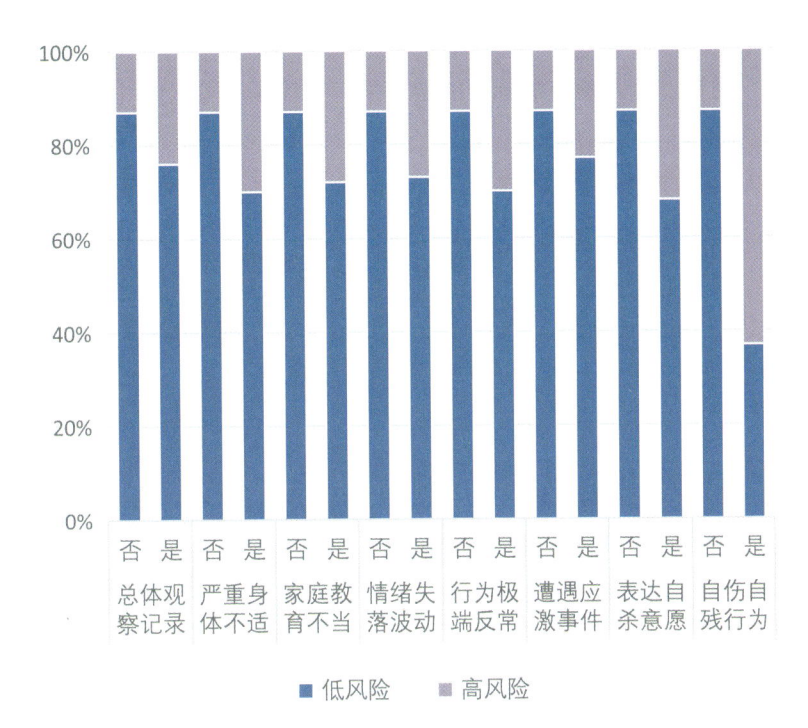

图4　基于教师观察数据的抑郁高风险比例比较

学生中的相关比例（13%），并且差异显著（$\chi2 = 167$，$p < 0.001$）。是否遭遇应激事件方面，相比于未被标记的学生（13%），被标记的学生中有抑郁高风险的学生比例（23%）显著更高（$\chi2 = 74.2$，$p < 0.001$）。总体而言，被教师总体观察或五项异常指标标记的学生群体中，抑郁的高风险比例是未被标记群体的大约两倍。

将学生极端行为指标细分成表达自杀意愿与自伤自残行为指标，具体分析结果如下。在被教师标记为有表达自杀意愿的学生群体中，有抑郁高风险的学生比例（32%）高于没有被标记的学生中有抑郁高风险比例（13%），差异显著（$\chi2 = 5.95$，$p < 0.05$），前者是后者的两倍左右。最后，在被教师

标记为有自伤自残行为的学生群体中，有抑郁高风险的学生比例（63%）显著更高，且该比例是没有被标记的学生中有抑郁高风险比例（13%）的五倍左右（$\chi^2 = 139$, $p < 0.001$）。

表13 教师观察数据的学生抑郁比例比较

| 变量 | | 抑郁高风险 | |
|---|---|---|---|
| | | 否 | 是 |
| 教师总体观察记录 | 否 | 46725 (87%) | 6705 (13%) |
| | 是 | 1100 (76%) | 350 (24%) |
| 严重身体不适 | 否 | 47721 (87%) | 7011 (13%) |
| | 是 | 104 (70%) | 44 (30%) |
| 家庭教育不当 | 否 | 47484 (87%) | 6924 (13%) |
| | 是 | 341 (72%) | 131 (28%) |
| 情绪失落波动 | 否 | 47174 (87%) | 6812 (13%) |
| | 是 | 651 (73%) | 243 (27%) |
| 行为极端反常 | 否 | 47365 (87%) | 6861 (13%) |
| | 是 | 460 (70%) | 194 (30%) |
| 遭遇应激事件 | 否 | 47194 (87%) | 6868 (13%) |
| | 是 | 631 (77%) | 187 (23%) |
| 表达自杀意愿 | 否 | 47812 (87%) | 7049 (13%) |
| | 是 | 13 (68%) | 6 (32%) |
| 自伤自残行为 | 否 | 47802 (87%) | 7016 (13%) |
| | 是 | 23 (37%) | 39 (63%) |

## 4. 基于教师观察数据的家长养育风格分析

本节分析内容为基于教师对学生不良家庭环境的相关记录，包含"家庭教育不当"维度中的不良亲子关系（"学生经常抵触和漠视家长"），以及不良养育环境（"家长对孩子严厉苛责、过分骄纵、放任自流或期待过高"）。分析对应的学生家长在各类养育风格（三类积极养育风格，二类负面养育风格）上的得分是否会显著低于没有相关记录的家长。

表14 不良亲子关系比较结果

| 家长自评 | 否 | | 是 | | $t$ 值 | 显著性 $p$ | 效应量 Cohen's $d$ |
| --- | --- | --- | --- | --- | --- | --- | --- |
| | M | SD | M | SD | | | |
| 温暖鼓励 | 12.60 | 2.70 | 11.40 | 3.36 | 5.20 | <.001 | 0.381 |
| 情感性支持 | 8.45 | 1.75 | 7.88 | 1.98 | 4.31 | <.001 | 0.302 |
| 理性管教 | 14.14 | 3.15 | 13.43 | 3.15 | 3.39 | <.001 | 0.225 |
| 严厉冷漠 | 7.99 | 4.07 | 9.74 | 4.53 | -5.83 | <.001 | -0.407 |
| 干涉倾向 | 12.95 | 4.89 | 15.00 | 5.28 | -5.83 | <.001 | -0.402 |

教师记录的不良亲子关系指标与学生家长各类养育风格的比较结果如表14和图5所示。结果显示，被教师标记亲子关系不良的学生，他们的家长在三类积极养育风格方面的得分显著低于未被标记学生的家长。具体来说，亲子关系不良的学生家长在积极养育风格评估中，各项指标的平均值分别为温暖鼓励11.40分，情感性支持7.88分，理性管教13.43分；未被标记的学生的家长在积极养育风格方面，各项指标得分的平均值分别为温暖

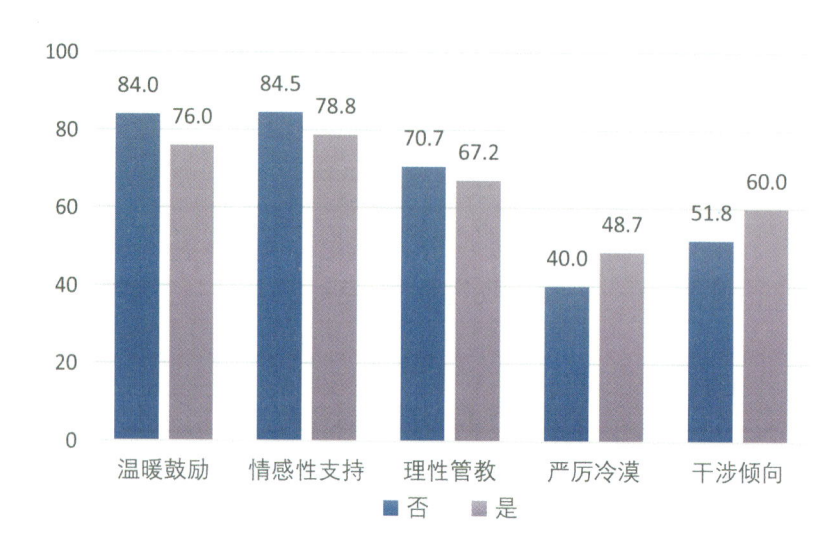

```
100
                84.0       84.5
          80         76.0       78.8
                                    70.7
          60                            67.2                 60.0
                                                         51.8
          40                                    40.0 48.7
          20
           0
              温暖鼓励  情感性支持  理性管教   严厉冷漠   干涉倾向
                           ■ 否   ■ 是
```

**图 5　根据不良亲子关系的养育风格得分比较**
（注：得分已转化为百分制）

鼓励 12.60 分，情感性支持 8.45 分，理性管教 14.14 分。另外，被教师标记亲子关系不良的学生，他们的家长的严厉冷漠得分（9.74 分）比未被标记学生的家长（7.99 分）显著更高，干涉倾向得分（15.00 分）也显著更高于未被标记学生的家长（12.95 分），整体效应量中等，表明教师观察到学生与家长的亲子关系不良一定程度上可以反映学生家长的养育风格，特别是家长的负面养育风格情况。

教师记录的不良养育环境指标与学生家长在各类养育风格的比较结果如表 15 和图 6 所示。结果显示，被教师标记家庭养育环境不良的学生，他们的家长在三类积极养育风格（温暖鼓励 11.50 分，情感性支持 7.90 分，理性管教 13.53 分）方面的得分显著低于未被标记学生的家长（温暖鼓励 12.60 分，情感性支持 8.45 分，理性管教 14.14 分）。另外，被教师标记养育

表 15 不良养育环境比较结果

| 家长自评 | 否 | | 是 | | t 值 | 显著性 p | 效应量 Cohen's d |
| --- | --- | --- | --- | --- | --- | --- | --- |
| | M | SD | M | SD | | | |
| 温暖鼓励 | 12.60 | 2.70 | 11.50 | 3.28 | 5.74 | <.001 | 0.365 |
| 情感性支持 | 8.45 | 1.75 | 7.90 | 2.01 | 4.66 | <.001 | 0.289 |
| 理性管教 | 14.14 | 3.15 | 13.53 | 3.23 | 3.25 | <.001 | 0.192 |
| 严厉冷漠 | 7.99 | 4.07 | 9.48 | 4.59 | -5.56 | <.001 | -0.343 |
| 干涉倾向 | 12.95 | 4.89 | 14.32 | 5.07 | -4.64 | <.001 | -0.275 |

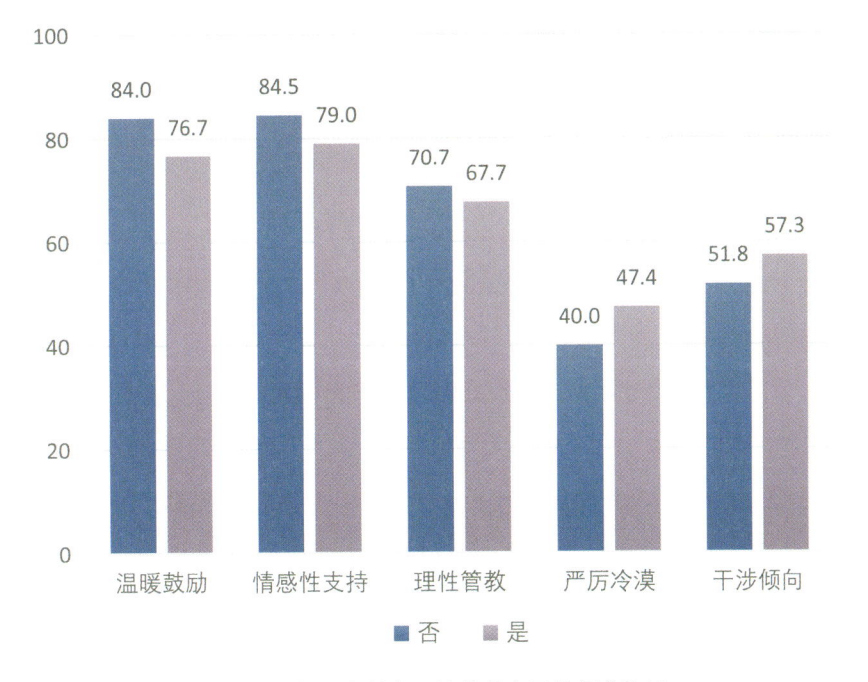

图 6 根据不良养育环境的养育风格得分比较
（注：得分已转化为百分制）

环境不良的学生，他们的家长在负面养育风格方面的得分显著高于未被教师标记学生的家长。具体来说，被标记养育环境不良的学生家长的严厉冷漠得分（9.48 分）比未被标记学生的家长（7.99 分）显著更高，干涉倾向得分（14.32 分）也显著更高于未被标记学生的家长（12.95 分），整体效应量中等，表明教师观察到学生与家长的不良互动关系一定程度上可以反映学生家长的养育风格，尤其是负面养育风格情况。

## 五、结论与建议

党的十八大以来的十年是我国心理健康相关政策文件出台最为密集的时期。其中，教育部发布的学生心理健康工作相关政策文件占据比例较高，引领推动了我国学校心理健康工作的逐步发展完善。

党的二十大报告中提出要"重视心理健康和精神卫生"，加强青少年心理健康教育成为当前全社会的共识。2023 年 4 月，教育部等 17 个部门印发了《全面加强和改进新时代学生心理健康工作专项行动计划（2023—2025年）》(以下简称《行动计划》)，统筹各项工作和要素，进一步健全健康教育、监测预警、咨询服务、干预处置"四位一体"的工作体系，完善学校、家庭、社会和相关部门协同联动的工作格局。该计划对学生心理健康工作的部署，体现为从局部推进转向强调系统视角，即学生心理健康工作不只涉及局部学科，而是涉及全学科；不只涉及心理专业人员，而是涉及全体教育工作者。《行动计划》反映了我国学生心理健康工作面临的新形势，为进一步科学化、体系化地做好学生心理健康工作提供了重要指南。

本次调查的结果显示，教师对学生的行为观察，尤其是对异常情况的观察，可以有效地识别出在各类心理健康指标上都更有可能存在风险的学生。其中，教师对学生自伤自残行为的观察，在识别潜在高风险学生群体上尤其有效。此外，教师针对学生不良家庭环境的观察，也能有效识别家长的养育风格，特别是更倾向于使用不良养育风格的家长。总体而言，本次调查结果对中国教师在识别学生心理健康问题的能力上提供了初步的数据支持。根据本次调查结果，建议从全面提升学生心理健康工作质量的师资基础开始，进一步完善心理健康服务体系，更好地动员教师，完成对学生心理健康问题的早期识别。

## 1. 重视提升全体教师的心理健康教育能力

决定学生心理健康工作质量的要素，不是硬件设施，不是教材教案，而是人才队伍。《行动计划》指出，"统筹教师、教材、课程、学科、专业等建设，加强学生心理健康工作体系建设"，将建设教师队伍的重要性放在第一位。心理健康教育教师是学生心理健康工作的专业枢纽，应具备在学校系统内积极开展心理健康工作的综合技能。例如，心理健康课程教学能力、组织设计心理活动的能力，心理健康测评及分析数据、撰写报告的能力，总结工作经验制定工作方案的能力，支持配合其他教师心理工作的能力、与家长沟通推动家校合作的能力等。这些能力的培养既需要心理学相关分支的专业基础，又需要对学校教育具有一定的实践经验。

《行动计划》提出，"鼓励配备具有心理学专业背景的专职心理健康教育教师""建立心理健康教育教师教研制度，县级教研机构配备心理教研员"。这一要求具有前期调研的数据支持。在全国学生心理健康调研中，对近300所中小学的数据分析发现，学校心理健康工作各项指标中，对学生心理健康水平影响最为突出的不是心理健康教育教师的数量，而是在数量基础上的质量（陈祉妍，2023）。具体来说，有两项指标作用显著，一是心理健康教育教师是否具备心理学专业学位，二是心理健康教育教师是否长期接受专业培训与督导。这两项指标对于保障心理健康教育教师的专业能力，特别是理论应用于实践的能力非常重要。

《行动计划》指出："教师要注重学习掌握心理学知识，在学科教学中注重维护学生心理健康，既教书，又育人。"《行动计划》在以往心理健康相关政策文件基础上的一项具有重大意义的推进就是，从以往仅关注心理健康教育教师的培训，发展为关注全体教师的心理健康教育能力提升。在学校日常活动中，学生与心理教师的互动远远少于班主任等学科教师。越是与学生接触频繁的教师，对学生心理健康的积极或消极影响越是突出。学校工作实践中已经普遍发现，仅仅依靠心理健康教育教师开展学生心理健康工作，收效十分有限。以心理健康教育教师作为专业人员衔接校内外各方力量，获得从校领导、各科教师、校外专业资源的共同支持参与，学生心理健康工作才能起到显著效果。因此，部分地区与学校已经开始强化班主任等骨干教师等的心理健康培训。

## 2. 重视提供面向教师的心理健康服务

当前我国教师的心理健康素养达标水平仍严重不足（刘刚，2018）。以抑郁症为例，《中国国民心理健康发展报告（2021—2022）》显示，教师对抑郁症的正确识别率仅达到29.7%，且低学历教师的心理健康素养更低。心理健康素养水平不足的情况下，教师无法及时识别学生的心理健康风险，难以采取恰当的方式有效引导，不利于维护和促进学生的心理健康（王专元，郑霞，2018）。研究显示，我国6—16岁青少年注意缺陷与多动障碍、焦虑症、抑郁症等多种精神障碍的流行率为 17.5% (Li, et al., 2021)。支持和帮助存在心理问题甚至患有精神障碍的学生，已成为中小学教师不可忽视的工作内容。当教师缺乏相应知识与技能时，不仅无法支持学生的健康发展，而且会使自己陷入焦虑、无助等负面情绪中，促发职业倦怠，甚至抑郁风险（程生霞，2019；杨东升，2013）。教师的心理健康素养不仅包括对学生心理健康问题的基本识别、理解与应对，也包括对自身心理健康的维护，通过自身心理健康维护，教师可以在应对压力、调节情绪等方面对学生起到言传身教的作用。因此，在学校心理健康工作体系的建设中，不可忽视面向教师的心理服务模块。例如，教师的心理健康素养提升、向需要的教师提供心理支持与咨询服务、为教师提供科学而便捷的心理体检等。

### 3. 提升教师识别不良家庭环境的能力

最后，针对教师的相关教育也应帮助教师更好地识别不良的家庭环境。识别危险的家庭环境对于心理健康问题的早期干预和支持至关重要 (Lloyd, 2018)。但教师也需要更多的培训和资源，才能更谨慎地识别和处理可能的极端情况，并采取适当的措施来保护学生。

通过家访和日常对学生的观察，教师可以相对全面地观察到学生家庭环境中是否存在着不良因素甚至是风险。这些迹象可能包括不明原因的伤痕、情绪问题或行为问题（Davies & Berger, 2019）。教育和培训可以帮助教师更有效地理解这些迹象，区分正常的成长问题和潜在的家庭风险因素。此外，提升教师识别不良家庭环境的能力也有助于与学校和相关部门的合作。教师可以作为学校、儿童保护机构和其他部门之间的联络人，协调有效的应对措施，为学生提供全面的帮助。

# 参考文献

[1] 陈祉妍. 推进新时代学生心理健康工作一体化建设——《全面加强和改进新时代学生心理健康工作专项行动计划（2023—2025年）》解读[J]. 中小学校长，2023,(07): 17-20.

[2] 程生霞. 教师心理健康对学生心理健康的影响研究[J]. 中学课程辅导（教师教育），2019, (04): 29.

[3] 教体艺. 教育部等十七部门关于印发《全面加强和改进新时代学生心理健康工作专项行动计划（2023—2025年）》的通知[EB/OL]. (2023-05-11)[2023]. http://www.moe.gov.cn/srcsite/A17/moe_943/moe_946/202305/t20230511_1059219.html.

[4] 刘刚. 新时代地方高校教师心理健康的现状与应对策略[J]. 办公自动化，2018, 23 (13): 38-39.

[5] 王专元，郑霞. 教师性格对学生心理健康及核心素养的影响[J]. 陕西青年职业学院学报，2018, (01): 64-67+72.

[6] 杨东升. 关于教师心理健康问题现状的调查报告[J]. 卫生职业教育，2013, 31 (12): 89-91.

[7] Byrne, D., & Taylor, B. Children at Risk from Domestic Violence and Their Educational Attainment: Perspectives of Education Welfare Officers, Social Workers and Teachers [J]. Child Care in Practice, 2007, 13 (3): 185-201.

[8] Compas, B.E., Jaser, S.S., Bettis, A. H., Watson, K.H., Gruhn, M.A., Dunbar, J.P., Williams, E., Thigpen, J. C. Coping, Emotion Regulation, and Psychopathology in Childhood and Adolescence: A Meta-Analysis and Narrative Review[J]. Psychol Bull, 2017, 143 (9): 939.

[9] Davies, S., & Berger, E. Teachers' Experiences in Responding to Students' Exposure to Domestic Violence[J]. Australian Journal of Teacher Education (Online), 2019, 44 (11): 96-109.

[10] Kieling, C., Baker-Henningham, H., Belfer, M., Conti, G., Ertem, I., Omigbodun, O., ... & Rahman, A. Child and Adolescent Mental Health Worldwide: Evidence for Action [J]. The

Lancet, 2011, 378 (9801): 1515-1525.

[11] Kutcher, S., Wei, Y., McLuckie, A., & Bullock, L. Educator Mental Health Literacy: A Programme Evaluation of the Teacher Training Education on the Mental Health & High School Curriculum Guide [J]. Advances in School Mental Health Promotion, 2013, 6 (2): 83-93.

[12] Li, F., Cui, Y., Li, Y., Guo, L., Ke, X., Liu, J., Luo, X., Zheng, Y., & Leckman, J. F. Prevalence of Mental Disorders in School Children and Adolescents in China: Diagnostic Data from Detailed Clinical Assessments of 17,524 Individuals [J]. Journal of Child Psychology and Psychiatry, and Allied Disciplines, 2022, 63 (1): 34-46.

[13] Loades, M. E., & Mastroyannopoulou, K. Teachers' Recognition of Children's Mental Health Problems [J]. Child and Adolescent Mental Health, 2010, 15 (3): 150-156.

[14] Löwe, B., Kroenke, K., & Gräfe, K. Detecting and Monitoring Depression with a Two-item Questionnaire (PHQ-2) [J]. Journal of Psychosomatic Research, 2005, 58 (2): 163-171.

[15] Lloyd, M. Domestic violence and education: Examining the Impact of Domestic Violence on Young Children, Children, and Young People and the Potential Role of Schools[J]. Frontiers in Psychology, 2018, 9: 396402.

[16] Meldrum, L., Venn, D., & Kutcher, S. Mental Health in Schools: How Teachers have the Power to Make a Difference [J]. Health & Learning Magazine, 2009, 8 (1): 3-5.

[17] Reinke, W. M., Stormont, M., Herman, K. C., Puri, R., & Goel, N. Supporting Children's Mental Health in Schools: Teacher Perceptions of Needs, Roles, and Barriers[J]. School Psychology Quarterly, 2011, 26 (1): 1.

[18] Rothì, D. M., Leavey, G., & Best, R. On the Front-line: Teachers as Active Observers of Pupils' Mental Health [J]. Teaching and Teacher Education, 2008, 24 (5): 1217-1231.

[19] Steinberg, L. D. Age of opportunity: Lessons from the New Science of Adolescence [M]. Boston: Houghton Mifflin Harcourt, 2014.

[20] Tsai, F. J., Huang, Y. H., Liu, H. C., Huang, K. Y., Huang, Y. H., & Liu, S. I. Patient Health Questionnaire for School-based Depression Screening among Chinese Adolescents [J]. Pediatrics, 2014, 133 (2): e402-e409.

[21] Volk, A. A., Craig, W., Boyce, W., & King, M. Perceptions of Parents, Mental Health, and School Among Canadian Adolescents from the Provinces and the Northern Territories[J]. Canadian Journal of School Psychology, 2006, 21 (1-2): 33-46.

[22] Winsler, A., & Wallace, G. L. Behavior Problems and Social Skills in Preschool Children: Parent-teacher Agreement and Relations with Classroom Observations [J]. Early Education and Development, 2002, 13 (1): 41-58.

# 中国家庭中夫妻养育风格一致性研究

管延军* 李子芊**

---

\* 管延军,北京大学心理学学士及硕士、香港中文大学心理学博士。宁波诺丁汉大学商学院管理学教授。曾在中国人民大学、英国萨里大学担任副教授。研究领域为职业生涯发展、组织行为学以及跨文化管理等。诸多研究成果发表于管理学和心理学一流国际期刊。2015年起担任期刊 *Journal of Vocational Behavior* 编委,并在2018年至2023年担任该期刊副主编。

\*\* 李子芊,中欧国际工商学院。

【摘　要】近年来，国家的各个层面都开始倡导父母双方应该共同承担起养育子女的责任，因此，父母双方养育风格一致性对孩子的影响，也受到了越来越多学者的关注。本次调查对象为我国 2,598 户家庭，包括家庭中的父母双方以及孩子。调查结果显示，同一家庭中的父母双方在整体养育风格上较为接近，并且表现出显著的正相关性，表明当夫妻双方中一人更倾向于采用积极的养育风格时，伴侣对积极养育风格的使用也会随之增加。除此之外，数据分析结果显示，更加趋近一致的夫妻养育风格，对孩子的心理品质能起到更强的积极影响。基于本次调查的结果，本报告对家庭教育的开展提出以下建议：（一）应提高父亲在育儿中的参与度，加强夫妻双方的协同共育；（二）提供各类育儿咨询服务，提升夫妻养育风格的一致性；（三）促进家长使用积极养育方法，培养孩子的坚毅品质。

【关键词】　夫妻一致性　共同育儿　坚毅　养育风格　心理品质

# 一、引 言

2019年5月，全国妇联、教育部等九部门印发《全国家庭教育指导大纲（修订）》，强调要"重视发挥家庭各成员角色的作用"。2021年9月，《中国儿童发展纲要（2021—2030）》提出，儿童与家庭发展的主要目标之一是"教育引导父母或其他监护人落实抚养、教育、保护责任，树立科学育儿理念，掌握运用科学育儿方法"。2021年10月，《中华人民共和国家庭教育促进法》正式出台，强调父母要"亲自养育，加强亲子陪伴""共同参与，发挥父母双方的作用"。

可见，随着社会结构的变革和性别平等观念的深入，从国家至社会各个层面，都越来越注重并提倡父母共同承担养育子女的责任，强调协同养育。父母作为家庭教育的第一责任人，他们的养育方式、相互间的关系以及与儿童的互动，都对儿童的社会化和心理发展有着至关重要的影响。因此，能够反映亲子互动本质的家长养育风格引起了越来越多学者的关注。

家长养育风格是指父母在抚养、教育儿童的活动中通常使用的方法和形式，是父母各种教养行为的特征概括，是一种具有相对稳定性的行为风格（陈陈，2002）。学术上对这一概念有很多译法，例如家庭教养方式、父母教养方式、育儿风格等。

通常，在提及家长养育风格时，研究者不会特别区分父亲养育风格和母亲养育风格，而是常常评估母亲的养育风格，并假设父亲的养育风格相同，较少将夫妻双方都考虑在内，这可能是因为传统上女性花在孩子身上的时间比男性多，在对孩子的照顾和抚养方面承担了更大的责任（Simons

L.G., Conger R.D., 2007; Axpe I. et al., 2019）。一项元分析发现，家长养育风格的相关研究中只有 20% 是关注到父亲的（Videon T.M., 2005）。同时表征母亲和父亲做法及其对儿童发展影响的联合养育方式，或者家庭中母亲和父亲的养育风格之间的一致性程度的研究比较有限（Kuppens S., Ceulemans E., 2019; Luo Yuhan et al., 2021）。因此，我们对于夫妻是否展现出一致的养育风格了解甚少。

依恋理论和性别角色理论认为，由于性别角色和社会分工的定位分化，母亲和父亲育儿风格具有各自的特点和差异，父亲更趋向于工具性养护（instrumental care），而母亲更愿意提供情感养护（emotional care）（周丹，边玉芳，陈欣银，王莉，2016）。国外学者通过检索 1990 年至 2020 年期间在 PsycInfo、Scopus、Eric 和 Web of Science 数据库中发表的英文文献，发现母亲被认为比父亲更容易接受、反应和支持，并且在行为上更具控制性、要求和自主权，在整体养育风格上，母亲要比父亲更具权威性，父亲大多比母亲更专制（Yaffe Yosi, 2020）。我国一些学者也有相似的论述：Luo Yuhan 等人（2021）通过对 2,776 名中国城市学龄前儿童家庭的母系和父系养育风格进行研究，发现母亲报告的权威性养育方式略高于父亲；周丹等人（2016）发现母亲的温暖教养水平显著高于父亲；兰文凤等人（2023）发现父亲溺爱型和忽视型风格的得分显著高于母亲。

只是，从现有的研究结果来看，同一家庭中，夫妻双方的养育风格是否具有一致性尚无明确的共识。多数研究者倾向于认为夫妻双方在养育子女方面存在显著的相似性、相关性或趋同性（Gamble W.C. et al., 2007; Tavassolie T. et al., 2016; Stefanos M. et al., 2018; Kuppens S. et al., 2019）。Gamble 等（2007）观察到，母亲和父亲行为存在显著的相似性，即父母在响应孩子社会化的具体领域时，会表现出更多具体行为的一致性，这可能是由于父母会讨论或模仿彼此的策略，或者根据孩子自身的特征做出类似的响应。还有一些研究者发现，父母倾向于与拥有类似养育风格的人建立关系，并且倾向于认为伴侣拥有与自己相似的养育风格，即父母认为自己与伴侣在养育风格上的相似性比双方的自我报告显示的实际上存在的相似性更高（Larsen, Buss, 2010; Tavassolie et al., 2016）。

同时，多项研究表明，家长养育风格与子女的坚毅品质显著相关（黎晓娜，刘华山，2021）。坚毅（grit）是一项重要的积极心理品质，体现为对某件事情的执着和坚持不懈（Duckworth et al., 2017）。坚毅与尽责性、自我控制高度相关，是学业成就、学校适应、主观幸福感的重要预测因子（刘玉敏等，2023; Li JingGuang et al., 2018）。王挺等人（2019）发现母亲情感温暖、母亲过度保护、父亲拒绝因子可以显著预测坚毅。李婷等人（2022）发现父亲和母亲养育风格的关爱维度均在父母坚毅品质与孩子坚毅品质之间起中介作用。黎晓娜和刘华山（2021）发现专制养育风格与青少年自我概念清晰性、坚毅力呈显著负相关。刘玉敏等人（2023）发现积极的教养方式有助于子女形成坚毅品质，降低手机依赖。目前的研究成果已证实父母的育儿方式与孩子发展出的坚毅品质存在相关性，然而，探究父母养育风格的一致性对孩子坚毅品质影响的研究还相对较少。

因此，本研究旨在深入探讨三个核心问题。首先，评估家长养育风格，分析夫妻养育风格各自的特点；其次，探讨同一家庭内，夫妻双方在养育风格上是否具有一致性；最后，探索夫妻育儿风格的一致性对子女坚毅品质的影响。通过对这些关键问题的综合分析，本研究希望更准确地揭示家庭子系统间的关系，并以此为家庭教育研究和实践提供科学的支持和指导建议。

## 二、研究方法

### 1. 研究过程

本研究于 2023 年 1 月份到 10 月份，在全国 5 个地区的 78 所中小学进行数据收集。研究参与者为全国地区的中小学生（小学四年级到高中三年级）和学生家长。本报告的有效数据仅包含学生父母双方都填写了对应问卷的样本。经由线上问卷形式总共采集 7,794 份有效数据，分为学生样本（2,598 份数据由学生填写）和家长样本（2,598 份数据由对应的学生父亲填写，2,598 份数据由对应的学生母亲填写）。

### 2. 样本信息

本研究的学生样本中，男生比例为 55.1%，女生比例为 44.9%。学段分布为：小学 47.0%，初中 36.4%，高中 16.6%。年级分布为：小学四年级 10.5%，小学五年级 19.1%，小学六年级 17.4%，初中一年级 16.3%，初中二年级 10.2%，初中三年级 9.9%，高中一年级 8.4%，高中二年级 4.4%，高中三年级 3.8%。

本研究的父亲样本中，97.7% 的家长目前有工作，2.3% 的家长目前没有工作。学历分布为：49.2% 是高中及以下学历，24.3% 是大专学历，23.5% 是本科学历，2.5% 是硕士研究生学历，0.5% 是博士研究生学历。

本研究的母亲样本中，91.6% 的家长目前有工作，8.4% 的家长目前没有工作。学历分布为：55.0% 是高中及以下学历，23.5% 是大专学历，19.6% 是本科学历，1.7% 是硕士研究生学历，0.2% 是博士研究生学历。55.5% 的家庭是父母双方共同育儿，26.7% 的家庭是母亲主要负责育儿，16.9% 的家庭是父亲主要负责育儿，0.9% 的家庭是由其他家庭成员主要负责育儿。

## 3. 研究工具

### (1) 家庭环境适宜度评估 (PI)

家庭环境适宜度评估为问向实验室于 2023 年编制的多维家庭环境评估工具，适用于 7—18 岁学龄孩童家长的养育风格评估。该工具包含五个分量表，总共测量了养育风格中的十类基本维度。本研究中主要采用了其中的三类积极养育风格和两类负面养育风格。积极养育风格包含"教育方式"分量表中的"温暖鼓励"维度（如孩子能感受到我无条件的接纳），"家庭支持"分量表中的"情感性支持"维度（如我常陪孩子参加一些 TA 感兴趣的活动），以及"管教方式"分量表中的"理性管教"维度（如让孩子遵守规则时，我会解释原因）。

"温暖鼓励"维度主要评估的是家长养育孩子时在情感和关爱表达层面上的特质。在"温暖鼓励"维度上得分较高的家长更倾向于主动对孩子表达自己的情感与关爱，并为孩子创造一个安全和积极的情感环境。

"情感性支持"维度主要评估的是家长是否会在孩子有情感需求时提供支持、理解和安慰，同时也侧面反映了家长为孩子营造开放的沟通环境的能力。

"理性管教"维度的主要评估的是家长在管教孩子时的沟通方式。"理性管教"维度得分较高的家长更倾向于用透明的沟通方式和孩子解释规则背后的原因，鼓励孩子理解自己行为的后果而不是强制遵守规则。

负面养育风格包含"教育方式"分量表中的"严厉冷漠"维度（如愤怒时，我可能会对孩子恶语相向），以及"干涉倾向"分量表（如我经常会插手孩子的事）。

"严厉冷漠"维度主要评估的也是家长养育孩子时在情感和关爱表达层面上的特质。在"严厉冷漠"维度得分较高的家长更倾向于施加严格的规则和惩罚性措施，在温暖和关爱上的表达则较为缺乏。

"干涉倾向"主要评估的是家长是否过度参与孩子的日常生活和决定。高干涉倾向的父母更有可能会过度控制和微观管理孩子生活的各个方面。五类养育风格总计18题，采用李克特五点评分法（从"1完全不符合"至"5完全符合"）。根据过往大量的中国家长的研究数据，该量表整体信效度表现良好：教育方式（Cronbach's $α$ = .75, CFI = .99, TLI = .99, RMSEA = .03）、家庭支持（Cronbach's $α$ = .83, CFI = .98, TLI = .97, RMSEA = .06）、干涉倾向（Cronbach's $α$ = .81, CFI = .95, TLI = .94, RMSEA = .05）、管教方式（Cronbach's $α$ = .79, CFI = .99, TLI = .98, RMSEA = .06）。

(2) 学生身心发展指数评估 (WISE)

学生身心发展指数评估为问向实验室于2023年编制的多维学生心理健康评估工具，适用于7—18岁的中国学生。该工具包括两个分量表，本研究中主要使用了"积极心理品质"分量表中的"坚毅"维度，总计6题。"坚毅"维度主要测量了学生在追求目标和完成任务时所表现出的决心和意志力（如无论结果怎样，我都会尽自己最大努力）。过往大量的对中国学生的研究数据显示，"坚毅"维度的整体信效度表现良好（Cronbach's $α$ = .90, CFI = .95, TLI = .91, SRMR = .03)。

## 4. 分析方式

本研究使用配对样本T-检验（Paired-sample T-test）来分析两组配对样本，探究同一家庭中的父亲和母亲是否在各类养育风格上有显著的差异。

Cohen's $d$ 被用于量化 T- 检验的效应量，本研究参考广泛使用的区分临界点：Cohen's $d$ = 0.2（效应量小），Cohen's $d$ = 0.5（效应量中等），Cohen's $d$ = 0.8（效应量大）。

为了分析母亲和父亲养育风格一致性对孩子心理健康的影响，本研究采用多项式回归分析（Polynomial regression analysis）和响应面分析（Response surface analysis）模型。模型中的自变量为父亲的养育风格及母亲的养育风格。基于父亲与母亲养育风格之间的复杂关系，多项式回归分析可以有效地计算两者之间的交互效应，阐明数据中潜在的曲线关系。响应面分析以图像形式展示出父母养育风格一致性与孩子心理健康之间的三维关系，识别出养育风格一致性的最佳区间和该区间内孩子心理健康的变化。

整体数据分析过程严格遵循统计学原理，采用 R 语言和 Jamovi 数据分析软件进行数据处理和分析。整体分析中显著性水平被设置为 $p < 0.05$ 或 $p < 0.001$。

# 三、研究结果

## 1. 夫妻养育风格对比

本研究使用配对样本 T- 检验来分析父亲和母亲在五类养育风格（三类积极养育风格、二类负面养育风格）上的得分是否有显著差异。其中温暖鼓励维度的理论得分范围为 3—15 分。父亲在温暖鼓励维度上的得分为 12.0 分，标准差为 2.9 分。母亲在温暖鼓励维度上的得分为 12.3 分，标准差为 2.8 分。T- 检验显示母亲在温暖鼓励维度上的得分显著高于父亲（$t = 7.7$, $p < 0.001$），差异的效应量较小（Cohen's $d$ = 0.11）。

情感性支持维度的理论得分范围为 2—10 分。父亲的情感性支持得分为 8.13 分，标准差为 1.8 分。母亲的情感性支持得分为 8.22 分，标准差为 1.8 分。母亲在情感性支持维度上的得分显著高于父亲（$t = 2.92, p < 0.05$），差异的效应量非常小（Cohen's $d = 0.04$）。

理性教养维度的理论得分范围为 4—20 分。父亲在理性教养维度上的得分为 14.0 分，标准差为 3.0 分。母亲在理性教养维度上的得分为 14.2 分，标准差为 3.0 分。母亲在理性教养维度上的得分显著高于父亲（$t = 3.5, p < 0.001$），差异的效应量同样非常小（Cohen's $d = 0.05$）。

严厉冷漠维度的理论得分范围为 4—20 分。父亲在严厉冷漠维度上的得分为 8.4 分，标准差为 4.1 分。母亲在严厉冷漠维度上的得分为 8.4 分，标准差为 4.0 分。父亲和母亲在严厉冷漠维度上的得分并没有显著差距（$t = 0.01, p = 0.996$）。

干涉倾向维度的理论得分范围为 5—25 分。父亲的干涉得分为 13.6 分，标准差为 4.6 分。母亲的干涉得分为 12.9 分，标准差为 4.6 分。父亲在干涉倾向上的得分显著高于母亲（$t = -8.2, p < 0.001$），差异的效应量较弱（Cohen's $d = -0.11$）。

分析结果显示，显然效应量偏小，但母亲使用温暖鼓励养育风格的程度要显著地高于父亲。同时，虽然效应量同样偏小，但父亲在养育孩子时的干涉倾向要显著强于母亲。整体结果比较符合过往研究的发现，即共同育儿的夫妻双方在养育风格上较为接近。

## 2. 夫妻养育风格的相关性

相关性分析结果显示，父亲的各类养育风格都和母亲的对应养育风格呈正相关：温暖鼓励（$r = 0.154$）、情感性支持（$r = 0.102$）、理性管教（$r = 0.168$）、严厉冷漠（$r = 0.142$）、干涉倾向（$r = 0.106$）。其中夫妻双方在理性

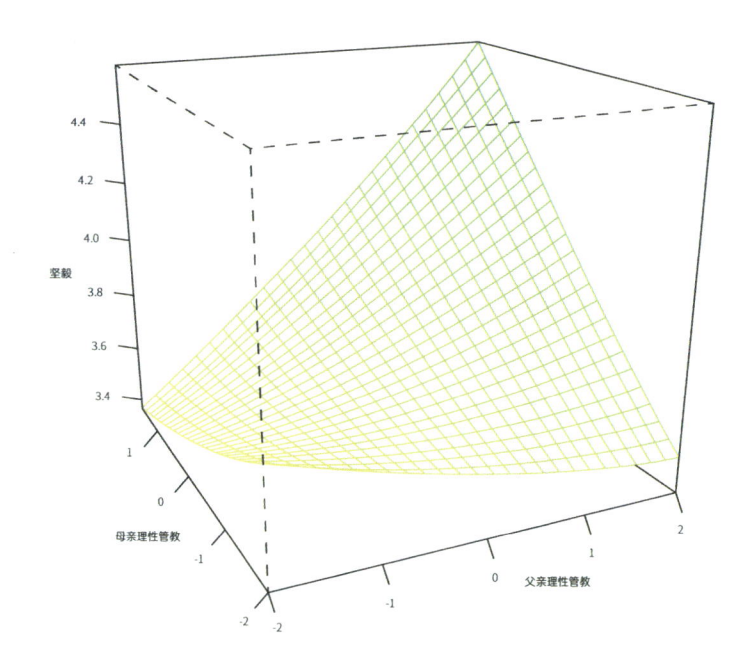

图1 基于理性管教和坚毅的响应面分析结果

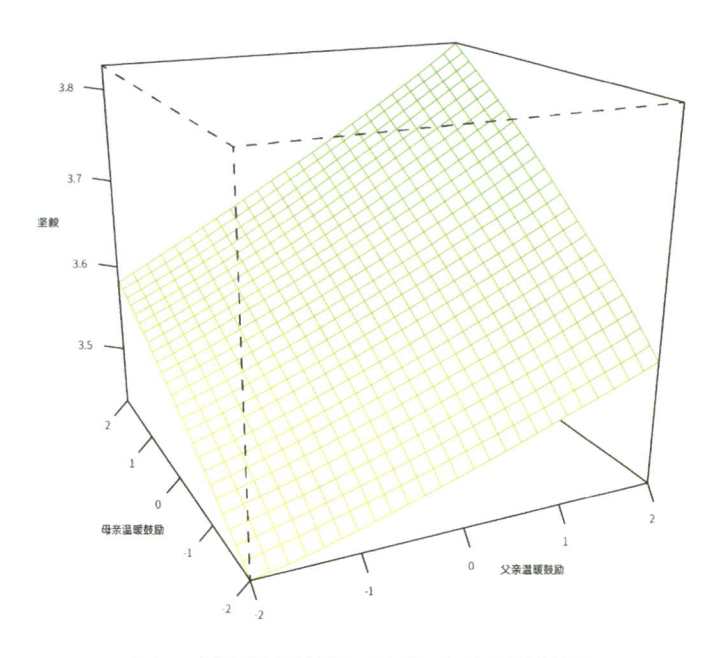

图2 基于温暖鼓励和坚毅的响应面分析结果

管教上的相关性最高，表明当夫妻中其中一人管教孩子更趋向理性时，伴侣对理性管教养育风格的使用程度也会随之提升。

### 3. 父母养育风格一致性对孩子坚毅的影响：多项式回归分析验证

本研究采用多项式回归分析探究父母养育风格的一致性对孩子积极心理品质的影响。模型 1 和模型 2 中的因变量都是孩子的坚毅水平。模型 1 的自变量为父母的理性管教养育风格（一次项和二次项）与交互项（父亲理性管教×母亲理性管教）。模型 2 的自变量为父母的温暖鼓励养育风格（一次项和二次项）与交互项（父亲温暖鼓励×母亲温暖鼓励）。

具体而言，表 1 中模型 1 的响应面分析结果显示，沿一致线（父亲理性管教 = 母亲理性管教）响应面的斜率显著（斜率 = 0.13, $p < 0.05$）而曲率不显著（斜率 = 0.25, $p < 0.05$），表明存在线性关系，一致曲线接近直线。这意味着当父亲和母亲的理性管教养育风格趋于一致时，为孩子的坚毅带来的积极影响更强。响应面分析结果同样显示不一致线的斜率（斜率 = -0.039, $p = 0.467$）和曲率（曲率 = -0.078, $p = 0.377$）都不显著，表明父亲和母亲的理性管教养育风格不一致对孩子的坚毅并没有任何显著影响。

表 2 中模型 2 的响应面分析结果显示，沿一致线（父亲温暖鼓励 = 母亲温暖鼓励）响应面的斜率显著（斜率 = 0.097, $p < 0.05$），表明一致曲线接近线型。这表明趋于一致的父亲和母亲的温暖鼓励养育风格为孩子的坚毅带来的积极影响更强。响应面分析结果同样显示不一致线的斜率（斜率 = 0.003, $p = 0.921$）和曲率（曲率 = -0.008, $p = 0.776$）都不显著，表明父亲和母亲的温暖鼓励养育风格不一致对孩子的坚毅并没有任何显著影响。

整体分析结果表明，更接近一致的父母养育风格对孩子的坚毅水平带来的正面影响更高。

表 1　理性管教和坚毅之多项性回归与响应面分析

| 变量 | | 回归系数 | 标准误 SE | 显著性 p |
|---|---|---|---|---|
| 父亲理性管教（FP） | | 0.103 | 0.036 | 0.004 |
| 母亲理性管教（MP） | | 0.142 | 0.036 | 0 |
| FP² | | 0.014 | 0.037 | 0.701 |
| MP² | | 0.012 | 0.041 | 0.774 |
| FP×MP | | 0.104 | 0.058 | 0.073 |
| 响应面分析 一致线：FP = MP | 斜率 | 0.245 | 0.049 | 0 |
| 响应面分析 一致线：FP = MP | 曲率 | 0.13 | 0.069 | 0.059 |
| 响应面分析 不一致线：FP = -MP | 斜率 | -0.039 | 0.053 | 0.467 |
| 响应面分析 不一致线：FP = -MP | 曲率 | -0.078 | 0.089 | 0.377 |

$F = 5.83, p < 0.001, R^2 = 0.010$

表 2　温暖鼓励和坚毅之多项性回归与响应面分析

| 变量 | | 回归系数 | 标准误 SE | 显著性 p |
|---|---|---|---|---|
| 父亲温暖鼓励（FW） | | 0.05 | 0.026 | 0.051 |
| 母亲温暖鼓励（MW） | | 0.047 | 0.025 | 0.057 |
| FW² | | 0.002 | 0.014 | 0.807 |
| MW² | | 0.007 | 0.014 | 0.649 |
| FW×MW | | -0.003 | 0.015 | 0.878 |
| 响应面分析 一致线：FW = MW | 斜率 | 0.097 | 0.037 | 0.009 |
| 响应面分析 一致线：FW = MW | 曲率 | 0.006 | 0.021 | 0.789 |
| 响应面分析 不一致线：FW = -MW | 斜率 | 0.003 | 0.034 | 0.921 |
| 响应面分析 不一致线：FW = -MW | 曲率 | -0.008 | 0.028 | 0.766 |

$F = 5.60, p < 0.001, R^2 = 0.010$

## 四、研究分析

### 1. 整体上，夫妻养育风格在温暖鼓励和干涉维度上有所不同

本研究中分别从教育方式和管教方式两大维度考察了母亲和父亲的养育风格。结果显示，在教育方式维度上，母亲使用温暖鼓励养育风格的程度要显著高于父亲；在管教方式维度上，父亲在养育孩子时的干涉倾向要显著强于母亲。这意味着母亲在养育过程中更倾向于使用温暖鼓励的方式，通过积极的反馈和支持来促进孩子的学习和发展；父亲在教育孩子时则相对偏好更加干涉性的方法，例如设定清晰的规则和期望，以及在孩子偏离期望行为时进行纠正。

这一发现与先前的研究结果相吻合，可能反映出了中国家长受到"严父慈母"传统教育文化的深远影响。即父母在家庭养育角色上有着明确的分工，父亲往往注重培养孩子独立自主的个性品质、纪律性以及各种身体技能、社会技能与竞争技能，鼓励孩子承担责任、面对问题、克服困难，甚至采取一些冒险行动；母亲则要承担更多照顾孩子日常生活的职责，倾向于提供更多情感上的关爱、温暖和支持(陈世民，张莹，陆文春，2020)。这样的分工体现了夫妻双方在养育孩子时的不同特点和优势。

### 2. 同一家庭中，夫妻养育风格较为接近

本研究分析发现，夫妻间在养育风格上确实存在统计学上的差异，但差异的效应量普遍较小。相关性的分析结果也显示，在一个家庭内部，父母的养育风格倾向于相似而非截然不同。这意味着性别所导致的养育行为差异可能没有文化刻板印象中提示的那么显著，支持了先前的研究发现。

随着性别角色的演变，现代家庭中父亲和母亲的角色定位越来越模糊，传统的"严父慈母"或"虎妈猫爸"现象可能更多是角色分工的不同，而非养育风格的对立。更何况，在一个家庭中，夫妻的养育方式不但会因为孩子的个性而调整，还会通过彼此的观察、交流和互动，变得逐步相似。

### 3. 夫妻养育风格一致性对孩子坚毅水平的发展有积极影响

坚毅被证实能够较好地预测中学生的学业成绩和主观幸福度，并降低手机依赖等负面行为发生的概率（Lin W., Liu J., Xiang S. et al, 2023; 刘玉敏等, 2023; 田良臣, 袁青, 2019）。在日益变化和压力增大的社会环境中，青少年需要培养面对挑战和失败的能力。因此，坚毅品质的培养变得尤其重要。如何帮助孩子提升坚毅品质也是家庭教育中需要重点关注的话题。

本次研究结果显示，父亲和母亲的理性管教养育风格或温暖鼓励养育风格趋于一致，能够为孩子的坚毅发展带来较强的积极影响。这可能是因为，理性管教养育风格通常涉及到使用逻辑和原则来指导孩子的行为，温暖鼓励养育风格注重于肯定和奖励孩子的正向行为，都属于积极的教养方式。当夫妻双方均能够采用这种养育方式时，就能够为孩子提供稳定、一致的指导，增强孩子面对逆境的坚韧性，进而形成不轻言放弃的毅力。

## 五、启示与建议

总体来说，研究结果提示我们，在开展家庭教育时，要重视夫妻养育风格的一致性，帮助父母对养育过程中的个体差异保持积极开放的态度，通过沟通协商解决家庭内部可能的冲突和分歧，尽可能地为孩子营造一致性的养育环境。

## 1. 促进父亲参与育儿，增强家庭协同共育

想要实现家庭教育的最佳效果，需要夫妻双方共同发挥优势，做好协同共育，使得两种风格的优点得到综合和平衡。然而，从2020年第四次中国妇女社会地位调查的数据来看，我国家庭中，父母双方共同照料孩子的只占7.5%，父母双方共同承担教育活动的占比也仅为11.7%，而0—17岁孩子的日常生活照料、辅导作业和接送主要由母亲承担的分别占76.1%、67.5%和63.6%。这说明现阶段父亲参与育儿还未形成常态。

因此，建议相关部门可以提供方便的措施，提升父亲育儿的参与度。例如，加大对父亲参与育儿价值的宣传，增加家庭育儿假期政策，提供父亲参与育儿活动的场所和资源等。建议学校和社区可以开设专门针对父亲的活动和课程。例如，父子／女户外活动、父亲育儿交流小组，以及专为父亲开设的养育技巧讲座等，从而鼓励父亲在子女教育和成长中扮演更积极的角色。

## 2. 多方面着手，提升夫妻养育风格的一致性

为了提升夫妻养育风格的一致性，并有效应对养育差异及冲突，可以从以下几个方面入手。政府部门可以提供平台或机制。例如，家庭教育信息化学习平台、家庭协同育儿咨询服务，帮助夫妻学习协商策略，解决养育上的分歧，提高家庭教养理念的一致性。学校可以通过家长学校、家委会等方式，帮助家长了解不同养育风格的特点、优势和风险，学会理解并

鉴别自身的养育风格，以及如何调整自己的养育风格以更好地配合伴侣，增进养育实践的一致性。夫妻可以通过定期召开家庭会议，充分讨论并协商育儿计划和教育事宜，促进对双方教育理念和方式的理解，确保教育目标的一致性。

### 3. 采用积极养育方法，培养孩子的坚毅品质

当家长致力于培养孩子的坚毅品质时，采取积极的养育方法至关重要。

首先，父母应共同制定一致的家庭养育原则，确保在孩子面前，展现出协调一致的行为和态度，这有助于减少孩子的困惑，增强家庭规则的有效性。

其次，在对孩子教育和管教的实践中，家长应采用积极而非惩戒式的方法。例如，当孩子做错事时，与其命令和惩罚，不如耐心解释、进行对话，帮助他们通过反思了解行为后果，引导他们理解错误的根源；当孩子展现努力和进步时，家长应以及时的称赞和适当形式的奖励，有效增强孩子的自信和积极动力；在孩子面对失败和挫折时，家长应提供支持和帮助，帮助孩子克服困难，吸取教训，而不是进行无谓的批评。

最后，家长应树立良好的榜样，通过自己的言行展示毅力的价值。例如，和孩子分享自己在逆境中的经验故事，包括自己是如何应对挑战的，以此激励孩子发展出类似的能力。

# 参考文献

[1] 陈陈. 家庭教养方式研究进程透视 [J]. 南京师大学报（社会科学版），2002, (06): 95–103+109.

[2] 陈世民，张莹，陆文春. 父母教养方式的影响因素综述 [J]. 中国临床心理学杂志，2002, 28 (04): 857-860.

[3] 黎晓娜，刘华山. 专制教养方式与青少年坚毅品质：一个有调节的中介模型 [J]. 教育研究与实验，2021, (05): 84–90.

[4] 兰文凤，梁渊，刘佳. 父亲与母亲的教养方式及其亲子关系的差异探析 [J]. 西部学刊，2023, (17): 126–130.

[5] 李婷，张又文，李玥漪，黄峥. 坚毅力的代际传递：父母教养方式的中介作用 [J]. 心理发展与教育，2022, 38 (02): 207–215.

[6] 刘玉敏，臧梓彤，刘晓敏，王元元. 父母教养方式与中学生手机依赖：坚毅的中介作用 [J]. 中国健康心理学杂志，2023, 31 (05): 752-757.

[7] 田良臣，袁青. 高中生父母教养方式，坚韧人格与学习投入的关系——基于甘肃省三所高中的实证研究 [J]. 教育科学研究，2019, (06): 33–40.

[8] 王挺，涂淑兰，肖三蓉，徐光兴. 青少年坚毅心理品质发展的家庭教育机制研究[J]. 教育现代化，2019, 6 (88): 257–260.

[9] 第四期中国妇女社会地位调查主要数据情况 [N]. 中国妇女报，2021–12–27 (004).

[10] 周丹，边玉芳，陈欣银，王莉. 父亲和母亲温暖教养方式对初中生孤独感的影响及其差异 [J]. 中国特殊教育，2016, (03): 64–70.

[11] Axpe, I., Rodríguez-Fernández, A., Goñi, E., & Antonio-Agirre, I. Parental Socialization Styles: The Contribution of Paternal and Maternal Affect/Communication and Strictness to Family Socialization Style[J]. International Journal of Environmental Research and Public Health, 2019, 16 (12): 2204.

[12] Duckworth, A. L., Peterson, C., Matthews, M. D., & Kelly, D. R. Grit: Perseverance and Passion for Long-term goals. Journal of Personality and Social Psychology, 2007, 92 (6): 1087.

[13] Gamble, W. C., Ramakumar, S., & Diaz, A.. Maternal and Paternal Similarities and Differ-

ences in Parenting: An Examination of Mexican-American Parents of Young Children [J]. Early Childhood Research Quarterly, 2007, 22 (1): 72-88.

［14］Kuppens, S., & Ceulemans, E. Parenting Styles: A Closer Look at a Well-known Concept [J]. Journal of Child and Family Studies, 2019, 28 (1): 168-181.

［15］Larsen R. J., Buss D. M. Personality and Social Interaction. In: Larsen R. J., Buss D. M., editors. Personality Psychology. Domains of Knowledge about Human Nature. 4th Ed [M]. New York, NY: McGraw-Hill, 2010.

［16］Luo, Y., Chen, F., Zhang, X., Zhang, Y., Zhang, Q., Li, Y., ... & Wang, Y. Profiles of Maternal and Paternal Parenting Styles in Chinese families: Relations to Preschoolers' Psychological Adjustment [J]. Children and Youth Services Review, 2021, 121: 105787.

［17］Lin, W., Liu, J., Xiang, S., Cai, J., Xu, J., & Lian, R. The Relationship Between a Positive Parenting Style and Chinese Adolescents' Academic Grit: A parallel Mediating Model [J]. Current Psychology, 2023: 1-9.

［18］Li, J., Lin, L., Zhao, Y., Chen, J., & Wang, S. Grittier Chinese Adolescents are Happier: The Mediating Role of Mindfulness [J]. Personality and Individual Differences, 2018, 131: 232-237.

［19］Mastrotheodoros, S., Van der Graaff, J., Dekovic, M., Meeus, W. H., & Branje, S. J. Coming Closer in Adolescence: Convergence in Mother, Father, and Adolescent Reports of Parenting [J]. Journal of Research on Adolescence, 2019, 29 (4): 846-862.

［20］Simons, L. G., & Conger, R. D. Linking Mother–Father Differences in Parenting to a Typology of Family Parenting Styles and Adolescent Outcomes[J]. Journal of Family Issues, 2007, 28 (2): 212-241.

［21］Tavassolie, T., Dudding, S., Madigan, A. L., Thorvardarson, E., & Winsler, A. Differences in Perceived Parenting Style Between Mothers and Fathers: Implications for Child Outcomes and Marital Conflict[J]. Journal of Child and Family Studies, 2016, 25: 2055-2068.

［22］Videon T. M. Parent-child Relations and Children's Psychological Well-being: Do Dads Matter?[J]. Journal of Family Issues, 2005, 26 (1): 55-78.

［23］Yaffe, Y. Systematic Review of the Differences Between Mothers and Fathers in Parenting Styles and Practices[J]. Current Psychology, 2023, 42 (19): 16011-16024.

# 中国家长养育风格比较：
# 一孩和多孩家庭的对比研究

陈斌斌[*]

---

[*] 陈斌斌，复旦大学社会发展与公共政策学院教授、博士生导师，心理学系主任。上海心理学会教育心理学分会副主任委员，兼任中国高等教育学会学习科学研究分会理事。毕业于香港中文大学教育心理学系，获博士学位。担任 SSCI 期刊 *Journal of Research on Adolescence* 副主编。主要研究领域：家庭教育与儿童心理学。先后主持国家自然科学基金等国家和省部级项目多项。在 *Child Development, Developmental Psychology, Development and Psychopathology, Journal of Adolescent Health, Evolution and Human Behavior*,《心理学报》等国内外同行评审期刊发表数十篇论文。

**【摘　要】** 近年来，生育政策的调整和演变导致我国的人口结构和家庭结构发生了变化，涌现了越来越多的非独生子女家庭，也有更多的孩子和兄弟姐妹一起成长。为了解家庭孩子的数量是否会对孩子的心理健康，以及家长的养育风格带来影响，本研究于2023年对全国各地超过11万家庭进行了问卷调查。本次调查的结果显示，一孩家庭中的孩子在各类心理指标上都要优于多孩家庭中的孩子，同时，一孩家庭家长在各类积极养育风格的使用频次上也要高于多孩家庭的家长。后续分析显示，随着家庭孩子数量的增加，孩子的心理健康和家长的积极养育风格使用，尤其是理性的管教方式，都会随之下降。此外，分析结果也表明家长的抑郁问题对孩子心理健康的负面影响在多孩家庭中要显著强于一孩家庭。结合数据分析结果，本报告提出以下着力于创建家庭结构友好型社会的相关对策和建议，包括：提倡家长理性看待生育问题，客观认识多子女的利弊；加强多孩家庭教育，增加家庭心理资源支持力度；持续推进性别平等建设，保障家庭心理资源供给平衡等。

**【关键词】** 家庭结构　一孩家庭　多孩家庭　养育风格　心理健康

# 一、引 言

20世纪七八十年代，我国开始推行计划生育政策，提倡一对夫妇只生育一个子女，使人口的增长同经济和社会发展计划相适应。进入21世纪，为完善人口发展战略，积极应对人口老龄化，生育政策不断调整，逐渐放宽。2002年9月，各省陆续开始施行"双独两孩"政策，即"双方都是独生子女的夫妇可以生育两个孩子"。2013年11月，十八届三中全会审议通过《中共中央关于全面深化改革若干重大问题的决定》，启动实施"单独两孩"政策，即"一方是独生子女的夫妇可生育两个孩子"。2016年1月，新《中华人民共和国人口与计划生育法》正式施行，明确规定了"国家提倡一对夫妻生育两个子女"，标志着"全面两孩"政策正式实施。2021年7月，《中共中央、国务院关于优化生育政策促进人口长期均衡发展的决定》公布，规定了"一对夫妻可以生育三个子女"，并对后续完善三孩生育政策配套措施提出了要求（国家医疗保障局办公室，2021）。

从独生子女政策到三孩政策，生育政策的调整和演变改变着我国人口结构和家庭结构，越来越多的非独生子女家庭出现，越来越多的孩子和兄弟姐妹相伴成长。每一次生育政策的调整都会引起社会各界对新一代成长与发展的探讨。最初对独生子女能否顺利成长的担忧与质疑随着一代代独生子女健康成长、顺利步入社会而逐渐消失。现如今，随着家庭孩子数量的增加，孩子的心理问题和家长的养育压力也逐渐被社会关注，例如兄弟姐妹的出生是否会对孩子心理健康产生负面影响，抑或是为父母带来过重的养育负担。这种声音也得到了部分研究的支持，弟妹的出生会使家庭中的孩子处于压力之中，从而可能会损害孩子的身心健康发展，让孩子产生消极心理和行为变化（Baydar et al., 1997）。此外，多孩家庭父母在承担多个孩子的教育成本的同时需要应对诸多养育挑战，例如处理同胞关系（Tippett & Wolke, 2015）、平衡养育投入（Tucker et al., 2003）等，更容易产生压力感。

## 1. 家庭结构与孩子心理健康

国外学者很早就关注兄弟姐妹和个体发展的关系，提出了诸多理论探讨兄弟姐妹对个体各方面发展的有利影响和不利影响。20 世纪 70 年代，随着离婚率的增加、生育率的稳步下降，越来越多的孩子在成长过程中并没有兄弟姐妹，这种人口变化引起人口学家们的关注。Becker 和 Lewis（1973）的"数量—质量权衡"理论认为家庭中孩子质量和孩子数量之间存在负相关关系，抚养孩子需要父母投入物质成本和时间成本，因此在家庭资源受到限制的情况下，父母需要在孩子数量和质量之间进行权衡。而后，Blake（1981）提出"资源稀释"理论，Downey（1995）对该理论进行拓展，认为在家庭资源有限的情况下，兄弟姐妹的存在会稀释每个孩子可获得的资源，从而对孩子的教育产生不利影响。基于"资源稀释"理论，兄弟姐妹的存在可能为孩子带来负面影响。国内部分研究确实发现独生子女的心理健康素质明显高于非独生子女（张晓文, 2001; 张小远等, 2007），并且独生子女在适应环境、自我调节、承受压力等方面的能力都优于非独生子女（景怀斌, 1997）。

同时，也有学者认为此类研究过度关注兄弟姐妹对个体的负面影响，忽略了孩子从兄弟姐妹身上获得的积极影响（Downey, 2001）。基于这类理论，研究发现兄弟姐妹可以提高孩子的人际交往能力（Downey & Condron,

2004），和兄弟姐妹同住的孩子在社交能力上要优于和兄弟姐妹分居的孩子（Tarren-Sweeney & Hazell, 2005）。国内的相关研究也指出，独生子女在心理适应性方面存在水平显著偏低的情况（郑磊等，2014）。有学者认为，独生子女相较于非独生子女呈现出较弱的社交和心理适应能力，不单是因为同辈陪伴更少，也有可能是由于家长对独生子女实施更严格的管教和寄予更高期望（王凤婷，2018；樊林峰，俞国良，2019）。

## 2. 家庭结构与家长养育风格

基于"资源稀释"理论，孩子数量的增加也可能会影响父母养育风格的选择。随着家庭规模的扩大，可以分配给每个孩子的心理资源和物质资源也会相应减少，进而影响家长的养育风格。在多孩家庭中，家长可能更难有时间和资源对每个孩子都时刻保持着理性、温暖和高支持的养育方式。相反，因为养育压力的增加，家长可能更倾向于选择更加严厉的养育方式来保证家庭的秩序。研究发现，二孩家庭的家长在第二个孩子出生后，不但和孩子的互动时间减少了（Strohschein et al., 2008），对孩子的过度控制倾向也显著增加了（Dunn & Kendrick, 1980）。有学者甚至发现在新生儿加入家庭后，家长使用体罚的倾向也会随之提升（Baydar et al., 1997）。

同时，虽然大量研究都发现家长的心理健康问题会给孩子的心理健康带来显著的负面影响（Ivanova, Achenbach & Turner, 2022），但尚未被深入探究的问题是，此类负面影响是否会受到家庭结构的影响。根据"资源稀释"理论，当家庭孩子数量较少时，父母能有更多资源控制自己的心理健康问题对养育行为的影响，但随着孩子数量的增加，养育压力和资源的减少可能会让高抑郁或是高焦虑程度的家长无法维持积极的养育风格，进而对孩子的心理健康造成更强的负面影响。

与此同时，一些学者也关注到了东亚文化背景下的性别差异。受传统文化影响以及追求经济效益价值最大化等原因，中国过去长期存在着对男性的性别偏好。在"父姓制"社会，注重家族和血脉的传承，逐渐发展出了具有传宗接代意义的单系偏重习俗（郭维明，2006）。这种"男性偏好"会使得女性在资源竞争中处于不利地位。研究者们认为在一个传统的或过渡的社会中，家庭通常会牺牲年长的孩子，尤其是年长女孩的教育机会，并且让他们更早进入劳动力市场来资助年幼孩子的教育（Chu et al., 2007; Wang, 2005）。郑磊（2013）利用中国综合社会调查（Chinese General Social Survey, CGSS）的数据分析同胞性别结构与个体教育获得的关系发现，拥有男性同胞的个体的受教育年限要低于没有男性同胞的，拥有的同胞中女性比例越高，则个人的受教育年限越高。

但也有研究表明，这种性别差异在减小甚至消失（张月云，谢宇，2015；叶华，吴晓刚，2011）。这也说明整体社会教育程度的提高，也推动了中国男女性别平等观念的发展。杨菊华（2017）对中国近20年性别观念变迁的研究结果显示，总体上我国人民的性别观念更趋于平等。

鉴于目前文献中的研究缺口，以及过往研究结果的不一致，本研究旨在探究四个问题：（1）一孩及多孩家庭中的孩子在心理健康指标上是否有显著的差异；（2）一孩及多孩家庭中的家长在养育风格的选择上是否有显著的差异；（3）家长抑郁问题对孩子心理健康的负面影响是否会根据家庭孩子数量而有所不同；（4）在多孩家庭中，家长抑郁问题对孩子心理健康的负面影响是否会根据孩子性别而有所不同。

## 二、研究方法

### 1. 研究过程

本研究的数据收集时间为 2023 年 1 月份到 10 月份，研究团队在全国 7 个地区的 135 所中小学进行调查。研究参与者为这 7 个地区的中小学生（小学四年级至高中三年级）和学生家长。本研究经由线上问卷形式总共采集 230,892 份有效数据，分为学生样本（115,446 份数据由学生填写）和家长样本（115,446 份数据由对应的学生家长填写）。样本详细信息请参考表 1。

表 1 学生样本和家长样本结构

| 学生样本 | | 比例 | 家长样本 | | 比例 |
|---|---|---|---|---|---|
| 性别 | 男 | 54.2 | 性别 | 男 | 32.7 |
| | 女 | 45.8 | | 女 | 67.3 |
| 年级 | 小学 | 41.4 | 工作情况 | 有工作 | 90.2 |
| | 四年级 | 4.2 | | 无工作 | 9.8 |
| | 五年级 | 18.5 | 学历 | 高中及以下 | 59 |
| | 六年级 | 18.7 | | 大专 | 22.5 |
| | 初中 | 37.6 | | 本科 | 17 |
| | 一年级 | 13.4 | | 硕士研究生 | 1.3 |
| | 二年级 | 12.5 | | 博士研究生 | 0.2 |
| | 三年级 | 11.7 | 家庭主要育儿成员 | 共同育儿 | 46.3 |
| | 高中 | 21 | | 父亲 | 13.2 |
| | 一年级 | 8.5 | | 母亲 | 39.1 |
| | 二年级 | 6.4 | | 其他 | 1.4 |
| | 三年级 | 6.1 | 家庭结构 | 一孩 | 40.5 |
| | | | | 二孩 | 52.9 |
| | | | | 三孩 | 5.9 |
| | | | | 四孩 | 0.7 |

## 2. 研究工具

### (1) 家庭环境适宜度评估 (PI)

家庭环境适宜度评估为问向实验室于 2023 年编制的多维家庭环境评估工具，适用于 7—18 岁学龄孩童家长的养育风格评估。该工具包含五个分量表，总共测量了养育风格中的十类基本维度。本研究中主要采用了其中的三类积极养育风格和两类负面养育风格。积极养育风格包含"教育方式"分量表中的"温暖鼓励"维度（如孩子能感受到我无条件的接纳），"家庭支持"分量表中的"情感性支持"维度（如我常陪孩子参加一些 TA 感兴趣的活动），以及"管教方式"分量表中的"理性管教"维度（如让孩子遵守规则时，我会解释原因）。"温暖鼓励"维度主要测量的是家长养育孩子时在情感和关爱表达层面上的特质。在"温暖鼓励"维度上得分较高的家长更倾向于主动对孩子表达自己的情感与关爱，并为孩子创造一个安全和积极的情感环境。"情感性支持"维度主要测量的是家长是否会在孩子有情感需求时提供支持、理解和安慰，同时也侧面反映了家长为孩子营造开放的沟通环境的能力。"理性管教"维度主要测量的是家长在管教孩子时的沟通方式。在"理性管教"维度得分较高的家长更倾向于用透明的沟通方式和孩子解释规则背后的原因，鼓励孩子理解自己行为的后果而不是强制孩子遵守规则。

负面养育风格包含"教育方式"分量表中的"严厉冷漠"维度（如愤怒时，我可能会对孩子恶语相向），以及"干涉倾向"分量表（如我经常会插手孩子的事）。"严厉冷漠"维度主要测量的也是家长养育孩子时在情感和关爱表达层面上的特质。在"严厉冷漠"维度得分较高的家长更倾向于施加严格的规则和惩罚性措施，在温暖和关爱上的表达则较为缺乏。"干涉倾向"测量的是家长是否过度参与孩子的日常生活和决定。高干涉倾向的父母更有可能会过度控制和微观管理孩子生活的各个方面。

五类养育风格总计 18 题，采用李克特五点评分（从"1 完全不符合"至"5 完全符合"）。根据过往大量的中国家长的研究数据，该量表整体信效度表现良好：教育方式（Cronbach's $\alpha$ = .75, CFI = .99, TLI = .99, RMSEA = .03）、家庭支持（Cronbach's $\alpha$ = .83, CFI = .98, TLI = .97, RMSEA = .06）、管教方式（Cronbach's $\alpha$ = .79, CFI = .99, TLI = .98, RMSEA = .06）、干涉倾向（Cronbach's $\alpha$ = .81, CFI = .95, TLI = .94, RMSEA = .05）。

### (2) 学生身心发展指数评估（WISE）

学生身心发展指数评估为问向实验室于 2023 年编制的多维学生心理健康评估工具，适用于 7—18 岁中国学生。本研究采用了评估中的两个分量表："积极心理品质"和"日常生活行为"分量表。

"积极心理品质"分量表主要测量学生在应对压力和困难时，表现出的积极情感、认知和行为特征，包含五个子级维度：自我效能、乐观、情绪调节、韧性和坚毅。其中"自我效能"维度主要测量的是学生对自我能力的信念，更具体地说，是学生对自己是否有能力完成特定目标所进行的判断，例如"我相信自己总能找到解决问题的方法"。"乐观"维度主要测量的是学生对现在和未来保持积极态度的倾向，例如"即使发生一些不愉快的事情，我也总是能看到好的方面"。"情绪调节"维度主要测量的是学生通过各种方法来管理调整个人情绪状态的能力，例如"我有一套好的方法调整自己的负面情绪"。"韧性"维度主要测量的是学生从挫折和失败中快速恢复和成长的能力，例如"无论结果怎样，我都会尽自己最大的努力"。最后，"坚毅"维度主要测量的是学生在追求目标时表现出的意志力和决心，例如"困难不会让我泄气"。

"日常生活行为"分量表主要测量学生日常生活中的五类重要行为指标，包含五个子级维度：人际关系、电子设备使用、睡眠情况、作业情况和体育锻炼情况。"人际关系"维度主要测量了学生的同伴关系（如我有很多关系很好的朋友或同学）和师生关系（如我能感受到老师对我的关心和理解）。"电子设备使用"维度主要测量了学生日常的手机使用时间和潜在的手机成瘾问题（如我会因为玩手机或其他电子设备忘了时间，一直玩到被大人叫停为止）。"睡眠情况"维度主要测量了学生日常睡眠时长（如我在学习日的平均睡眠时长大约为）和睡眠质量（如我觉得睡眠时间很充足，能够得到充分休息，恢复精力）。"作业情况"维度主要测量了学生完成作业的时间（如我在学习日放学后写课后作业的平均时长大约为）和压力（学习日的课后作业对我来说毫无压力）。"体育锻炼情况"维度主要测量了学生日常运动的时间（如我每天校外体育锻炼的平均时长大约为）和对体育锻炼的态度（我能从日常锻炼中获得益处）。

过往大量的中国学生的研究数据显示，两个分量表的整体信效度都表现良好：积极心理品质（Cronbach's $\alpha$ = .89, CFI = .95, TLI = .94, SRMR= .03）、日常生活行为（Cronbach's $\alpha$ = .89, CFI = .93, TLI = .91, SRMR= .04）。

(3) 抑郁量表

本研究使用两条目患者健康问卷抑郁量表（PHQ-2），该量表主要用于评估抑郁情绪的相关症状（Löwe et al., 2005）。量表共 2 题，采用李克特四点评分对最近两周内抑郁情绪出现的频率进行评分（从"0 完全没有"至"3 几乎每天"）。量表的总分为 0—6 分，得分高于 3 分为抑郁倾向。研究表明该工具在中国青少年人群中有良好的敏感性与特异性（Tsai et al., 2014）。

（4）焦虑量表

本研究使用两条目广泛性焦虑障碍量表（GAD-2），该量表主要用于评估焦虑相关的症状（Kroenke et al., 2007）。量表共两题，以李克特四点评分对最近两周内相关症状出现的频率进行评分（从"0 完全没有"至至"3 几乎每天"）。量表的总分为 0—6 分，总分高于 3 分为焦虑倾向。研究表明该工具在中国成年人与青少年人群中都有良好的敏感性与特异性（Luo et al., 2019）。

## 3. 分析方法

因为部分变量有较为明显的偏态分布趋势，本研究使用 Welch's T- 检验（Welch's T-test）来分析两组独立样本之间的差异：一孩和多孩家庭中的家长是否在各类养育风格以及抑郁程度上有显著的差异。Welch's T- 检验同样被用于分析一孩和多孩家庭中的孩子是否在抑郁程度、积极心理品质，以及日常生活行为上有显著的差异。Cohen's $d$ 被用于量化 T- 检验的效应量，本研究参考广泛使用的区分临界点：Cohen's $d$ = 0.2（效应量小），Cohen's $d$ = 0.5（效应量中等），Cohen's $d$ = 0.8（效应量大）。单因素方差分析（ANOVA）被用于分析三组及以上的独立样本之间的差异：例如一孩、二孩和三孩家庭中的家长是否在各类养育风格以及抑郁程度上有显著的差异。单因素方差分析同样被用于分析一孩、二孩和三孩家庭中的孩子是否在抑郁程度、积极心理品质，以及日常生活行为上有显著的差异。

本研究采用调节回归分析来检验父母抑郁水平对孩子抑郁水平的直接影响是否会受到家庭子女数量的调节。在回归模型中，父母抑郁水平为自变量，孩子抑郁水平为因变量，家庭子女数量为调节变量（三级：一孩、二孩、三孩）。

整体数据分析过程严格遵循统计学原理，采用 R 语言和 Jamovi 数据分析软件进行数据处理和分析。整体分析中显著性水平被设置为 $p < 0.05$ 或 $p < 0.001$。

## 三、研究结果

### 1. 一孩和多孩家庭比较

(1) 一孩和多孩家庭中的孩子心理健康比较

本研究首先对比了一孩家庭孩子和多孩家庭孩子两组独立样本在心理健康层面上是否有显著的差异。如表 2 所示，Welch's T- 检测显示，一孩和多孩家庭中的孩子在三类心理健康指标上都有显著的差异。在抑郁程度方面，一孩家庭孩子的抑郁得分（1.06 分）显著低于多孩家庭孩子（1.13 分），表明多孩家庭孩子的抑郁程度相对更高。在积极心理品质方面，一孩家庭孩子的得分（87.9 分）则显著高于多孩家庭孩子（86.8 分）。类似的差异也在日常生活行为上体现，即一孩家庭孩子在日常生活行为上的得分（56.3 分）要显著高于多孩家庭孩子（56.0 分）。分析结果表明，一孩家庭孩子在三类心理健康指标上的表现都要优于多孩家庭孩子。

表 2　一孩和多孩家庭中的孩子心理健康比较

| 孩子自评 | 一孩 | | 多孩 | | $t$ 值 | 显著性 $p$ | 效应量 Cohen's $d$ |
| --- | --- | --- | --- | --- | --- | --- | --- |
| | 得分 | 标准差 | 得分 | 标准差 | | | |
| 抑郁 | 1.06 | 1.46 | 1.13 | 1.5 | -8.1 | <.001 | -0.05 |
| 积极心理品质 | 87.9 | 15.9 | 86.8 | 15.8 | 11.7 | <.001 | 0.07 |
| 日常生活行为 | 56.3 | 9.9 | 56 | 9.8 | 6.1 | <.001 | 0.04 |

### (2) 一孩和多孩家庭中的家长养育风格比较

本研究对比了一孩家庭家长和多孩家庭家长两组独立样本在各类养育风格上是否有显著的差异。从表 3 可见，Welch's T 检验显示，一孩和多孩家庭中的家长在五类养育风格（三类积极养育风格，即温暖鼓励、情感性支持和理性管教，两类负面养育风格，即严厉冷漠和干涉倾向）上都有显著的差异。在积极养育风格方面，一孩家庭家长在温暖鼓励上的得分（12.6 分）要显著高于多孩家庭家长（12.3 分）；在情感性支持上，一孩家庭家长的得分（8.4 分）同样要显著高于多孩家庭家长（8.3 分）；最后，一孩家庭家长在理性管教上的得分（14.5 分）也要显著高于多孩家庭家长（13.9 分）。数据分析结果表明，相对多孩家庭家长，一孩家庭家长更倾向于采用积极的养育风格。

表 3　一孩和多孩家庭中的家长养育风格比较

| 家长自评 | 一孩 | | 多孩 | | $t$ 值 | 显著性 $p$ | 效应量 Cohen's $d$ |
| --- | --- | --- | --- | --- | --- | --- | --- |
| | 得分 | 标准差 | 得分 | 标准差 | | | |
| 温暖鼓励 | 12.6 | 2.7 | 12.3 | 2.8 | 17.4 | <.001 | 0.11 |
| 情感性支持 | 8.4 | 1.7 | 8.3 | 1.8 | 13.4 | <.001 | 0.08 |
| 理性管教 | 14.5 | 3 | 13.9 | 3.2 | 30.6 | <.001 | 0.18 |
| 严厉冷漠 | 8 | 3.9 | 8.2 | 4.1 | -6.7 | <.001 | 0.04 |
| 干涉倾向 | 13 | 4.7 | 13.1 | 4.8 | -5.5 | <.001 | 0.03 |

在负面养育风格层面，一孩家庭家长在严厉冷漠上的得分（8.0 分）则要显著低于多孩家庭家长（8.2 分）；在干涉倾向上，一孩家庭家长的得分（13.0 分）同样要低于多孩家庭家长（13.1 分）。数据趋势显示，对比多孩家庭家长，一孩家庭家长更不倾向使用负面的养育风格。

总体来看，一孩和多孩家庭家长在理性管教上差距最大，符合养育资源稀释理论的预测：随着家庭中孩子数量的增加，父母在每个孩子上能投入的资源也会随之减少，也更难合理分配管教孩子时所需的注意力和时间。尤其是在孩子犯错后，有限的资源会阻碍多孩家庭家长使用更理性及更个性化的管教方式。类似的趋势也在温暖鼓励和高情感性支持的养育风格上有所体现。值得注意的是一孩和多孩家庭家长的负面养育风格使用都相对较少，整体差异也非常小。这意味着家庭孩子数量的增加主要影响了家长积极养育风格的使用，对负面养育风格的影响较小。

### 2. 一孩、二孩和三孩家庭比较

(1) 一孩、二孩和三孩家庭中的孩子心理健康比较

随着我国人口政策调整，结合我国目前的家庭分布主要集中在一孩、二孩和三孩家庭的现状，本研究将对一孩、二孩和三孩家庭进行比较，在各维度上进行后续分析。

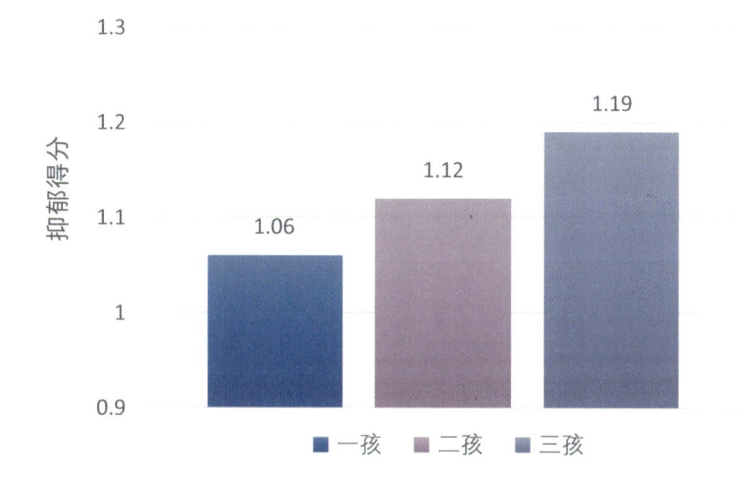

图1 一孩、二孩和三孩家庭中的孩子抑郁得分比较
（一孩：1.06；二孩：1.12；三孩：1.19）

从图 1 和表 4 可以看到，在孩子的心理健康方面，单因素方差分析（ANOVA）检验显示，一孩、二孩和三孩家庭中的孩子在三类心理健康指标上同样有显著的差异。在抑郁程度上，一孩家庭孩子的得分为 1.06 分，二孩家庭中孩子得分为 1.12 分，三孩家庭孩子的分为 1.19 分，三类家庭中的孩子在抑郁程度上差异显著。具体对比分析显示，三孩和二孩家庭孩子的抑郁程度都要显著高于一孩家庭孩子。同时，三孩家庭孩子的抑郁程度也要比二孩家庭孩子更高。

表 4　一孩、二孩和三孩家庭中的孩子心理健康比较

| 孩子自评 | 一孩 | | 二孩 | | 三孩 | | F 值 | 显著性 $p$ |
| --- | --- | --- | --- | --- | --- | --- | --- | --- |
| | 得分 | 标准差 | 得分 | 标准差 | 得分 | 标准差 | | |
| 抑郁 | 1.06 | 1.46 | 1.12 | 1.49 | 1.19 | 1.51 | 39.1 | <.001 |
| 积极心理品质 | 87.9 | 15.9 | 86.9 | 15.8 | 85.3 | 15.7 | 100.6 | <.001 |
| 日常生活行为 | 56.3 | 9.9 | 56.1 | 9.8 | 55.1 | 9.9 | 49.3 | <.001 |

在积极心理品质方面（图 2），三类家庭中的孩子在得分上同样有显著的差异。一孩家庭孩子的得分为 87.9 分，二孩家庭孩子的得分为 86.9 分，三孩家庭孩子的得分为 85.3 分。对比分析显示，一孩家庭孩子的积极心理品质得分要显著高于二孩和三孩家庭孩子，并且二孩家庭孩子的得分也要高于三孩家庭孩子。日常生活行为层面（图 3）的分析也得到了类似的结果：一孩家庭孩子的日常生活行为得分为 56.3 分，二孩家庭孩子的得分为 56.1 分，三孩家庭孩子的得分为 55.1 分。三类家庭中的孩子在日常生活行为上的得分差异显著，对比分析同样显示，一孩家庭孩

子的得分要显著高于二孩和三孩家庭孩子，同时二孩家庭孩子的得分也高于三孩家庭孩子。

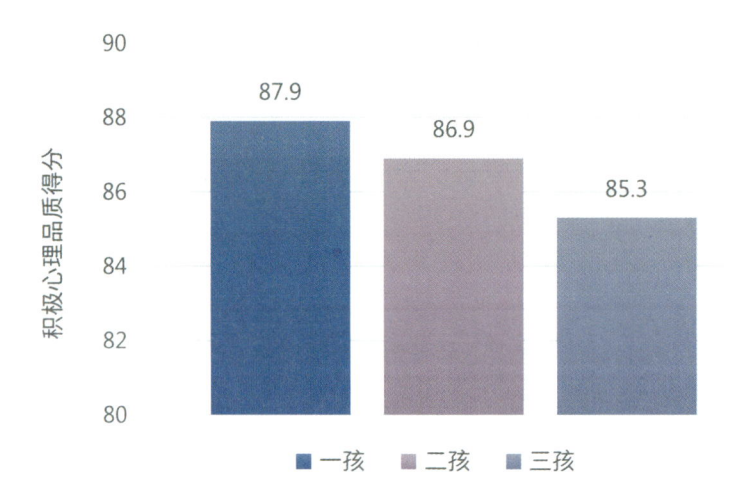

图 2 一孩、二孩和三孩家庭中的孩子积极心理品质得分比较

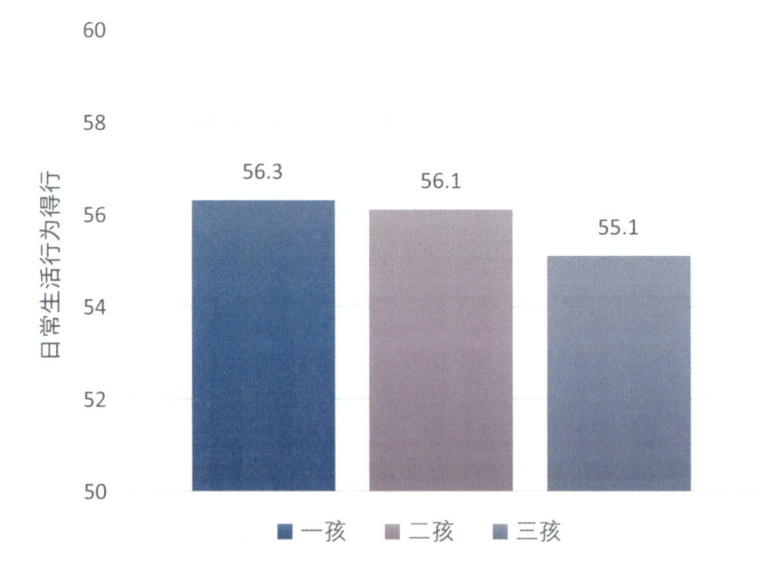

图 3 一孩、二孩和三孩家庭中的孩子日常生活行为得分比较

分析结果显示,三孩家庭孩子在三类心理健康指标上的情况都最不理想,表明多孩家庭养育资源稀释为孩子带来的负面影响,在三孩家庭中更为显著。

(2) 一孩、二孩和三孩家庭中的家长养育风格比较

如表5所示,一孩、二孩和三孩的家长在五类养育风格上的差异显著,具体差异根据养育风格而有所不同。在积极养育风格方面,一孩家庭家长在温暖鼓励上的得分为12.6分,二孩家庭家长的得分为12.3分,三孩家庭家长的得分为12.1分,三类家长在温暖鼓励上的得分差异显著。对比分析结果显示,一孩家庭家长在温暖鼓励上的得分显著高于二孩和三孩家庭家长;同时,二孩家庭家长的得分也显著高于三孩家庭家长。图4中展示了三类家长在各类养育风格上的得分差异,并已将五类养育风格的得分都转换至百分制。

表5 一孩、二孩和三孩家庭中的家长养育风格比较

| 孩子自评 | 一孩 | | 二孩 | | 三孩 | | $F$ 值 | 显著性 $p$ |
|---|---|---|---|---|---|---|---|---|
| | 得分 | 标准差 | 得分 | 标准差 | 得分 | 标准差 | | |
| 温暖鼓励 | 12.6 | 2.7 | 12.3 | 2.8 | 12.1 | 2.9 | 162.2 | <.001 |
| 情感性支持 | 8.4 | 1.7 | 8.3 | 1.8 | 8.2 | 1.9 | 100.5 | <.001 |
| 理性管教 | 14.5 | 3 | 14 | 3.1 | 13.6 | 3.3 | 502 | <.001 |
| 严厉冷漠 | 8 | 3.9 | 8.2 | 4.1 | 8.3 | 4.3 | 24 | <.001 |
| 干涉倾向 | 13 | 4.7 | 13.1 | 4.8 | 13.1 | 5 | 15.3 | <.001 |

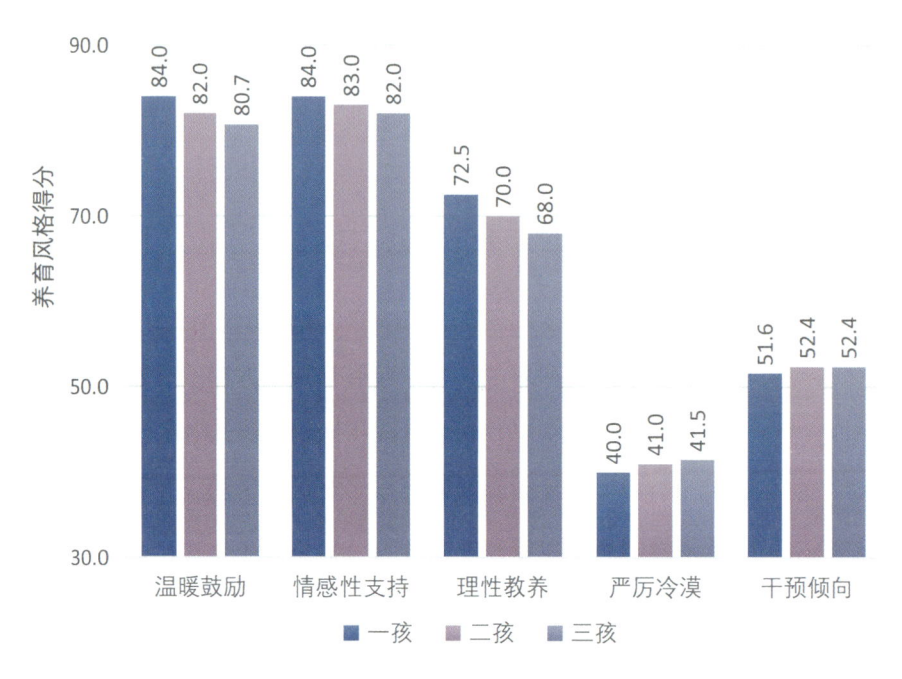

图 4　一孩、二孩和三孩家庭中的家长养育风格得分比较

在情感性支持方面，一孩家庭家长的得分为 8.4 分，二孩家庭家长的得分为 8.3 分，三孩家庭家长的得分为 8.2 分，三类家长在使用高情感性支持养育风格的程度上差异显著。对比分析结果显示，一孩家庭家长的情感性支持得分显著高于二孩和三孩家庭家长，而二孩家庭家长的得分也同样显著高于三孩家庭家长。

在理性管教方面，一孩家庭家长得分为 14.5 分，二孩家庭家长得分为 14.0 分，三孩家庭家长得分为 13.6 分，三类家长在理性管教的得分上差异显著。对比分析结果显示，一孩家庭家长的得分显著高于二孩和三孩家庭家长，而二孩家庭家长的得分也同样显著高于三孩家庭家长。整体分析结果显示，随着家庭孩子数量的增加，父母对积极养育风格的使用会随之减少。

在负面养育风格方面，一孩家庭家长在严厉冷漠上的得分为 8.0 分，二孩家庭家长的得分为 8.2 分，三孩家庭家长的得分为 8.3 分。其中，一孩家庭家长的严厉冷漠得分要显著低于二孩和三孩家庭家长，但二孩和三孩家庭家长之间并没有显著的差异。

在干涉倾向方面，一孩家庭家长的得分为 13.0 分，二孩家庭家长的得分为 13.1 分，三孩家庭中家长的得分为 13.1 分。其中，一孩家庭家长的干涉倾向得分要显著低于二孩和三孩家庭家长，但二孩和三孩家庭家长之间并没有显著的差异。

三类家长的对比趋势整体和一孩多孩家长对比的结果接近。其中，一孩家庭和三孩家庭的对比效应明显更大。该趋势支持养育资源稀释理论的猜想，即资源稀释为家长的养育风格选择带来的负面影响，在三孩家庭中更强，尤其体现在家长对孩子的理性管教上。同时，在负面养育风格的使用上，三类家长之间的差距相对更小，表明家庭孩子数量对家长的影响主要集中在积极养育风格上，而非负面养育风格。

## 3. 家长心理健康对孩子心理健康的影响

### （1）家长心理健康和孩子心理健康之间的相关性

本研究发现，父母的抑郁和焦虑程度越高，孩子的抑郁程度也相对越高，积极心理品质则相对更低。如表 6 所示，家长的抑郁程度及焦虑程度都和孩子的抑郁程度呈正相关。家长的心理健康（抑郁程度及焦虑程度）和孩子的积极心理品质及日常生活行为都是负相关，但效应量较小。

表 6 家长心理健康指标和学生心理健康指标的相关性

|   |            | 1      | 2      | 3      | 4     | 5 |
|---|------------|--------|--------|--------|-------|---|
| 1 | 家长抑郁   | —      |        |        |       |   |
| 2 | 家长焦虑   | 0.73*  | —      |        |       |   |
| 3 | 学生抑郁   | 0.08*  | 0.08*  | —      |       |   |
| 4 | 学生积极心理品质 | -0.07* | -0.07* | -0.41* | —     |   |
| 5 | 学生日常生活行为 | -0.07* | -0.07* | -0.41* | 0.77* | — |

*$p < 0.001$

(2) 家长心理健康对孩子心理健康的影响：基于家庭结构的调节模型分析

基于养育资源稀释理论，本研究采用调节回归分析来检验父母抑郁程度对孩子抑郁程度的直接影响是否会受到家庭子女数量的调节，更具体地说，父母抑郁水平对孩子抑郁程度的影响是否在多孩家庭中更强。在回归模型中，父母抑郁水平为自变量，孩子抑郁水平为因变量，家庭子女数量为调节变量（三级：一孩、二孩、三孩）。如表 7 所示，分析结果显示整体模型显著（$F = 277, p < 0.001$），且两个交互变量（家长抑郁 × 家庭孩子数量）都具有统计显著性，其中一孩二孩家庭比较为 $β = 0.02, p < 0.05$，一孩三孩家庭比较为 $β = 0.03, p < 0.05$。如图 5 所示，简单斜率检验的结果表明，在三类家庭中，父母的抑郁程度对孩子抑郁程度的影响在三孩家庭中最强（$β = 0.11, p < 0.001$），在二孩家庭中其次（$β = 0.09, p < 0.001$），在一孩家庭中最低（$β = 0.07, p < 0.001$）。该分析结果和养育资源稀释理论的猜想一致：在多孩家庭中，随着养育资源的减少，有心理健康问题的家长更难控制抑郁情绪对孩子造成的负面影响，继而提高孩子产生心理健康问题的可能性。

表7　基于家庭孩子数量的学生抑郁程度调节回归模型分析结果

| 变量 | | 标准回归系数 β | t 值 | 显著性 p |
| --- | --- | --- | --- | --- |
| 家庭孩子数量 | 一孩二孩对比 | 0.047 | 7.59 | < 0.001 |
| | 一孩三孩对比 | 0.097 | 7.52 | < 0.001 |
| 家长抑郁 | | 0.088 | 19.68 | < 0.001 |
| 家长抑郁 × 家庭孩子数量 | 一孩二孩对比 | 0.02 | 2.58 | 0.01 |
| | 一孩三孩对比 | 0.03 | 2.94 | 0.003 |

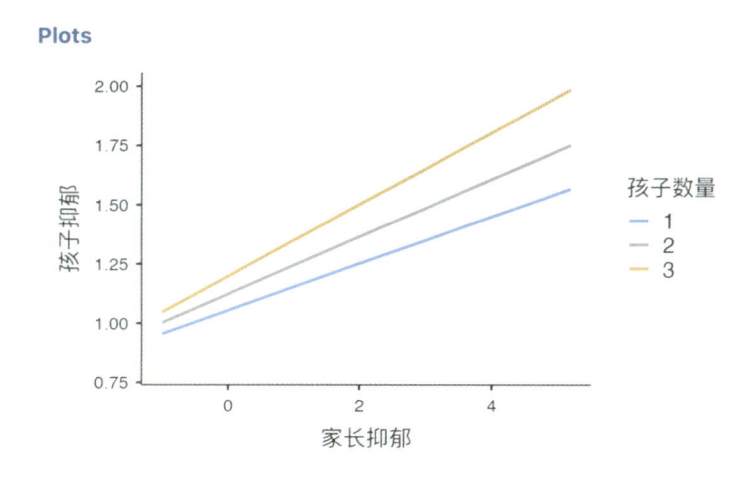

图5　不同家庭结构下家长抑郁程度对孩子抑郁程度的影响

(3) 多孩家庭中家长心理健康对孩子心理健康的影响：基于性别的调节模型分析

基于过往文献中对中国多孩家庭重男轻女问题的讨论，本研究采用调节回归分析来检验在多孩家庭中，父母抑郁程度对孩子抑郁程度的直接影响是否会受到孩子性别的调节。本分析使用的样本为多孩家庭（N = 68719）。如表8所示，在回归模型中，家长的抑郁程度为自变量，孩子抑郁程度为因变量，孩子性别为调节变量。分析结果显示整体模型显著（$F = 226, p < 0.001$），但交互变量（孩子性别×家长抑郁程度）并不显著（$\beta = -0.001, t = -0.49, p = 0.622$）。简单斜率检验的结果同样显示，父母的抑郁程度对孩子抑郁程度的影响在男生中（$\beta = 0.089, t = 16.7, p < 0.001$）和女生中（$\beta = 0.085, t = 15.6, p < 0.001$）并没有明显的区别。本样本中的数据分析结果表明家长抑郁问题对孩子心理健康的负面影响并没有显著的性别差异，侧面反映了随着中国男女性别平等观念的发展，我国社会文化中"男性偏好"的现象对女性的负面影响也正在减少。

表 8 基于孩子性别的学生抑郁程度调节回归模型分析结果

| 变量 | 标准回归系数 $\beta$ | $t$ 值 | 显著性 $p$ |
| --- | --- | --- | --- |
| 孩子性别 | -0.021 | -2.64 | 0.008 |
| 家长抑郁 | 0.087 | 19.68 | < 0.001 |
| 家长抑郁 × 孩子性别 | -0.001 | -0.49 | 0.622 |

## 四、结论与建议

本次调查有以下重要发现：

1) 一孩和多孩家庭中的孩子在各类心理健康指标上的差异都相对较小；

2) 一孩和多孩家庭中的家长在负面养育风格使用上的差异较小；在

积极养育风格使用上的差异更为明显，具体表现为一孩家庭家长对比二孩和三孩家庭家长在积极养育风格上的得分显著更高，尤其是理性管教方面，差异更大；整体趋势符合资源稀释理论；

3）家长抑郁问题对孩子负面影响的程度部分取决于家庭孩子的数量，其中，此类负面影响在三孩家庭中显著强于二孩和一孩家庭；

4）家长抑郁问题对孩子的负面影响在男孩和女孩中并没有显著的差异。

针对以上分析结果，本报告提出以下建议。

## 1. 理性看待生育问题，客观认识多子女利弊

在当前三孩政策的推动下，非独生子女群体逐渐增多，引起了社会对多子女家庭的关注。微观层面上，生育政策的宽松为孩子提供了兄弟姐妹相伴的机会，增加了社交需求，有利于促进个体发展（Downey & Condron, 2004; Downey et al., 2015）。然而，研究同时揭示了多子女家庭在资源分配上可能对个体心理健康产生不利影响。在此背景下，家长在微观层面上需要理性选择生育数量，充分认识多子女家庭可能带来的问题，以及这种家庭形式对孩子发展的潜在益处。家长还应持续关注子女的心理健康，采取积极的心理健康引导方式，减小兄弟姐妹关系可能带来的负面影响。而在宏观层面上，国家和社会不能仅仅关注生育放宽所缓解的人口老龄化和劳动力供给不足问题（张鹏飞，2019），也需要认识到多子女对儿童青少年心理健康可能产生的不利影响。需要采取相应措施，包括在教育体系中加强心理健康教育，提供更多的心理咨询服务，以及鼓励家庭建设更为积极的亲子关系。通过这些综合性的措施，可以更好地应对多子女家庭中可能出现的心理健康问题，为儿童青少年的全面发展创造更有利的环境。

## 2. 健全家庭结构友好型心理健康服务体系

我国政府长期以来都十分重视国民心理健康，尤其体现在 2015 年党的十八届五中全会提出的推进健康中国建设的目标（新华社，2021）上。在健康中国建设的推进过程中，各级部门相继制定了一系列有关心理健康建设的政策文件（新华社，2016；卫生健康委员会，2019，2020；健康中国行动推进委员会，2019）。然而，在这些文件中，尚需更多关注儿童青少年心理健康发展的具体方案。为了更有针对性地促进儿童青少年心理健康发展，希望未来各相关部门在制定心理健康相关工作计划和行动计划时，能够更加侧重和考量儿童青少年群体的需求。在划定重点人群时，应特别关注非独生儿童青少年，因为他们可能面临不同的心理健康挑战。在规定重点任务时，应强调家庭在心理健康发展中的作用，倡导良好的亲子关系和亲子互动（向脉溪，毕爱红，李梅，2022；胡义秋等，2023）。明确具体行动时，可以考虑通过设立"亲子假"或"亲子活动日"等方式，举办亲子共同参与的健康赛事，向公众优惠或者免费开放适合亲子共同使用的公共娱乐设施和文化场所，以加强亲子互动，促进良好亲子关系的形成，进而助推儿童青少年的心理健康发展。这些举措有望在全社会层面上提升对儿童青少年心理健康问题的关注度，并为制定更为全面、有力的政策规范奠定基础，从而构建一个更健康、更有利于儿童青少年心理成长的社会环境。

## 3. 加强多孩家庭教育，加大家庭心理资源支持力度

在养育孩子的过程中，以往的关注点主要集中在经济资源的投入上。自 2022 年起，各省市相继印发实施关于优化生育政策促进人口长期均衡发展的工作方案，通过发放育儿补贴、延长带薪产假和育儿假、设立普惠托

育点等措施让家庭享受到政策带来的经济福利（佟程程，2023；党晓培，李燕，2023），但实施效果仍有滞后（高雅，刘丽娟，2023）。

与经济资源不同，心理资源是更为主观且可干预的。张爽（2021）通过对心理资源的分析发现，亲子关系、亲子沟通和亲子陪伴在孩子的心理健康发展中扮演着关键角色。孩子与父母的亲密关系、沟通频率以及亲子陪伴与其心理健康水平呈正相关。而这三类心理资源不仅可以减小独生子女和非独生子女心理健康水平上的差异，还能消除不同兄弟姐妹数量的儿童青少年之间在心理健康水平上的差异。这表明，家庭心理资源是一种能够有力减轻或规避兄弟姐妹关系对儿童青少年心理健康产生不良影响的"有利法宝"。

然而，当前大多数父母缺乏应对多孩家庭结构的能力，导致家庭心理资源的分配不均衡。例如，多孩家庭中父母倾向于将更多的重心放在年龄较小的孩子身上，导致对长子女的心理、学习及生活等方面缺少关心和教育。长子女获得的家庭心理资源减少，在前后落差较大的家庭环境中就容易产生不良情绪和错误行为（宋金生，2020）。另外，多孩家庭的父母需要面对处理全新家庭关系的挑战，例如处理孩子之间的矛盾。然而，大部分父母缺乏应对孩子间矛盾的技巧，导致长子女和二孩之间的矛盾增多（宋金生，2020）。

针对上述现状，社会需要帮助多孩家庭合理平衡并增加心理资源。一方面，需要为多孩父母提供养育知识，另一方面，要创造更多让父母和孩子们沟通互动的机会。教育部 2021 年发布的《关于进一步减轻义务教育阶段学生作业负担和校外培训负担的意见》（简称"双减"）与 2022 年 1 月正式实施的《中华人民共和国家庭教育促进法》均指出要构建家校共同体，探索打造"家校社"三位一体教育空间（高爽，2023）。这一方式，为多孩家庭教育指明了新的路径。各级政府应加强领导和管理，了解各地区多孩家庭的情况，有针对性地举办多孩家庭教育讲座、发布宣传材料；学校和社区也应采取一系列措施，积极开展多孩家庭教育宣传活动。

具体而言，要充分发挥学校在多孩家庭教育中扮演的角色。一方面，科学的多孩家庭教育知识是父母教育素养提升的基础。学校可以通过附设家长学校，有针对性地开设多孩家庭教养的课程，让多孩父母有机会接触科学的教育方式，提高教育素养，改变现有的错误观念（吴胜，阳德华，2017）。通过家长学校的讲解、练习等方式，家长可以充分认识到陪伴、沟通等家庭心理资源分配的重要性，学习面对多孩家庭结构的沟通方法与技巧。同时，学校需要建立多渠道的沟通体系，解答家长的疑虑、解决家长的困惑、满足家长的需求；通过微信群、公众号等平台组织教师、家长学习宣传《中华人民共和国家庭教育促进法》，推动法规的宣传实施，促使学校、家庭和社会形成协同育人的力量。此外，教师应主动了解班级内多孩家庭的情况，将多孩家庭教育纳入教育工作内容，向家长提供建议和帮助。学校还可以举办亲子活动或布置亲子作业，给多孩父母与孩子更多交流的机会，让父母更好地了解孩子，也让孩子在活动中体会到父母陪伴的快乐（宋金生，2020）。

最后，社区的辅助可以填补学校层面无法顾及的方面。社区可以依托辖区内幼儿园、小学、专业机构等资源，合法开设针对多孩家庭的育儿培训，帮助家长更科学地掌握不同年龄段儿童的成长规律，正确处理多孩相处可能出现的矛盾。同时，由于学校举办的亲子活动只是针对多孩家长与单个孩子进行沟通，而社区举办的亲子活动与培训则可以打破此限制，让家长与孩子们共同参与，充分利用工作与学习之外的时间，为家庭提供更多沟通的机会。

### 4. 持续推进性别平等建设，保障家庭心理资源供给平衡

本研究的数据分析显示，家长抑郁问题对孩子心理健康的负面影响并没有显著的性别差距。先前的研究也发现，不同性别幼儿的教养方式在单、多孩家庭比较中无显著性差异（李映红，张绍军，2021）。但这并不代表在我国的家庭中，"男性偏好"的性别观念已被完全消除。尽管新中国成立以来一直在倡导性别平等观念，但整个社会思想观念的转变并非一蹴而就。在社会和经济的发展以及人口代际更替的进程中，性别平等观念已深入人心，但对于一些家庭而言，这一观念仍根深蒂固（叶华，吴晓刚，2011）。例如，农村地区的"重男轻女"现象仍然明显地体现在随迁决策中，城乡流动中子女随迁有助于子代的身体健康和认知能力的发展（俞韦勤，胡浩，2018），但在有限的家庭资源条件下，家中较多的子女数量以及与男孩的竞争进一步加深了女孩在随迁决策中受到的不公平对待，更有可能成为留守儿童，失去父母的陪伴（韩俊强，袁诚扬，2023）。因此，我国需要持续大力推进"男女平等"观念的建设，特别要关注有兄弟姐妹的女性儿童青少年在家庭心理资源获得方面的问题。这涉及提高女性非独生子女的心理健康水平，确保她们在家庭中能够享受到与男性同等的心理资源供给。通过促进性别平等观念的普及，社会可以更好地协调家庭心理资源的平衡分配，为儿童青少年创造更有利的心理健康环境，为每个个体提供公平的成长条件，这也是实现全面性别平等的重要一步（李静，董晓净，2022）。

# 参考文献

[1] 陈斌斌，施泽艺. 二胎家庭的父母养育 [J]. 心理科学进展, 2017, 25 (7)：1172-1181.

[2] 陈斌斌，王燕，梁霁，童连. 二胎进行时：头胎儿童在向同胞关系过渡时的生理和心理变化及其影响因素 [J]. 心理科学进展, 2016, 24 (6): 863-873.

[3] 陈斌斌，赵语，韩雯，王逸辰，吴嘉雯，岳新宇等. 手足之情：同胞关系的类型、影响因素及对儿童发展的作用机制 [J]. 心理科学进展, 2017, 25 (12): 2168-2178.

[4] 党晓培，李燕. 优化生育政策促进人口长期均衡发展 [N]. 云南日报, 2023-11-24 (003).

[5] 樊林峰，俞国良. 独生子女的心理健康教育问题研究 [J]. 黑龙江高教研究, 2019, 37 (02): 118-121.

[6] 国家医疗保障局办公室. 国家医疗保障局办公室关于做好支持三孩政策生育保险工作的通知 [EB/OL]. (2021–07–26) [2023]. https://www.gov.cn/zhengce/zhengceku/2021–07/26/content_5627470.htm.

[7] 郭维明. 文化因素对性别偏好的决定作用 [J]. 人口学刊, 2006, (02): 8-12.

[8] 高爽. "双减"政策下的家校共育：现实困境与应对策略——基于《中华人民共和国家庭教育促进法》的思考 [J]. 教育观察, 2023, 12 (23): 114-116.

[9] 高雅，刘丽娟. 三孩生育政策实施现状与落实对策研究综述 [J]. 国际公关, 2023, (13): 101-103.

[10] 郭梓鑫，朱水成，毛芳婷. "开放三孩"政策下居民生育意愿及政策影响因素 [J]. 经济研究导刊, 2023, (18): 129-134.

[11] 韩俊强，袁诚扬. 农村流动人口子女随迁的性别偏好研究 [J]. 青年研究, 2023, (03): 37-49+95.

[12] 胡义秋，曾子豪，彭丽仪，王宏才，刘双金，杨琴，方晓义. 亲子关系和父母教育卷入对青少年抑郁、自伤和自杀意念的影响：挫败感和人生意义感的作用 [J]. 心理学报, 2023, 55 (01): 129-141.

[13] 界面新闻. 国务院常务会议通过人口与计划生育法修正草案[EB/OL]. (2021–06–18) [2023]. https://www.jiemian.com/article/6252522.html.

[14] 景怀斌. 独生、非独生子女大学生若干社会性心理品质的比较研究[J]. 中山大学学报论丛, 1997, (06): 149-156.

[15] 李静, 董晓净. 性别平等中的教育性别差异与"性别红利"[J]. 淮南师范学院学报, 2022, 24 (03): 38-45.

[16] 李映红, 张绍军. 幼儿家庭教养方式现状省思：单、多孩家庭比较的视角[J]. 怀化学院学报, 2021, 40 (06):111-115.

[17] 刘松涛, 张晓娟, 芦珊, 高海波, 刘海艳, 马焕明, 马文有等. 中学独生子女学生心理健康状况和人格特征的相关性[J]. 中国健康心理学杂志, 2019, 27 (04): 620-622.

[18] 宋金生. 全面二孩政策下家庭教育问题及对策[J]. 课程教育研究, 2020, (45): 124-125.

[19] 孙艳平, 高子彬. 家庭教育家庭教育融入高等教育——《中华人民共和国家庭教育促进法》实施的有力保障[J]. 河北师范大学学报（教育科学版）, 2023, 25 (03): 127-132.

[20] 佟程程. 鼓励生育！我区完善二孩、三孩家庭生育配套支持措施[N]. 大兴安岭日报, 2023-11-29 (003).

[21] 王凤婷. 家庭环境对初中生心理健康的影响研究[D]. 江苏省：南京大学, 2018.

[22] 吴胜, 阳德华. 全面二孩政策下家庭教育问题及对策[J]. 海南热带海洋学院学报, 2017, 24 (03): 125-128.

[23] 新华社. 中共中央国务院关于优化生育政策促进人口长期均衡发展的决定[EB/OL]. (2021–07–20) [2023]. https://www.gov.cn/gongbao/content/2021/content_5629598.htm.

[24] 新华社. 生育政策作出调整"单独两孩"启动实施[EB/OL]. (2013-11-16) [2023]. https:// www.gov.cn/zhengce/2013-11/16/content_2603700.htm.

[25] 向脉溪, 毕爱红, 李梅. 中学生亲子关系与心理健康的关系：一个有调节的中介效应[J]. 兵团教育学院学报, 2022, 32 (04):41-48.

[26] 杨菊华. 近20年中国人性别观念的延续与变迁[J]. 山东社会科学, 2017, (11): 60-71.

[27] 俞韦勤, 胡浩. 随迁与留守子女认知能力及影响因素差异——基于中国教育追踪调查2013—2014年数据[J]. 湖南农业大学学报（社会科学版）, 2018, 19 (06):49-56.

[28] 叶华，吴晓刚. 生育率下降与中国男女教育的平等化趋势[J]. 社会学研究，2011, 26 (05): 153-177+245.

[29] 郑磊. 同胞性别结构、家庭内部资源分配与教育获得[J]. 社会学研究, 2013, 28 (05): 76-103+243-244.

[30] 张鹏飞. 全面二孩政策、人口老龄化与劳动力供给[J]. 经济经纬，2019, 36 (03): 134-141.

[31] 张爽. 同胞结构与青少年心理健康关系研究[D]. 山东省：山东大学，2021.

[32] 张晓文. 独生子女与非独生子女大学生个性发展及心理健康状况的比较研究[J]. 南京人口管理干部学院学报，2001, (02): 36-38.

[33] 郑磊，侯玉娜，刘叶. 家庭规模与儿童教育发展的关系研究[J]. 教育研究，2014, 35 (04): 59-69.

[34] 张月云，谢宇. 低生育率背景下儿童的兄弟姐妹数、教育资源获得与学业成绩[J]. 人口研究，2015, 39 (04): 19-34.

[35] 张小远，俞守义，赵久波，李建明，肖蓉. 独生子女与非独生子女大学生心理健康状态和素质的对照研究[J]. 南方医科大学学报，2007, (04): 482-484.

[36] Baydar, N., Greek, A., & Brooks-Gunn, J. A Longitudinal Study of the Effects of the Birth of a Sibling During the First 6 Years of Life[J]. Journal of Marriage and the Family, 1997, 59 (4): 939-956.

[37] Blake, J. The Only Child in America: Prejudice versus Performance[J]. Population and Development Review, 1981, 7(1): 43-54.

[38] Blake, J. Family Size and Achievement[M]. University of California Press, 2002.

[39] Becker, G. S., & Lewis, H. G. On the Interaction between the Quantity and Quality of Children[J]. Journal of Political Economy, 1973, 81 (2): S279-S288.

[40] Becker, G. S., & Tomes, N. An Equilibrium Theory of the Distribution of Income and Intergenerational Mobility[J]. Journal of Political Economy, 1979, 87 (6): 1153-1189.

[41] Chu, C. Y., Xie, Y., & Yu, R. Effects of Sibship Structure Revisited: Evidence from Intrafamily Resource Transfer in Taiwan[J]. Sociology of Education, 2007, 80 (2): 113-91.

[42] Downey, D. B. When Bigger is Not Better: Family Size, Parental Resources, and Children's Educational Performance[J]. American Sociological Review, 1995, 60: 746-761.

[43] Downey, D. B. Number of Siblings and Intellectual Development. The Resource Dilution Explanation[J]. The American psychologist, 2002, 56 (6-7): 497-504.

[44] Downey, D. B., & Condron, D. J. Playing Well with Others in Kindergarten: The Benefit of

Siblings at Home[J]. Journal of Marriage and Family, 2002, 66 (2): 333-350.

[45] Downey, D. B., Condron, D. J., & Yucel, D. Number of Siblings and Social Skills Revisited Among American Fifth Graders[J]. Journal of Family Issues, 2015, 36 (2): 273-296.

[46] Dunn, J., & Kendrick, C. Studying Temperament and Parent-child Interaction: Comparison of Interview and Direct Observation[J]. Developmental Medicine & Child Neurology, 1980, 22 (4): 484-496.

[47] Ivanova, M. Y., Achenbach, T. M., & Turner, L. V. Associations of Parental Depression with Children's Internalizing and Externalizing Problems: Meta-Analyses of Cross-Sectional and Longitudinal Effects[J]. Journal of Clinical Child & Adolescent Psychology, 2002, 51 (6): 827-849.

[48] Kroenke, K., Spitzer, R. L., Williams, J. B., Monahan, P. O., & Löwe, B. Anxiety Disorders in Primary Care: Prevalence, Impairment, Comorbidity, and Detection[J]. Annals of Internal Medicine, 2007, 146 (5): 317-325.

[49] Lawson, D. W., & Mace, R. Siblings and Childhood Mental Health: Evidence for a Later-born Advantage[J]. Social Science & Medicine, 2010, 70 (12): 2061-2069.

[50] Löwe, B., Kroenke, K., & Gräfe, K. Detecting and Monitoring Depression with a Two-item Questionnaire (PHQ-2)[J]. Journal of Psychosomatic Research, 2005, 58 (2): 163-171.

[51] Luo, Z., Li, Y., Hou, Y., Liu, X., Jiang, J., Wang, Y., ... & Wang, C. Gender-specific Prevalence and Associated Factors of Major Depressive Disorder and Generalized Anxiety Disorder in a Chinese Rural Population: the Henan Rural Cohort Study[J]. BMC Public Health, 2019, 19: 1-12.

[52] Strohschein, L., Gauthier, A. H., Campbell, R., & Kleparchuk, C. Parenting as a Dynamic Process: A Test of the Resource Dilution Hypothesis[J]. Journal of Marriage and Family, 2008, 70 (3): 670-683.

[53] Tarren-Sweeney, M., & Hazell, P.. The Mental Health and Socialization of Siblings in Care[J]. Children and Youth Services Review, 2005, 27 (7): 821-843.

[54] Tsai, F. J., Huang, Y. H., Liu, H. C., Huang, K. Y., Huang, Y. H., & Liu, S. I. Patient Health Questionnaire for School-based Depression Screening among Chinese Adolescents[J]. Pediatrics, 2014, 133(2): e402-e409.

[55] Tucker, C.J., McHale, S.M., & Crouter, A. C. Dimensions of Mothers' and Fathers' Differential Treatment of Siblings: Links with Adolescents' Sex-typed Personal Qualities[J]. Family Relations, 2003, 52 (1): 82-89.

[56] Tippett, N., & Wolke, D. Aggression between Siblings: Associations with the Home Environment and Peer Bullying[J]. Aggressive behavior, 2015, 41 (1): 14-24.

[57] Wang, W. Son Preference and Educational Opportunities of Children in China— "I Wish You were a Boy!"[J]. Gender Issues, 2005, 22 (2): 3-30.

[58] Wang, W., Du, W., Liu, P., Liu, J., & Wang, Y. Five-factor Personality Measures in Chinese University Students: Effects of One-Child Policy?[J]. Psychiatry Research, 2002, 109(1): 37-44.

# Ⅲ 专题报告

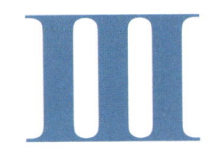

# 孩子最需要"有温暖的家"：
# 父母养育风格与中小学生心理健康

孙云晓[*]

---

[*] 孙云晓，中国青少年研究中心研究员、中国家庭教育学会副会长、教育部家庭教育指导专委会副主任委员。

近年来，中小学生的心理健康状况引发全社会的高度关注。《中国国民心理健康发展报告（2019—2020）》显示，我国青少年的抑郁检出率为 24.6%，其中轻度抑郁为 17.2%，重度抑郁为 7.4%。当然，24.6%的数据不代表抑郁症患病率，因为有抑郁情绪问题不等于抑郁症。但是，中小学生心理健康问题频发的现象依然引起了强烈关注。显然，中小学生深受家庭和学校的影响，究竟什么原因导致了青少年儿童的心理危机？问向实验室通过对近 50 万份学生家长自填问卷和学生自填问卷的分析，从家庭养育环境的角度，揭示出父母的养育风格与孩子的心理健康存在显著的关联。这些数据和相关分析的价值不言而喻，值得广大父母、教师和家庭教育工作者关注和思考。

# 问题之一：
# 中小学生的心理困扰值得关注

根据问向实验室的中小学生问卷数据和分析，有以下两个非常明显的特点。

1.本次调查结果显示，不同学段的学生在心理健康层面有着较强的差异：小学生的各类积极心理品质都要明显优于初中生及高中生。

（1）超过 60% 的受访小学生对生活表现出乐观态度，在初中生中则下降到 40%，在高中生中则下降到 25%。

（2）接近 45% 的受访小学生表现出高自我效能，在初中生中则下降到 25%，在高中生中则下降到 15%。

从小学到初中再到高中，为什么会出现断崖式降低的变化？或许是因为竞争压力的不同。《中华人民共和国义务教育法》第十二条规定适龄儿童、少年免试入学"。依据此法律规定，多年前便取消了小升初的考试，小学阶段的升学压力显著减轻，加上坚持推行素质教育，小学生的生活远比中学生要宽松一些。初中生面对中考，高中生面对高考，压力有不断增加的趋势。尽管，中国已经进入高等教育大众化阶段，考入大学的难度降低了许多，但为了更具有竞争力，很多家长更渴望让孩子进入重点大学和名校，并且争相送孩子出国留学。所以，压力层层加码，"鸡娃"现象普遍，导致过度竞争和过高的压力。

调查数据发现，小学生的各类日常行为指标也明显比初中生及高中生更好，例如：

（1）只有不到 5% 的受访小学生有潜在的手机成瘾问题，在初中生中则上升到 10%，在高中生中持续上升到 15%；

（2）只有不到 10% 的受访小学生对睡眠质量感到不太满意，在初中生中则上升到 15%，在高中生中迅速上升到 40%；

（3）只有不到 15% 的受访小学生感到作业压力有点大，在初中生中则上升到 25%，在高中生中迅速上升到 40%。

这一组数据实际上与上一组数据是相关的，即学业压力升高，导致不少的中学生适应不良，他们或者睡眠不足，或者迷恋手机，其中一部分学生厌学甚至拒绝上学。关于睡眠不足，这些数据不足以反映全面的真实状况。青少年的身体健康取决于睡眠、饮食和运动三个要素。按照国家规定，中小学生每天需要的睡眠时间，小学生应达到 10 小时，初中生应达到 9 小时，高中生应达到 8 小时。中国青少年研究中心自 1999 年开始调查全国少年儿童发展状况，当时学习超时、睡眠不足的中小学生占比为 46.3%。后来 20 年间，情况越来越严重。据 2021 年 3 月 21 日人民日报题为《最新调查：中国超八成中小学生睡眠时长未达标》的报道[1]，《中国国民心理健康发展报告（2019—2020）》显示，中国青少年睡眠不足现象继续恶化，95.5% 的小学生、90.8% 的初中生和 84.1% 的高中生的睡眠时长未达标。问题的严重性在于，太多家长和孩子都忽视了睡眠的重要性，已经将睡眠不足视为正常现象。前面的数据说"只有不到 10% 的受访小学生对睡眠质量感到不太满意"，这绝非说明他们睡眠充足，而是因为他们对于睡眠不足早已经习以为常了，也忽视了或者根本不知道维护自己的生存权和受保护权。对睡眠质量感到不太满意的初中生上升到 15%，高中生则迅速上升到 40%，这是因为他们身心疲惫难以持续下去，才表达出自己的

---

[1] 2021 年 3 月 21 日人民日报，《最新调查：中国超八成中小学生睡眠时长未达标》。

焦虑和无奈。与此同时，我们也需要看到，学业压力大和睡眠不足与心理危机存在密切的关联。深圳一位高一女生，进入重点高中仅两个月，便不得不休学，因为她被确诊为中度抑郁症，而原因之一是她初三阶段每天的睡眠时间经常只有 4 小时。

2. 在细化到具体年级之间的比较时，分析结果显示整体心理品质下降最快的时段是"小升初"以及"初一升初二"。

"小升初"以及"初一升初二"之所以出现心理品质断崖式下降，是因为小学与初中是两个差别巨大的世界，而小升初成为了分界线。升入初一，既要面对众多全新的学科，面对陌生的环境与群体，还要面对青春期的躁动，一切都需要重新开始，这对于处于半独立半依赖阶段的孩子来说是一个巨大的挑战。因此，小升初的孩子需要更多的理解和帮助，这对家庭教育提出了更高的要求。

从另外一个角度来说，中学生的许多问题不是突然发生的，而是从小学阶段延续过来的，比如学习能力、行为习惯、思想品德等。我们不能因为小学生似乎比中学生状态好，就忽视了小学生的诸多问题，包括家庭教育的缺失。

## 问题之二：
## 父母的养育风格如何影响中小学生的心理健康？

所谓养育风格主要指父母教育孩子时所采用的较为独特和稳定的方式方法，其风格体现出自己的价值观和生活态度。父母的养育风格深刻影响孩子的心理健康与人格健康。如北京师范大学心理学教授高玉祥所说，父母对孩子如果是支配的态度，孩子便会出现消极的、缺乏自主性、依赖的、顺从的人格特点；父母对孩子如果是不关心的态度，孩子便会出现攻击的、情绪不安定的、冷酷的、自立的人格特点；父母对孩子如果是民主的态度，孩子便会出现合作的、独立的、坦率的、社交的人格特点。①

根据问向实验室收集的家长问卷数据，家庭养育环境在养育风格层面显示出以下特点。

接近30%的家长表示自己在育儿时会有"过度保护"孩子的倾向。

调查结果显示，家长对孩子的成长普遍都提供了大量的支持。根据具体方向的差异，家长们的表现也有所不同。家长在"独立性支持"（帮助孩子独立成长）上的得分最高，在"帮助性支持"（在孩子有困难时提供支持）上的得分相对较低，在"情感性支持"（为孩子提供高情绪价值的成长环境）上的得分相对最低。调查发现，接近20%的家长表示自己在育儿时会感到焦虑。

这些数据和分析结果告诉我们什么呢？家长在"独立性支持"（帮助孩子独立成长）上的得分最高，说明家长对孩子具有较高的期望。然而，孩子的成长是曲折的，其过程可能伴随着困惑、动摇甚至失败，这个时候最需要来自父母的理解和支持。可是，许多父母在给予孩子"帮助性支持"（在孩子有困难时提供支持）上的得分相对较低，而在"情感性支持"（为孩子提供高情绪价值的成长环境）上的得分相对最低。在这种情况下，承受失败的孩子变得孤立无援，较为脆弱的孩子便容易出现心理情绪障碍，甚至发生心理危机。

整体而言，父母重智轻德的功利主义倾向，可能是导致孩子出现心理

---

① 孙云晓、卜卫等. 如何培养儿童的健康人格 [M]. 江苏凤凰教育出版社，2016.

问题更为重要的原因。北京师范大学中国基础教育质量监测协同创新中心等机构在 2018 年 9 月 26 日发布的《全国家庭教育状况调查报告（2018）》[①]（以下称"北师大调查"），通过对全国 18 万多名中小学生和 3 万多名班主任的调查，用详细数据揭示了这一突出特点。如学生和班主任都认为家长最关注的是孩子的学习情况。四、八年级学生大都认为家长对自己最关注的前三位是学习情况（选择比例分别为 79.8%、79.9%）、身体健康（66.6%、66.5%）和人身安全（62.2%、52.2%），其人数比例远高于道德品质（25.3%、30.7%）、日常行为习惯（15.2%、18.7%）、兴趣爱好或特长（10.8%、7.1%）、心理状况（6.5%、11.1%）等方面。四、八年级班主任也认为家长最关注学生的考试成绩（88.3%、90.1%）。

北师大调查的结果说明，许多家庭教育已经步入知识化的误区，导致家庭教育的异化发展。家庭教育本是生活教育，应该给予孩子情感支持，锻炼孩子的生活技能以应对各种各样的挑战。结果却是父母们过于看重学业成绩而忽视孩子的道德品质与心理健康，让家庭不再温暖，让孩子不堪重负。久而久之，孩子出现各种各样的心理问题是不难理解的。

积极养育风格具有"三高"的特征，即高温暖、高支持、高理性。本次调查也发现，高抑郁和高焦虑倾向家长的养育风格在温暖、支持、理性三个层面都比健康家长低得多。由此可见，改变孩子要从改变父母开始，改变教育要从改变关系开始。

本次调查还发现，接近 45% 的家长表示他们对另一半提供的支持非常满意。母亲的养育风格在温暖、支持、理性三个层面上都比父亲做得好。这个数据与国内多项大型调查的结果相似，即有近半数的家庭存在父教缺

---

① 北京师范大学中国基础教育质量监测协同创新中心等. 全国家庭教育状况调查报告（2018）[J]. 教育学报, 2018 (5): 1.

失的问题，值得关注。美国学者提出，青少年有两个发展目标，一个是分离性或者说独立性，另一个是联结性或者说亲密性。父亲的优势在于培育孩子的独立性，母亲的优势在于培育孩子的亲密性。所以最好的家庭教育是父母联盟。因此可以说，父教不可缺少。为此，笔者与李文道博士合著了《好好做父亲》一书。笔者认为，对于孩子的成长来说，缺少父教犹如"缺钙"，青少年儿童特别需要父亲的陪伴和榜样作用。

## 问题之三：
## 中小学生心理健康需要父母具有什么样的养育风格？

大部分中小学生都是未成年人，而未成年人应受到国家和全社会的优先和特殊保护，这是《中华人民共和国未成年人保护法》和《中华人民共和国家庭教育促进法》等法律确定的重大原则。其中，家庭保护是第一位的，父母们应当主动承担起家庭教育的主体责任，这是培育未成年人健康成长的首要条件。

根据问向实验室的家庭数据，本次调查发现家庭养育环境对学生的心理健康有着显著的影响：家长的正向养育风格（高温暖、高支持、高理性）对孩子的各类积极心理品质（自我效能、乐观、情绪调节、韧性、坚毅）都有显著的正面影响。此类正向影响在小学生和初中生群体中更加明显。家长的正向养育风格（高温暖、高支持、高理性）对孩子的手机成瘾问题可以起到正面疏通的作用；相反地，严厉或是过分干涉的养育风格对孩子的手机使用反而会起到负面作用。

其实，高温暖、高支持、高理性的养育风格，正是广大中小学生对父母们的持久呼唤。我在中国青少年研究中心工作将近30年，其中20多年都坚持做全国少年儿童发展状况调查。每次调查少年儿童的幸福观时，中小学生都把"有温暖的家"作为第一选项，2005年为55.2%，2010年和2015年均为59.4%，而把"享受"排在最后一项，2005年为0.8%，2010为0.6%，2015年为1.0%。①

北京师范大学对18万中小学生的调查发现，无论是四年级还是八年级学生，在他们观念里，人生中最重要的事情均为"有温暖的家"，选择比例分别为39.3%和49.4%，远高于其它价值追求的选项。请注意，人们都说中学生叛逆，亲子冲突严重，而八年级即初二学生的认同度却比四年级小学生高出10.1%。这表明，中学生更懂得家庭温暖的重要。所以，无论是小学生还是中学生，孩子都将家庭幸福作为生命中最重要的追求，反映了他们对家庭的重视、依赖和对温暖家庭的期望。在调查中小学生最崇敬的榜样时，研究发现"父母"排在第一位。

无论是孩子们的呼声还是专家学者的论证都证明，建设"有温暖的家"就是最好的家庭教育，因为家庭教育的本质属性是生活教育。党的二十大报告要求"加强家庭家教家风建设"。言简意赅的一句要求抓住了家庭生活教育最为本质的内容，并告诉我们一个深刻的道理：家庭教育的前提是家庭建设，家庭建设是家庭教育的重要基础，而具有相亲相爱的家庭关系和积极向上的家庭生活是家庭建设的核心内容。笔者在《教育的魅力在生活》一书中呼吁，让家庭教育回归与创造美好生活，是新时代家庭教育的重大主题。长期以来，似乎"多上课外班、竞争高分数、进名校"被许多父母视为首要任务，家庭教育被卷入知识化的误区。之所以说是误区，是因为

---

① 张旭东，孙宏艳，赵霞. 从"90后"到"00后"：中国少年儿童发展状况调查报告[J]. 中国青年研究，2017 (2): 98-107.

"家校共育"的方向不是把家庭变为学校，而是应该让家庭更有家庭的魅力，这样才有利于孩子的健康成长和家庭幸福。如教育家陶行知所说，好的生活就是好的教育，坏的生活就是坏的教育。《中华人民共和国家庭教育促进法》的重要贡献之一是引领家庭教育回归正道。例如，重申了家庭教育的五大核心内容，即道德品质、身体素质、生活技能、文化修养、行为习惯。这是对家庭生活教育的完整概括。

父母们养成"高温暖、高支持、高理性"的养育风格，这是培育孩子心理健康和人格健康最重要的条件。所谓"高温暖"，就是给予孩子一个"有温暖的家"，确保孩子受到优先保护和特殊保护，身心健康地幸福成长；所谓"高支持"，就是让孩子拥有丰富多彩的生活实践，从而发现自己的潜能优势，激发强大的内动力，探索适合自己的人生道路；所谓"高理性"，就是尊重和维护儿童或未成年人的四大权利，即生存权、发展权、受保护权和参与权，做真正有益于孩子发展的好父母。

新时代的少年已经发出"强国有我"的心声。完全可以相信，如果父母们养成"高温暖、高支持、高理性"的养育风格，如果越来越多的家庭成为"有温暖的家"，孩子们更有希望成为"强大的一代"！

# 社会与情感能力和当代青少年心理健康及成长发展

杨 雄[*]

[*] 杨雄，上海社会科学院社会学研究所原所长、上海市儿童发展研究中心主任、上海市家庭教育研究中心主任。

近二十年来,青少年社会与情感能力培养已成为国际教育的优先发展领域。经济合作与发展组织(Organisation for Economic Co-operation and Development,简称OECD)将"社会与情感能力"定义为:人在实现目标、与他人合作及管理情绪过程中所涉及的能力,包括任务能力(责任感、毅力和自控力)、情绪调节(抗压力、乐观和情绪控制力)、协作能力、开放能力(交往能力)以及成就动机。它包括帮助青少年发展情感智慧、社交技能、自我认知和解决问题能力,以更好地应对生活中的情感挑战和社交压力。

2019年,OECD在全球开展了大范围的青少年社会与情感能力研究(Study on Social and Emotional Skills,简称SSES)。首轮国际大规模正式测评有多个国家和城市参与,如波哥大(哥伦比亚)、马尼萨雷斯(哥伦比亚)、大邱(韩国)、赫尔辛基(芬兰)、休斯顿(美国)、伊斯坦布尔(土耳其)、莫斯科(俄罗斯)、渥太华(加拿大)、辛特拉(葡萄牙)、苏州(中国)等。该项目运用"大五人格"模型(Big Five Model),从任务能力(尽责性)、情绪调节(情绪稳定性)、协作能力(宜人性)、开放能力(开放性)和交往能力(外向性)5个方面进行测评,目标是测评被试国家城市的青少年社会与情感能力发展水平,分析影响青少年社会与情感能力发展的家庭、学校和社区因素，预测社会与情感能力对学生心理健康、幸福感、成长等方面的重要作用。

OECD 的研究指出，情绪调节对儿童和青少年的人生发展具有重要意义，与许多生活结果变量（如教育期望、考试焦虑、生活满意度、幸福感与健康等）密切相关（OECD, 2015）。当前社会发展的不确定性增加，使得学生们要面对大量突然改变的学习、生活环境和人际关系。此种情况下，情绪调节能力对学生而言显得尤其重要。当他们无法适应和调整时，就会产生焦虑、压抑、悲观等情绪。有研究发现，焦虑的青少年倾向于使用更不适应的调节策略来应对消极生活事件（Garnefski N. & Kraaij V., 2016）。国际相关研究还表明，情感教育可降低青少年的焦虑和抑郁水平，提高他们的心理健康水平。越来越多的证据表明，社会与情感能力的提高与青少年学业表现改善之间存在积极关联。尤其是在数字化时代，培养青少年积极的社会与情感能力，能帮助他们更好地应对在线欺凌和社交媒体的负面影响。最新研究发现，家庭与学校协同在培养青少年社会与情感能力方面具有正向影响作用。

# 一、社会与情感教育与青少年学生的认知和行为

青少年社会与情感教育的水平，通常运用以下多项成熟量表进行验证。1. 情感智慧评估（Emotional Intelligence）：使用标准的情感智力测试——Mayer-Salovey-Caruso 情感智力测试（MSCEIT），测量青少年在识别、理解、管理和运用情感方面的能力，而改善情感智力得分可被视为社会与情感教育的一个成功指标。2. 抑郁和焦虑水平：使用抑郁症状自评表（Beck Depression Inventory）和焦虑自评表（Beck Anxiety Inventory），以测量青少年的抑郁和焦虑水平，而降低这些水平可被视为社会与情感教育有效性之证据。3. 社交技能和人际关系：通过观察和问卷调查，评估青少年社交技能和人际关系质量，改善与同龄人和成年人之间互动以及减少社交问题，可以被用于证明社会与情感教育的效果。4. 自尊和自我认知：测量青少年自尊水平和对自己情感和行为的认知能力，提高自尊和自我认知被视为社会与情感教育的目标之一。5. 学校成绩和学习动机：观察青少年学业表现和学习动机是否有所改善，社会与情感教育可能会影响学生的学习积极性和学业成绩。上述实证指标可用于帮助评估青少年社会与情感教育水平，使用一个或多个指标来检验项目的效果。近年来的实证研究还获得如下新发现：

其一，社会与情感教育对培养青少年社交技能和改善人际关系的影响得到研究验证。1. Durlak 元分析（2011）：研究发现实施社会与情感教育计划与学生社交技能的提升之间存在积极关联，还发现提升情感识别与沟通、解决问题与冲突等方面的技能，有助于改善青少年的人际关系。2. Jones, Greenberg & Crowley（2015）：他们的研究强调了儿童时期的社交与情感教

育对社交技能和未来人际关系的重要性。具备早期社交能力有助于儿童建立健康的友谊和成功的人际关系。3. Elias et al.（2015）：他们的研究着眼于社会与情感教育对教育环境的影响，包括学校氛围和同学关系。研究发现，实施这些计划可以改善学校氛围，培养积极的同学关系，有助于创造更有利于社交技能发展的环境。4. Greenberg et al. 元分析（2017）：这项研究汇总了多个社会与情感教育计划的效果，包括对社交技能和人际关系的影响。跟踪发现，实施社会与情感教育能够提高学生的社交技能并改善他们与同伴的关系。上述研究都印证了社会与情感教育在提升青少年社交技能和改善人际关系方面的有效性，并提供了新的证据支持这一观点，即社会与情感教育有助于培养更具情感智慧的青少年，使他们更能应对人际挑战和建立健康的人际关系。

其二，社会与情感教育能提升青少年的自尊和自我认知水平。1. Zins（2004）：该研究发现，参与社会与情感教育计划的学生在自尊和自我认知方面表现出显著的改善，提高了自身的情感智慧，更加了解自己的情感和行为，并增强了对自身价值的感知。2. Taylor（2017）：该研究关注社会与情感教育对自尊和自我认知的长期影响。其结果显示，接受情感教育的学生在多年后仍然保持较高水平的自尊和自我认知，这表明这种教育可以产生持久的效果。3. Eccles & Roeser（2011）：该研究聚焦于青少年的自我认知发展，发现社会与情感教育可以提高青少年的自我反思能力和情感意识，这对于建立积极的自我认知至关重要。4. Greenberg 元分析（2017）：这项元分析汇总了多个社会与情感教育计划的效果，旨在研究该项目在提高学生自尊和自我认知方面的有效性。研究表明，社会与情感教育可帮助学生更好地了解自己的情感和需求。5. Duckworth & Steinberg（2015）：他们更关注青少年的自我认知与成就之间的关系。上述研究发现，社会与情感教育有助于提高自我监控和自我调整的能力,这与学业成绩的提高有关。社会与情感教育对青少年自尊和自我认知水平能产生积极影响,有助于培养更具情感智慧的青少年,使他们更了解自己,并建立积极的自我认知。

其三,社会与情感能力训练可以提高青少年学生的学习动力和学业成绩。1. Durlak 元分析(2011):研究发现实施社会与情感教育计划与学生的学业成绩提高之间存在积极关联,有助于提高学生情感智力和解决问题能力。2. Taylor（2017）:研究证实社会与情感教育对学生学习动力具有积极影响,有助于提升学生的自我调整和目标设定能力,这对于长期的学业成功至关重要。3. Elias et al.（2015）:该研究关注社会与情感教育对学校氛围的影响,发现良好的学校氛围与学业成绩的提高有关,社会与情感教育可改善学校氛围,从而激发学生更好地参与学习。4. Greenberg 元分析（2017）:总结了多个社会与情感教育计划的效果,包括对学业成绩的影响,研究发现这些计划对学业成绩有显著的正面影响。5. Oberle（2016）:该研究关注社会与情感教育对学生学习动力的影响,发现接受情感教育的学生更倾向于积极参与学校活动,并能有效提高自己的学习动力。上述这些实证研究的新结论和新发现突出了社会与情感教育对青少年学生学习动力和学业成绩的积极影响,这种教育可帮助学生发展与学习相关的关键技能和态度,提升他们在学校中的表现。

## 二、OECD 青少年社会与情感能力的国际比较分析

2019 年,经济合作与发展组织（OECD）在其国际学生比较项目（PISA）中评估了全球多个国家和地区 10 至 15 岁青少年的"社会与情感能力"。这

次评估重点关注了学生的情绪认知、情感控制、同情心、抗压能力和合作技能，研究有以下发现。1. 性别差异：女生在同情心和情感控制方面的表现普遍优于男生，男生则在团队合作方面略有优势。2. 经济背景的影响：来自经济较好家庭的学生在社会与情感能力方面表现通常更好。3. 氛围重要性：学校环境和氛围，如同学之间的关系和师生关系，对学生的社会与情感能力发展有显著影响。4. 国家／地区差异：不同国家和地区的学生在社会与情感能力方面的表现存在显著差异，一些国家的学生在特定领域表现出更强的能力，这可能与该国的教育政策和文化背景有关。5. 与学业成绩关联：一般而言，具有较强社会与情感能力的学生在学业上的表现也更好。6. 科技运用的影响：频繁使用数字技术的学生在某些社会与情感能力方面表现较差。这些发现强调了社会与情感能力在青少年发展中的重要性，以及家庭、学校和社会环境对其发展的影响，这些结果对于指导教育政策的制定和实践具有重要意义。

以下是一些国家与地区的比较结果。

1. OECD（2019）关于社会与情感能力的测试涵盖了多个方面，不同国家和地区的青少年在测试中的表现存在差异。（1）同情心和情感认知：一些国家，尤其是北欧国家的青少年，在同情心和情感认知方面表现较好。相比之下，一些亚洲国家的学生在这方面的得分相对较低，可能受到文化和教育方式的影响。（2）情感控制：学生的情感控制能力在不同国家间存在显著差异。例如，东亚国家的青少年通常在情感控制方面表现较好，这可能与该地区对情绪调节和自我控制的文化较为重视有关。（3）合作技能：欧洲和北美的学生往往在合作技能方面表现更佳，而一些发展中国家的学生在这一领域的得分稍低，这可能与教育资源和教育方法的差异有关。（4）抗压能力：对抗压能力的评估显示，高收入国家的青少年在应对压力方面表现更强，相对而言，低收入国家的学生在这方面面临更多挑战。（5）家庭和社会背景：来自不同社会经济背景的学生在社会与情感能力的表现上存在差异。在一些国家，富裕家庭的孩子在社会与情感能力方面表现更好，这可能与他们获得更多支持和资源有关。需要注意的是，这些比较可能受到多种因素的影响，包括文化差异、教育系统、家庭环境和社会经济条件等。因此，解释这些差异时应考虑到上述复杂的背景因素。

2. 对 2019 年上述国家或地区的青少年社会与情感能力的测试比较发现，一些国家的被测试者在创造性、独立思考和抗压能力方面表现出色。具体排名因不同维度有所不同。统计发现，一些国家或地区表现较好的原因，大体可归纳为如下几个方面。（1）教育差异：如芬兰、加拿大和新西兰等国家在这些方面表现良好，部分原因是这些国家的教育体系强调批判性思维和创新能力的培养，这些国家的学校通常为学生提供更多的探索和实践机会，鼓励他们独立思考和创造性解决问题。（2）文化因素：某些文化，如北欧国家和一些西方国家，更加重视个人主义和自我表达，有助于促进创造性和独立思考习惯的形成和发展。这些国家的文化环境鼓励质疑现状和自我表达，这与创造性思维的培养密切相关。（3）家庭环境和社会支持：在这些国家，家庭和社会普遍提供较多支持以促进个人发展，包括鼓励探索个人兴趣和自我驱动的学习，家庭环境中对于自由表达和创新思维的鼓励也是一个重要因素。（4）学校氛围和教学方法：这些国家的学校往往注重创造一种开放和合作的学习氛围，鼓励学生积极参与讨论和分享思想；教师更倾向于采用引导式而非填鸭式教学，促进学生自主学习和培养批判性思维。（5）社会和经济政策：福利制度完善、工作与生活平衡等社会政策，为个人提供了更多空间去发展个性化技能和抗压能力。经济稳定和高水平的社会服务减少了家庭的经济压力，使得家庭能更多地关注孩子的全面发展而非仅仅是学业成就。这些因素共同作用于青少年，促进了他们在创造性、独立思考和抗压能力方面的发展。这种综合影响说明了为何某些国家在这些方面的表现较为突出。

3. 在 OECD（2019）对青少年社会与情感能力的测试中，英国、美国和日本的青少年在创造性、独立思考和抗压能力方面并未位居前列，进一步分析，可能由如下因素导致。（1）教育体系有缺点：尽管美国和英国的教育体系鼓励创新和批判性思维，但在实际的教育实践中，标准化测试和学术成绩的压力可能影响了对这些技能的培养。在日本，教育体系传统上更注重记忆和标准化测试，相对于创造性和独立思考，可能更强调知识的吸收和复现。（2）社会文化压力：在这些国家中，学生面临着高度的社会和教育压力，这可能影响他们的抗压能力和创造性思维。特别是在日本，社会文化中的集体主义和对遵守社会规范的强调可能限制了个人表达和创新思维的发展。（3）资源分配不均：在美国和英国，教育资源的分配可能在一定程度上不均匀，这影响了所有学生获得高质教育的机会。社会经济地位的差异可能导致了教育质量和学生发展机会的不均衡。（4）家庭环境和心理健康：在这些国家中，心理健康问题，如焦虑和抑郁，在青少年中越来越普遍，这可能影响他们的整体表现，尤其是在抗压能力方面；家庭环境的变化，如父母的高工作压力和分配给家庭时间的减少，可能也影响了青少年的社会与情感能力的发展。（5）测试环境和评估方式：不同国家的测试环境和评估方式的差异可能影响了学生在测试中的表现，标准化测试可能不能完全准确地反映学生的创造力和抗压能力。总之，多种复杂因素共同作用于这些国家的青少年，影响了他们在创造性、独立思考和抗压能力上的表现。

4. 在 2019 年 OECD 组织的对青少年社会与情感能力测试中，苏州代表中国大陆参与。苏州学生的表现在某些方面与其他国家和地区的学生存在差异。在这项测试中，苏州10岁组与15岁组的学生在情绪控制和乐观能力两项上得分均高于国际平均水平。但是，抗压力水平自评得分均远低于其他两项子能力得分，尤其是15岁组学生，其抗压力自评得分低于国际平均水平。参与OECD（2019）测试的苏州青少年学生在以下指标中排名靠前。（1）学业成就和自我效能感：苏州青少年在数学和科学等学科上表现出色，这可能促进了他们形成较强的自我效能感。（2）规则遵守和纪律性：苏州青少年在规则遵守和纪律性方面表现较好，这可能与中国教育系统中对纪律和遵守规则的强调有关。（3）数学和科学能力：通常在国际测试中，苏州青少年在这类领域的成绩较好。（4）记忆力和学习效率：苏州青少年在这些方面表现出较高的能力。而在此轮测试中，苏州青少年在以下指标中排名靠后。（1）创造性思维：可能由于传统教育模式的影响，创新能力相对较弱。（2）独立思考：可能受到填鸭式教学法的限制。（3）社会与情感技能：由于课业压力，社交和情感发展可能被忽视，这可能与中国教育体系更侧重于记忆和标准化测试有关。（4）抗压能力：部分中国学生在面对压力和挫折时表现出较低的适应能力，这可能与高度竞争的学业环境和社会期望有关。

　　按照社会文化适应性理论，青少年学生社会与情感能力受其成长的社会文化环境影响，这反映了青少年学生对这些环境的适应性。中国传统文化强调集体主义、谦逊和遵守社会规范，这可能会影响到青少年的社会与情感认知和行为模式。中国的教育系统通常侧重于学业成就和标准化考试，这可能会影响学生创造力和独立思维的培养。中国家庭和社会对学生的学业成绩和成功有较高期望，这可能导致学生应对压力的能力受到影响。总之，苏州青少年学生在OECD组织的社会与情感能力测试中表现出的特点和差异，反映了中国教育环境和文化背景的特异性。

## 三、社会与情感能力培养和促进青少年心理健康、全面成长的启示与建议

中国在 2010 年前后开始关注社会与情感学习，研究者们开始对国际社会与情感学习课程进行研究与探索，一些省份也开展了探索性试点。2011 年，教育部与联合国儿童基金会组成"社会与情感学习"项目组，对项目核心内容进行攻关，并在五个实验县试点校有序实施。2009 年起，上海市静安区为了解决区域学生社会生活中的现实问题，使之拥有面向未来的全球胜任力，开始了"社会与情绪能力养成教育"的研究和实践。2019 年颁布的《中国教育现代化 2035》提出，要面向未来教育发展八大基本理念，其中包括"更加注重以德为先，更加注重全面发展"。2019 年，华东师范大学团队还参与了上述 OECD 组织的 SSES 国际比较项目。

由于社会变化加快与竞争加剧，当代青少年更需要一套高级认知、社交和情感技能，才能在未来的社会学习、工作与生活中取得平衡。由此，这一代青少年实现目标、与他人有效合作和管理情绪能力的提升对于迎接未来挑战至关重要。越来越多的专业人士认识到社会与情感技能（如毅力、社交能力和抗压力）对于认知发展、个体成长的重要性，但对这一点普通人往往认识不足。部分老师、家长尚不知他们在培养青少年上述技能方面应如何去做。本文提出以下建议，供大家参考。

1. 父母在培养青少年的社会与情感能力方面应发挥更有力的家庭支持作用。不同国家的家庭和父母有着各自独特的方法和经验。以下是参与

OECD（2019）项目测试的国家的家庭、父母在这方面的经验做法。(1) 芬兰：鼓励自主学习。芬兰父母倾向于让孩子在玩耍和探索中学习，而不是过度强调学业成绩。他们鼓励孩子参与户外活动和自主游戏，从而培养孩子的创造性和问题解决能力。(2) 日本：注重自律和责任感。日本教育体系和家庭文化强调自律和社会责任感。孩子们从小就被教导要独立并对自己的行为负责。家长通过日常生活中的小任务，如家务劳动，教育孩子独立和承担责任。(3) 美国：创造性表达和鼓励尝试。美国家长倾向于鼓励孩子尝试新事物，并支持他们的创意表达，如开展艺术、音乐和编程等活动。家长提供资源和机会让孩子探索兴趣和激发创造力。(4) 德国：平衡教育与休闲。德国家庭注重教育和生活的平衡。他们鼓励孩子参加体育活动和户外探索，以增强身体和心理的韧性。家长还重视培养孩子的时间管理能力和自我调节能力。(5) 挪威：重视自然和户外教育。挪威家庭鼓励孩子从小与自然互动，如参加徒步、滑雪和露营等活动。通过这种亲近自然的方式，孩子们学会了尊重自然，同时提高了他们的抗压能力和独立性。这些方法都强调了家庭环境在青少年心理和个性发展中的作用，同时反映了不同文化对于教育的不同理解和实践。

2. 应使社会环境与社会支持在培养青少年的创造性、独立思考和抗压力上显现其重要性。哈佛大学琼斯（Stephanie M. Jones）等人认为，学生社会与情感能力与认知能力发展相辅相成，社会与情感能力可以在社会交往过程中发展。积极的人际关系是社会与情感能力得以发展的土壤和最初平台，学校和教室是社会与情感能力得以发展的环境，而家庭、社区及各级政府的教育政策则提供了重要保障。下面列举参与测试的国家在这方面的独特经验。(1) 芬兰：全面教育体系。芬兰重视平衡的教育体系，不仅关注学业成绩，还强调生活技能和情感发展。政府和社区提供丰富的课外活动和艺术教育，以培养青少年的创造力和独立思考能力。（2）韩国：教育压力缓解和心理健康支持。韩国认识到过重的教育压力对青少年的不利影响，正在努力通过政策和实践改善这一状况。学校和社区提供心理健康支持和压力管理课程，帮助青少年建立更好的抗压能力。（3）加拿大：多元文化和包容性。加拿大的社会政策强调多元文化的包容和社会融合。学校和社区鼓励多样性和文化交流，这有助于青少年培养开放和包容的思维。（4）新加坡：综合能力培养。新加坡的教育政策重视除学术之外的综合能力培养。政府提供各种课外活动和领导力培训项目，以此促进青少年的全面发展。（5）挪威：重视户外教育和自然互动。挪威利用其丰富的自然资源，鼓励青少年参与户外活动。通过户外教育，青少年不仅提高了身体素质，还增强了解决问题的能力和抗压能力。这些国家的实践表明，社会环境和支持系统对青少年的健康成长至关重要，不仅可以提供多元化的成长机会，还有助于他们发展必要的生活技能和适应能力。

3. 青少年社会与情感能力培养应在学校、家庭与社会协同配合下进行。2015 年 3 月，OECD 发布了《促进社会进步的技能：社会与情感能力的力量》（*Skills for Social Progress: The power of social and emotional skills*），提出了社会与情感能力的培养需要家庭、学校、社区等共同发挥作用，这样才能够引发学校的系统性变革。2019 年的 OECD 报告强调了培养青少年社会与情感能力的重要性，特别是创造性、独立思考和抗压力。不同国家在家庭、学校与社会的协同支持方面采取了各自独特的方法。（1）芬兰：学校重视创造性学习和批判性思维，课程设计包含多样的学习方式。家庭和社会鼓励儿童自由探索，减少课外培训压力，强调平衡生活。（2）日本：强调校家社协作。学校通过集体活动和课外俱乐部等形式，培养学生的团队协作能力和社会责任感。家庭注重培养孩子的自律性和对他人的尊重，社区则通过各种活动支持上述价值观。（3）加拿大：突显多元文化环境和包容性。学校提供多元文化教育，促进不同背景学生的相互理解和尊重。家庭和社区积极参与多元文化活动，支持青少年在多样化的环境中成长。（4）新加坡：注重综合能力发展。学校注重学业以外的全面发展，例如领导力、团队合作和社会交往能力的培养。家庭和社会鼓励学生参与多样的课外活动和社会实践，增加实践经验。（5）挪威：运用自然互动和户外教育。学校强调户外教育的重要性，促进学生与自然的互动，培养独立和解决问题的能力。家庭和社区积极支持户外活动，如徒步、滑雪等，强调与自然的联系和身体活动的重要性。这些国家的做法表明，家庭、学校和社会的协同支持对于青少年社会与情感能力的培养至关重要。通过各自的特色做法，这些国家成功地在青少年中培养了创造性、独立思考和抗压力。

4. 针对时下部分青少年面临的学业压力较大、社会竞争加剧和家庭内卷严重等情形，对广大家长提出如下几点具体建议。第一，平衡孩子的学习和休息。鼓励青少年建立合理的学习和休息时间表，确保他们有足够的休息和娱乐时间，缓解学业压力。第二，情感管理和压力应对。帮助青少年学会有效应对学业和生活中的压力。将社交与情感教育纳入学校课程，帮助学生发展情感智力和人际关系技能，以提高他们的社交能力。第三，密切亲子关系与畅达家庭沟通。鼓励家庭成员之间建立开放、支持和理解的沟通渠道，以帮助青少年分享他们的压力和问题。第四，培养孩子的兴趣爱好。鼓励青少年参与兴趣活动，减轻学业压力。第五，训练时间管理。教授青少年有效的时间管理技巧，帮助他们更好地组织学习和课外活动。第六，适度期望。家长和老师应该有现实的期望，不过分强调竞争和成绩，鼓励学生追求自己的目标。提供心理健康支持服务，包括咨询和心理治疗，以帮助那些面临严重压力和焦虑的学生。第七，鼓励家庭交流。确保有足够的时间让家庭成员一起放松、交流和享受亲密关系。提供家庭教育指导，帮助家长更好地理解和支持他们的孩子，帮助家庭建立健康的家庭氛围。各自家庭可选择上述不同方式，帮助青少年应对学业压力、社会竞争和家庭内卷的挑战，促进他们的全面发展和心理健康。

5. 在青少年学生社会与情感能力训练方面，学校始终扮演着关键角色。以下是对校长、教师的几点具体建议。第一，创新课程设计。开设鼓励创新思维和实践的课程，如艺术、戏剧、编程等，增加跨学科的项目。第二，批判性思维教学法。教授学生分析、评估信息的方法，并让他们在课堂上积极参与讨论和辩论。第三，项目式学习。实施项目式学习，鼓励学生主导自己的学习，通过实际操作来解决问题。第四，增强情绪智力教育。通过课程和活动来培养情绪识别、表达和管理的能力。第五，建立压力管理工作坊并开展活动。定期举办分享压力管理和放松技巧的工作坊，教会学生如何应对学习和生活中的压力。第六，教学方法多样化。采用多样化的教学方法，如小组合作、案例研究和角色扮演，以适应不同学生的学习风格。第七，鼓励学生参与决策。在学校管理和课程设置中，让学生参与意见反馈和决策过程，培养他们的责任感和自主能力。第八，提供心理健康支持。设立学校心理辅导中心，提供专业支持，帮助学生处理情绪问题和心理压力。通过这些措施，学校不仅能够帮助学生在学业上取得成功，还能为他们在快速变化的社会中做好准备，培养必要的生活技能和个人素养。

6. 在快速变化和竞争激烈的社会环境中，针对青少年学生上述能力的训练、提升，我们提出如下具体建议。第一，鼓励探索和创新。提供一个环境，让青少年能够自由地探索和实验。例如，通过艺术、写作、科学实验等活动来激发他们的创造力。鼓励青少年提出问题、寻找新的解决方案，甚至是对现有规则或观念进行挑战。第二，培养批判性思维。教育青少年如何分析信息，评估不同的观点，并自己做出理性判断。通过讨论、辩论和解决复杂问题的活动，提升他们的逻辑思维和论证能力。第三，增强抗压能力和情绪管理能力。教授青少年有效的压力管理技巧，如时间管理、放松技巧和正念练习。通过体育活动、冥想或瑜伽等方式帮助他们管理情绪，增强身心韧性。第四，提供独立完成任务的机会。让青少年在项目或活动中担任领导角色，或者独立完成某些任务，以培养他们的自主性和责任感。减少过多的监督和指导，鼓励他们自己做决定和解决问题。第五，鼓励多元化的学习经历。参与不同类型的学习活动，包括传统课堂学习以外的实践、户外教育和国际交流等，让青少年接触多种文化和背景，增强他们对不同环境的适应能力并培养全球视野。第六，给予积极的反馈和心理支持。通过积极的反馈和支持，帮助青少年建立自信心，认识到失败是学习过程的一部分。通过上述方面的综合培养，能有效提升青少年的创造性、独立思考能力和抗压力，帮助他们更好地适应未来社会的挑战。

总之，社会与情感能力是 21 世纪人类核心素养不可缺少的组成部分。促进青少年社会与情感能力，将大大增加他们的亲社会行为、抗逆力和自信心，大大减少他们的负面思考、情绪困扰、压抑和压力，促进社会和平和经济发展。为此，学校、家庭、社会与政府，应通过建立平等、合作的关系，为新一代青少年的身心健康发展、终身学习奠定重要基础，为他们面向未来挑战做好准备。

# 参考文献

[1] 陈学锋. 社会情感学习——学前教育迈向质量的一条路径. 载于张守礼编. 当代学前教育：多元而具创造力的教育生态 [M]. 北京：中国人民大学出版社，2022.

[2] 袁振国等. 中国青少年社会与情感能力发展水平报告 [J]. 华东师范大学学报（教育科学版），2021, 39 (9): 1-32.

[3] 曹坚红. "社会情绪能力养成"教育的实践特征与创新 [J]. 人民教育，2019 (3)：90-93.

[4] 教育部. 教育部关于印发《3—6岁儿童学习与发展指南》的通知 [EB/OL]. (2012-10-19) [2023]. http://www.moe.gov.cn/srcsite/A06/s3327/201210/t20121009_143254.html.

[5] UNESCO. Toward Universal Learning: What Every Child Should Learn[EB/OL]. (2013) [2023]. http://uis.unesco.org/sites/default/files/documents/towards-universal-learning-what-every-child-should-learn-2013-en.pdf.

[6] OECD. The Future of Education and Skills Education 2030[EB/OL]. (2019)[2023]. https://www.oecd.org/education/2030-project/.

[7] OECD. Social and Emotional Skills for Student Success and Well-being: Conceptual Framework for the OECD Study on Social and Emotional Skills [EB/OL]. (2018-04-25)[2023]. https://one.oecd.org/document/EDU/WKP(2018)9/En/pdf.

[8] Bierman, K. L., & Motamedi, M. SEL programs for preschool children. In J. A. Durlak, C. E. Domitrovich, R. P. Weissberg, & T. P. Gullotta (Eds.). Handbook for social and emotional learnin: Research and practice[M]. NY: The Guilford Press, 2015.

[9] Taylor, R.D., Oberle, E., Durlak, J. A., Weissberg, R. P. Promoting Positive Youth Development Through School-based Social and Emotional Learning Interventions: A Meta-analysis of Follow-up Effects[J]. Children Development, 2017, 88 (04): 1156-1171.

［10］OECD. Skills for Social Progress: The Power of Social and Emotional Skills［EB/OL］. (2015-03-10)［2023］. https://read.oecd-ilibrary.org/education/skills-for-social-progress_9789264226159-en.

［11］Steponavičius, M., Gress-Wright, C., Linzarini A. Social and emotional skills: Latest evidence on teachability and impact on life outcomes[EB/OL]. (2023)［2023］. https://www.oecd-ilibrary.org/education/social-and-emotional-skills-ses_ba34f086-en.

# 笑不出来的教育，不可能是好教育

李一诺 *

---

\* 李一诺，一土教育联合创始人。

一

我是教育的外行。

没有读过教育学专业，也没有在教育体系内工作过。

2016年创立"一土"，无非是因为无知无畏。

现在8年多了，风风雨雨，"一土"还在。

不仅在，而且孩子们，很像孩子！

从这个角度讲，我觉得我们做的教育很成功。

但我仍然是个外行。

回看这些年的历程，一直指导我们前行的，说到底，无非是两个字：常识。

因为对外行来说，能用的原则，只有常识。

常识告诉我们：

什么样的教育是好教育？

孩子喜欢的教育是好教育。

什么样的学校是好学校？

孩子喜欢上的学校是好学校。

常识也告诉我们，

如果与教育相关的情绪，大多是负面的，是压力、焦虑、厌烦，

那么，不管教育出什么样的"成绩"，都不是好教育。

也就是说，

笑不出来的教育，不可能是好教育。


## 二


所以我们如果要辨别一个学校的好坏，去听听校园里有没有孩子开怀的笑声，就够了。

我们如果要看一个家庭的家庭教育，了解一下这家人上一次大笑是什么时候，就够了。

这样用常识推断出来的结论，我想大家都可以认同。

但现状是，这能够被常识认同的"好"教育，现在是稀缺品。

这是因为大部分中国人缺乏常识么？

不是的，

是因为常识的声音，被几层隔音壁阻隔，发不出来。

现状是，教育里的每一个成人角色，校长、教师、家长，都很痛苦。

校长苦不堪言，

教师苦不堪言，

家长苦不堪言。

这一切，说起来，都是为了"孩子"。

孩子感觉怎样呢？

这次蓝皮书调查的结果触目惊心，又毫不令人意外。

那就是，孩子更是普遍地苦不堪言！

用常识思考，孩子是社会的未来。

如果孩子现在就感觉苦不堪言，社会的希望在哪里呢？

所以我们一定要问，为什么会这样？出了什么问题？

为什么"为了孩子"如此努力的一群成人，最后得到的是这样的一个结果？

原因，恐怕有几层：

1. 每个参与教育的成人，每一个体系、制度，似乎都是为了孩子"好"。但我们很少真正讨论，到底什么是"好"？

孩子健康发展，并在此基础上实现自我价值和社会价值，才叫"好"。

如果为了某个重要的考试，为了某个学校的录取，为了某个未来的工作，为了某个具体的前途，要以"牺牲健康发展"为代价，要以"丧失价值感"为代价，那只能说，这时候，孩子自己已经成了代价。

2. 既然大家都觉得不对，为什么无法改变？

所有人都似乎被巨大的"惯性"裹挟，"不得不"向前走。

这个"惯性"是什么？

是我们对未来的预期？预期越糟糕，惯性越强大。

还是周围人给我们的压力？你看，别人都XXX，你看，大家都XXX。

压力越大，惯性也越强大。

但是，

未来的预期，谁说了算呢？

我们如果不想要那样的未来，我们可以做什么？说什么？

我们真的毫无选择么？

给我们压力的"别人"是谁呢？"大家"是谁呢？

这些你眼里的"别人""大家"，就不是受害者么？

真相是，每个人都是受害者，同时也是施害者。

所以要改变，不要等"别人"，等"大家"。

当每个人都能从"觉得不对"，到"决定做出改变"的时候，真正的改变才可能发生。

3. 为什么我们要"等"别人？最深处，是因为恐惧。

我们有太多可怕的无法言说的过往，让我们出于保护自己的本能，下意识地要"看别人"，等"大家"。因为经验证明，不这样做，可能会倒大霉！

所以说到底，如果我们还不能去讨论和治愈那些可怕的无法言说的过往，就很难走出这样一个恐惧的循环。

面对和讨论可以在家庭里开始。

可以说说真心话，我最害怕的是什么？

如果我们最害怕的情况出现，该怎么办？

为了能做到这些"怎么办"，我们现在应该做一些什么准备？

我们能不能创造条件，不让这可怕的情况变为现实？

最后，认真思考一下这"条件"我们可以接受么？如果可以，是不是可以从今天就开始做？

## 三

怎么做才能笑得出来？

从做到四个"大逆不道"开始（节选自一诺 2024 上市的新书《笑得出来的养育》）。

### "大逆不道"一：不提要求，给力量

前面提到的"恐惧"这个染缸，

让我们把父母对孩子的爱，

等同于提供某种外在的"拥有"——物质、成绩或者保障。

其实父母亲对孩子的意义，并不只是外在的"保障"。

这"保障"，即使有，也是"果"。

父母亲对孩子最大的意义，

是孩子想到父母的时候，

内心会充满力量，

感到温暖，感到被支持，感到被接纳，

从而拥有对自己的信心，

和克服困难的勇气和力量。

正是这信心、勇气和力量，

让生命得以自由绽放。

所以，这力量是才"因"。

我们只需要争取去做这个"因"。

那么，怎么能够做这个"因"呢？你问。

这说起来容易做起来难。

就是自己要成为有力量的人。

而不要依靠孩子的"成就""出息"来给自己力量。

那么，我们自己的力量从哪里来呢？你又问。

从敢于转身面对自己的恐惧而来，

这是人生的终极功课。

还做不到没关系，开始就好。

## "大逆不道"二：永远和孩子站在一边

某高知家长，儿子7岁，上一年级，有一天很着急地问：

一诺老师！

老师反映我儿子上课时总是小动作不断，让家长配合学校一起纠正。

我回家已经批评过孩子了，

下一步该怎么引导孩子纠正呢？

我说：首先，你的第一步就错了！

7岁的男孩儿，有所谓的"小动作"不是很正常么？

其次，"小动作"这种贬义的描述本身就是反教育的。

因为，就算真的有问题，也是可以被提醒和改正的行为，而不是什么必须被"批评"的问题。

他在学校被批评后可能就感到莫名其妙，

如果这个批评是公开的，那么别的孩子可能会觉得他不是一个"好孩子"。

对 7 岁的孩子来说，当别人在批评或者疏远他的时候，

家是他最后的港湾。

孩子如果在你这里收到的还是"批评"，

那他就无处可去了。

而且家长为了证明自己是努力的，甚至可能会更"严厉"。

站在孩子的角度想一想，是不是很可怜？！

所以记得，

作为最后的港湾，

永远不要站在孩子的对立面，

永远提醒自己要和孩子站在一边。

这时候，你脑子里的警察跳出来了：

总是这样，孩子怎么能进步呢？他的行为怎么能改变呢？怎么能够被学校和老师接受呢？

这里让我们退后一步，想想我们的目的是什么？

如果是让孩子改变行为，那么一个必须的前提，就是孩子愿意听你说话。

我妈有一句名言：不管说什么，先入耳，才能入心。

怎么才能入耳呢？

孩子只有感受到我们对他的接纳和支持，才有可能会"入耳"，

如果站在他的"对立面"，道理再正确，也不可能"入耳"。

所以，

所谓"和孩子站在一边"，不是违心地告诉孩子，他（她）所有的行为都是对的，而是要在底层接纳孩子。

在这个基础上，再给孩子的行为提反馈、提建议。

一土学校教给孩子的给反馈的原则，是具体、友好、有帮助。

这几条原则的底层假设，就是你要和接收反馈的人站在一边，共同面对"问题"。

所以重点来了：要面对的是这个"问题"，而不是眼前这个"孩子"。

小孩子之间尚且能做到这样，

我们作为成年人用同样的标准要求自己，应该不过分吧！

所以记住：孩子不是问题，孩子需要你的帮助来解决问题。

这里面真正的难点是，家长曾经也是这样被教训长大的孩子。

所以，在一听到孩子"有问题"的那一刻，就会条件反射地跳进"大人"的角色，开始无意识地教训孩子。

如果给自己一点时间，看到自己内心那个害怕被训斥的"小孩"，就可以做出不同的选择，不把这种模式传导在孩子身上。

我们曾经不喜欢的事情，可以在我们自己这里终止，

我们是具备这样的能力的。

## "大逆不道"三：讲道理就是欺负孩子

讲道理就是欺负孩子。

为什么这么说？

首先，成年人可以头头是道地讲道理，而孩子的语言能力比成人差得多。

孩子看似在"听",但可能根本没听懂你在说什么。即使听懂了也不能平等地表达他的观点。这对孩子来说是"不公平"的。

其次,对小一点的孩子,特别是7岁以下的,孩子的语言不是"语言",是玩耍和互动。用语言沟通的道理对他们来说似乎是处于另一个世界的。

所以,每次你讲一篇大道理,于孩子而言,都是在降维欺负他(她)。

再退一步说,如果欺负了真管用,也行。

真相是,即便是看上去的"管用",也只是临时的。

他们会因为不知道怎么回应而沉默,

但并不明白自己错在哪里,更不知道如何去改。

那怎么办呢?你问。

孩子的语言是玩,是参与。

相比"讲道理",用"玩"的方式解决问题,要有效得多。

比如想让孩子吃饭,与其给孩子做一个营养讲座,不如让毛绒玩具扮演不爱吃蔬菜的小朋友,你和孩子一起给它讲讲,为什么吃蔬菜对身体好。

我们家每天早上都要喝果蔬汁——用芹菜、冬瓜、香蕉、苹果、橙子加上酸奶打成的果蔬汁。

一迪一开始喝得不积极,但也知道喝它对身体好。于是我们经常在吃饭的时候给毛绒玩具也用玩具杯子倒一杯,我很夸张地给毛绒玩具讲喝这个的好处。后来一迪也会很起劲地教育她的"孩子们"喝,效果好得很!每个"孩子"都一饮而尽(当然是一迪喝的,哈哈)。

## "大逆不道"四：快乐从"打破规则"而来

我们都知道规则很重要，

但真正理解和遵守规则，

是从允许孩子打破规则开始的。

这并不是说允许孩子可以杀人放火、触犯法律，而是让他们理解生活中的很多"灰色地带"，了解并建立"边界感"。

这里一个重要的"悖论"是，"边界感"是通过触碰边界才建立起来的。

每个孩子，在两三岁的时候都会不断地尝试打破规则。

洗澡水为什么不可以喝？妈妈的电脑椅为什么不可以坐？孩子在这个年龄段去探索都是正常的。我们不必带着情绪去指责孩子的这些行为，这是通过触碰边界而理解和建立规则的正常过程。

孩子大一点儿之后，无伤大雅地打破规则，其实会给孩子带来很大的快乐。

这让我想起来蔡志忠讲他小时候在巷口看着穿着高跟鞋走过来的女人，心想，如果这个高跟突然断掉会是怎样一种状况，然后自己就笑起来。这种打破规则的想象给儿童时期的他带来了无尽的欢乐。

我们又何尝不是呢？

通过对别人无伤害地打破"小规则"，让我们得到某种打破规则的快乐，继而建立规则意识。

如果一个孩子从小被规训这不许做那不许做，反而会生出逆反心理，用不合时宜甚至极端的形式去打破规则。

所以，要允许孩子在不妨碍他人的情况下，打破一些小规则，这对孩子建立规则意识和心理健康发展都是有益处的。

# 四

蓝皮书的数据让人震惊，也激励我们行动。

如何行动？从以下两条开始：

1. 坚持回归常识，坚持为常识发声。

2. 常常提醒自己要"大逆不道"。

能做到这两点，也就会很容易笑出来。

当我们可以笑得出来，孩子可以开怀大笑的时候，我们也就实现了最好的教育。